U8781641

济南海关年鉴

2023

《济南海关年鉴（2023）》编纂委员会　编

中国海关出版社有限公司

·北京·

图书在版编目（CIP）数据

济南海关年鉴 . 2023/《济南海关年鉴（2023）》编纂委员会编 . —北京：
中国海关出版社有限公司，2024.5
（中国海关史料丛书）
ISBN 978－7－5175－0801－4

Ⅰ.①济… Ⅱ.①济… Ⅲ.①海关—济南—2023—年鉴 Ⅳ.①F752.55-54

中国国家版本馆 CIP 数据核字（2024）第 103712 号

济南海关年鉴 （2023）

JINAN HAIGUAN NIANJIAN （2023）

作　　者：《济南海关年鉴（2023）》编纂委员会
责任编辑：吴　婷
责任印制：孙　倩
出版发行：中国海关出版社有限公司
社　　址：北京市朝阳区东四环南路甲 1 号　　　　　　邮政编码：100023
编 辑 部：01065194242-7532（电话）
发 行 部：01065194242-4238/4246/5127（电话）
社办书店：01065195616（电话）
　　　　　https：//weidian. com/？userid＝319526934（网址）
印　　刷：北京新华印刷有限公司　　　　　　经　　销：新华书店
开　　本：889mm×1194mm　1/16
印　　张：20.25
版　　次：2024 年 5 月第 1 版　　　　　　字　　数：476 千字
印　　次：2024 年 5 月第 1 次印刷
书　　号：ISBN 978－7－5175－0801－4
地图审图号：GS 京（2022）1441 号
定　　价：180.00 元

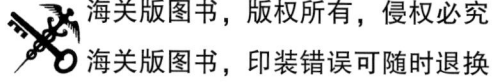
海关版图书，版权所有，侵权必究
海关版图书，印装错误可随时退换

《济南海关年鉴（2023）》
编纂委员会

主　任　委　员　刘　卫

副　主　任　委　员　钟卫华　张瑞宏　张艺兵　姜　铭　夏　阳
　　　　　　　　　　甘乐平　崔跃东

编纂委员会委员　（按姓氏笔画排序）

　　　　　　　　王　浩　王卫宁　王东东　王克刚　卢　军
　　　　　　　　刘　赛　孙艺健　杜同勇　杨鲁泉　李　冰
　　　　　　　　李德阔　张　磊　张志梅　张明辉　陈　旭
　　　　　　　　陈　洪　陈厚良　苗伟彬　周升扬　胡　军
　　　　　　　　赵　淼　赵凌云　栾凤柱　郭京鹏　崔　强
　　　　　　　　韩　晶　燕华农　魏庆利

《济南海关年鉴（2023）》
编辑部

总　　编　甘乐平

副 总 编　王东东　陈厚良　赵　淼

执 行 主 编　刘禄玲

执行副主编　赵彦鹏　李　涛　马金刚

编辑部成员　（按姓氏笔画排序）

丁　宁　于文杰　马宏村　王　冰　王　琰

王　燕　王国庆　王垠昊　尹德宝　左新洋

卢钰茜　刘洪龙　刘梦佳　孙　昊　李　丹

李学友　辛国辉　宋　彬　张　威　张　瑶

陈　晓　赵明晓　秦小燕　栗　贺　窦坦德

薄瑜琳

编辑说明

一、《济南海关年鉴》是由济南海关组织编纂的资料性编年史料，每年出版一卷，本卷为第二卷。全面、系统、准确地记述济南关区铸忠诚、担使命、守国门、促发展、齐奋斗的综合情况，为广大读者了解济南海关提供基本信息，为宣传海关事业提供基本资料，为研究海关工作提供基本素材。

二、《济南海关年鉴》的编纂坚持以马克思列宁主义、毛泽东思想、邓小平理论、"三个代表"重要思想、科学发展观、习近平新时代中国特色社会主义思想为指导，坚持辩证唯物主义和历史唯物主义的立场、观点、方法，紧紧围绕济南海关中心工作，全面客观地反映关区各部门各单位的主要工作和取得的重大成就，力求做到观点正确、框架科学、资料翔实、记述准确、编写规范、特色鲜明、讲求实用。

三、《济南海关年鉴（2023）》记述的起迄时间为 2022 年 1 月 1 日至 12 月 31 日，主要收录 2022 年度济南关区内的大事要闻，突出反映关区的特色、亮点。为增加信息量、增强实用性，各栏目尽可能多地使用了相关的数据资料；为保持内容资料的完整性、连续性，有些资料适当上溯或下延，多数栏目插入具有现实意义和存史价值的随文图片。

四、《济南海关年鉴（2023）》共设置特载、专记、大事记、政治建设、业务建设、综合保障、隶属海关、直属事业单位、主要统计数据 9 个类目。在卷首设置专题图片，更直观地反映关区学习宣传贯彻党的二十大精神、业务建设和队伍建设的基本情况。主体内容一般划分为类目、分目、条目 3 个层次，条目一般分为两种类型，一类为事业发展综合记述，一类为大事要闻专题。

五、《济南海关年鉴（2023）》主体资料和文字由济南海关各部门各单位提供，部分稿件由本刊编辑部辑录整理和编辑补充，撰稿一般署部门单位或撰稿人姓名。

六、《济南海关年鉴（2023）》统计数据仅为反映事业发展概况，不作为其他场景使用依据，由于来源、口径、方法不同等原因，数据存在不一致的，以统计部门公布的数据为准。

七、《济南海关年鉴（2023）》中"总署"指"中华人民共和国海关总署"，"关区"指"济南关区"，使用的其他简称以海关总署、济南海关及有关机构公布的简称为准。货币单位"元"除特别标明外，均指人民币元。"同比"均指"比上年"。

北例尺 1：1 300 000

0 13 26 39 52千米

序号	隶属海关及派出机构
1	济南机场海关
2	济南邮局海关
3	泉城海关
4	淄博海关
	潍坊海关
5	潍坊海关驻寿光办事处
	潍坊海关驻诸城办事处
6	泰安海关
7	东营海关
8	德州海关
9	滨州海关
10	聊城海关
11	莱芜海关

渤 海

潍坊

潍坊海关 寒亭区

潍坊市 ● 潍坊综合保税区

坊子区

潍坊海关驻诸城办事处

诸城市

序号	类型	口岸名称	批准开放时
1	航空口岸	济南航空口岸	1992.10
2	水运口岸 (3个)	东营水运口岸	1995.12
3		潍坊水运口岸	1996.11
4		滨州水运口岸	2017.12

序号	海关特殊监管区域
1	潍坊综合保税区
2	济南综合保税区
3	东营综合保税区
4	济南章锦综合保税区
5	淄博综合保税区

奋进新征程
数据览十年

监管货运量（万吨）

2013年	2022年
11119.9	14638.8

报关单量（份）

2013年	2022年
562228	814871

税收入库（亿元）

2013年	2022年
193.5	544.8

党的十八大以来的十年，也是济南海关调整为海关总署直属海关的十年，关区各项事业取得历史性成就，业务队伍建设迈上崭新台阶、促进地方外贸发展交出亮眼答卷。

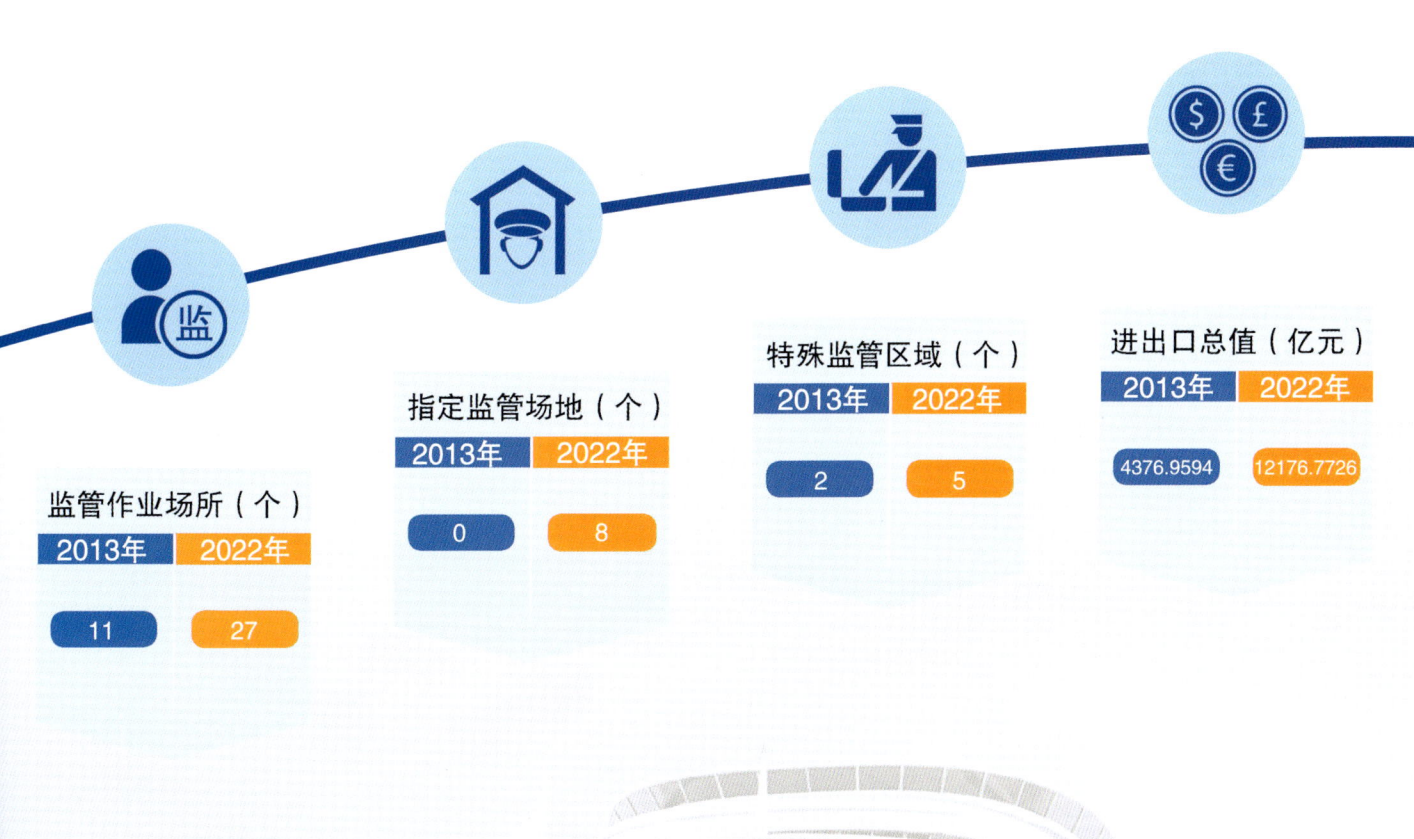

监管作业场所（个）

2013年	2022年
11	27

指定监管场地（个）

2013年	2022年
0	8

特殊监管区域（个）

2013年	2022年
2	5

进出口总值（亿元）

2013年	2022年
4376.9594	12176.7726

关怀鼓励支持

2022年，海关总署领导多次赴关区实地调研，要求紧紧围绕迎接宣传贯彻党的二十大这一主线，充分发挥海关职能作用，奋进新征程、开创社会主义现代化海关建设新局面。

2022年3月1—3日，海关总署党委委员、副署长孙玉宁在济南海关调研。其间，孙玉宁副署长一行赴济南章锦综合保税区、山东太古飞机工程有限公司、中国重型汽车集团有限公司、山东壹瑞特生物科技有限公司实地调研，听取中国（山东）自由贸易试验区（简称"自贸区"）济南片区、综合保税区发展情况汇报，了解企业生产经营和外贸进出口情况，征求有关意见建议。

> 2022年3月1日，海关总署党委委员、副署长孙玉宁（左二）在中国重型汽车集团有限公司调研

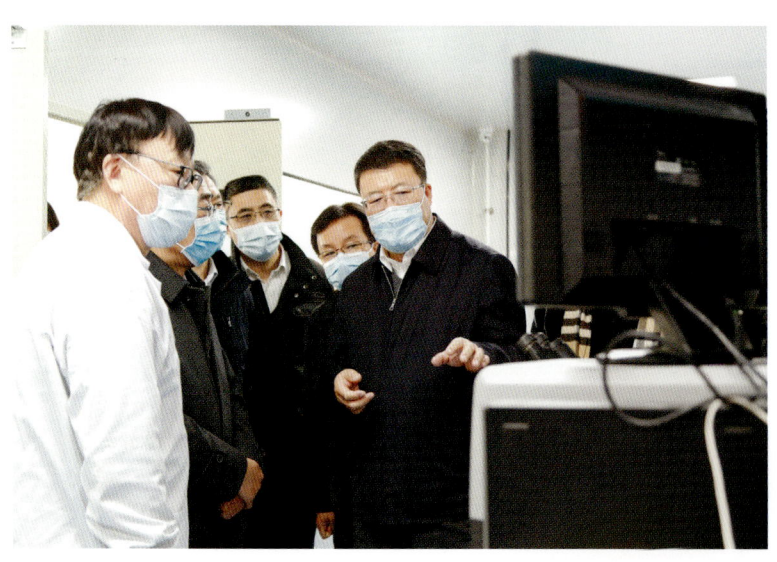

> 2022年3月1日，总署党委委员、副署长孙玉宁（右一）在山东壹瑞特生物科技有限公司调研

2022 年 8 月 16—17 日，驻署纪检监察组组长、总署党委委员王林在济南海关调研全面从严治党和党风廉政建设、反腐败工作情况。其间，王林组长一行会见山东省委常委、省纪委书记、省监察委员会主任夏红民，赴浪潮集团实地调研，参观济南战役纪念馆。

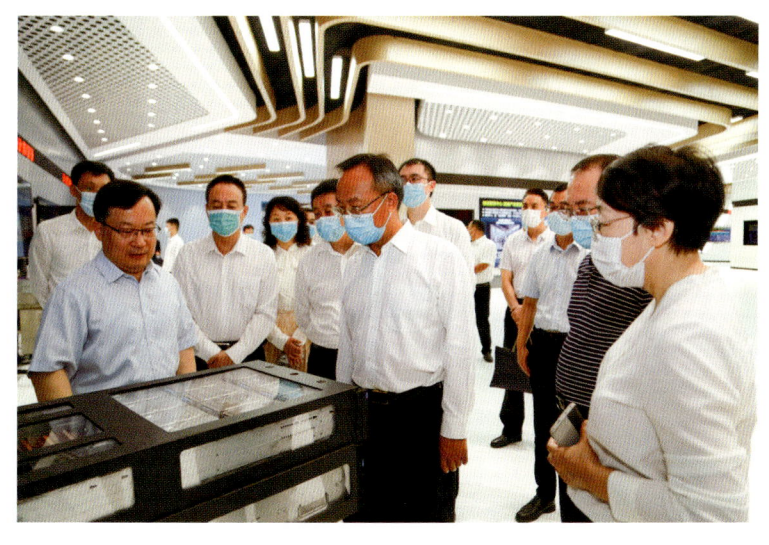

< 2022 年 8 月 17 日，驻署纪检监察组组长、总署党委委员王林（前排中）在浪潮集团实地调研

< 2022 年 8 月 17 日，驻署纪检监察组组长、总署党委委员王林（前排左二）参观济南战役纪念馆

学习宣传贯彻党的二十大精神

2022年，济南海关把学习宣传贯彻党的二十大精神作为首要政治任务，加强组织领导，营造浓厚氛围，开展特色活动，引导激励关区党员干部职工在新时代新征程上铸忠诚、担使命、守国门、促发展、齐奋斗。

∧ 2022年10月10日，济南海关举办"走好第一方阵 我为二十大作贡献"主题演讲比赛"云"决赛

∧ 2022年10月21日，海关总署人教司党支部第七党小组、济南海关人教处党支部、济南机场海关人事政工监察科党支部联合开展学习贯彻党的二十大会议精神交流会暨"心光点点""坚梯""匠心8090"党建品牌视频联学活动

< 2022 年 11 月 15 日，动植物检疫处联合统计分析处开展学习宣传贯彻党的二十大精神专题学习研讨活动

< 2022 年 10 月 27 日，济南机场海关与济南邮局海关联合开展"初心耀征程·建功二十大"主题党日活动

< 2022 年 8 月 24 日，潍坊海关企业管理科党支部参加海关总署稽查司以"奋进新百年 企航新征程"为主题的"1+10"党建联学共建活动

> 2022 年 11 月 8 日，泰安海关召开"学习宣传贯彻党的二十大精神与泰安海关党建品牌提升专题研讨会"

> 2022 年 10 月 20 日，莱芜海关青年理论学习小组开展"学习二十大"系列活动

∧ 2022 年 8 月 17 日，济南海关离退休干部合唱团组织"喜迎党的二十大"主题活动

守国门　促发展

2022 年，济南海关全面落实"疫情要防住、经济要稳住、发展要安全"要求，严守国门加强监管，促进外贸保稳提质，助推经济社会发展取得新成绩。

< 2022 年 12 月 30 日，济南海关关长刘卫在泉城海关调研，要求深入学习宣传贯彻党的二十大精神，持续强化把关服务职能，聚焦主责主业，健全完善高效顺畅的业务运行机制 ∨

> 2022 年 6 月 7 日，济南机场海关关员监管进境货运飞机

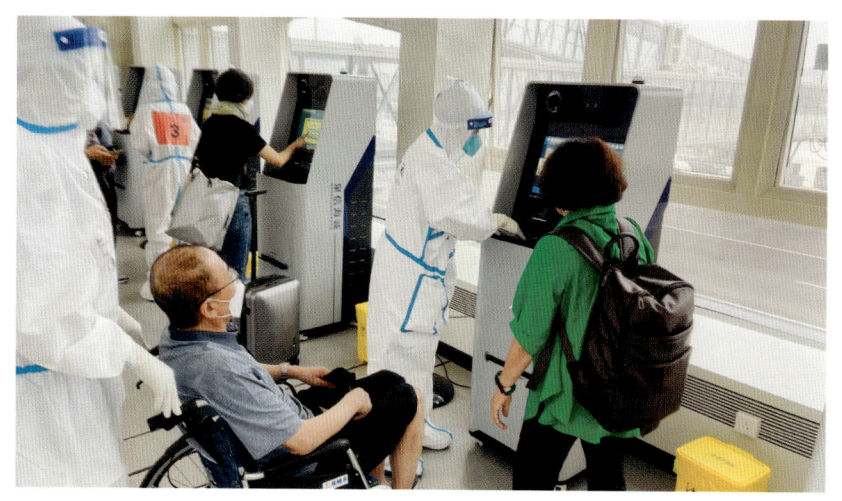

< 2022 年 7 月 22 日，济南机场海关疫情防控突击队帮助患有帕金森病的旅客快速通关

> 2022 年 9 月 2 日，济南海关组织开展 2022 年济南海关口岸爆炸物突发事件应急处置演练

< 2022 年 5 月 1 日，济南邮局海关关员对进境邮件进行机检通关

> 2022 年 8 月 10 日，东营海关关员对东营港涉危监管作业场所开展安全督导检查

< 2022 年 8 月 1 日，潍坊海关关员对进境种牛进行监管

< 2022 年 6 月 8 日，德州海关关员对进口
非转基因大豆实施查验

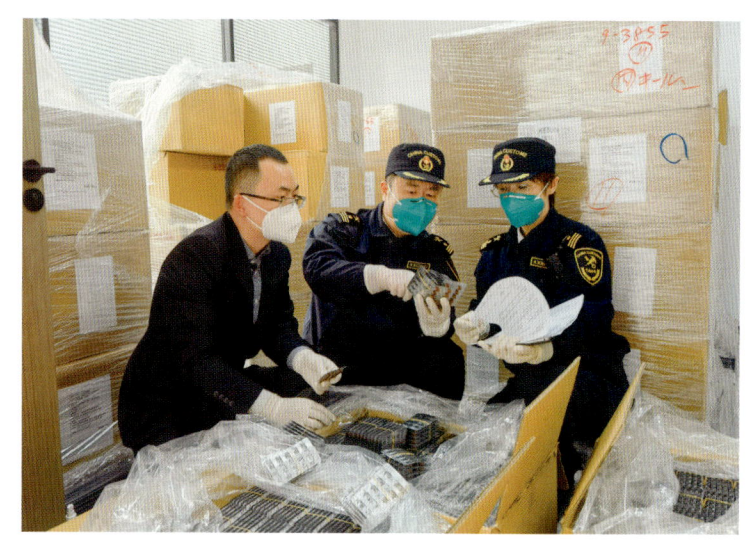

> 2022 年 10 月 16 日，东营海关关员严把进口
食品安全关，对进口纳豆制品实施查验

> 2022 年 6 月 9 日，济南机场海关关员对进
境维修飞机进行实地监管，促进济南航空
产业发展

> 2022 年 5 月 27 日，泉城海关关员对济南
章锦综合保税区内跨境电商进口儿童用品
开展检查

< 2022 年 7 月 7 日，济南海关动植物检疫处、
济南邮局海关、济南海关技术中心在济南国
际邮件互换局周边主要入境口岸区域内联合
开展外来入侵物种普查

> 2022 年 8 月 18 日，莱芜海关关员和山
东农业大学植保学院师生在进境粮食定
点加工厂开展外来杂草监测

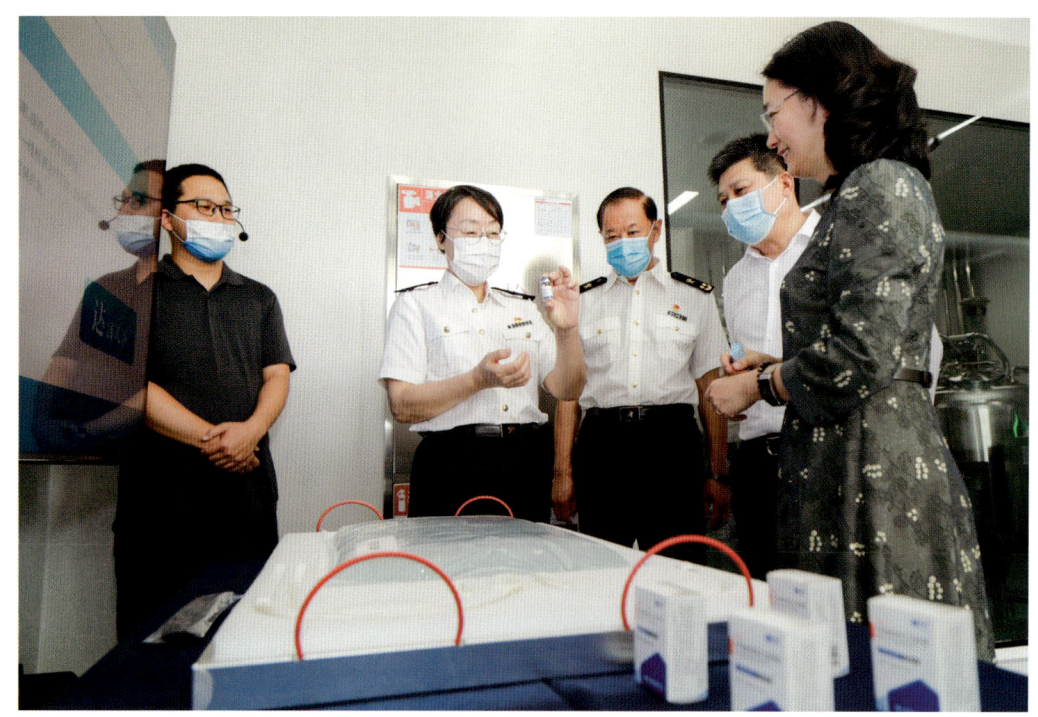

∧ 2022年6月14日，济南海关关长赵儒霞（左二）带队在济南市开展促进外贸保稳提质调研活动

∧ 2022年6月23日，济南海关副关长张艺兵（前排中）在医疗科技企业调研

∧ 2022年6月9日，济南海关副关长姜铭（前排右）在智能穿戴设备制造企业调研

∧ 2022年10月26日，济南海关副关长夏阳（左二）在淄博综合保税区海关业务大厅调研

> 2022 年 2 月 15 日，德州海关关员在花卉种植企业开展调研指导，助力花卉出口

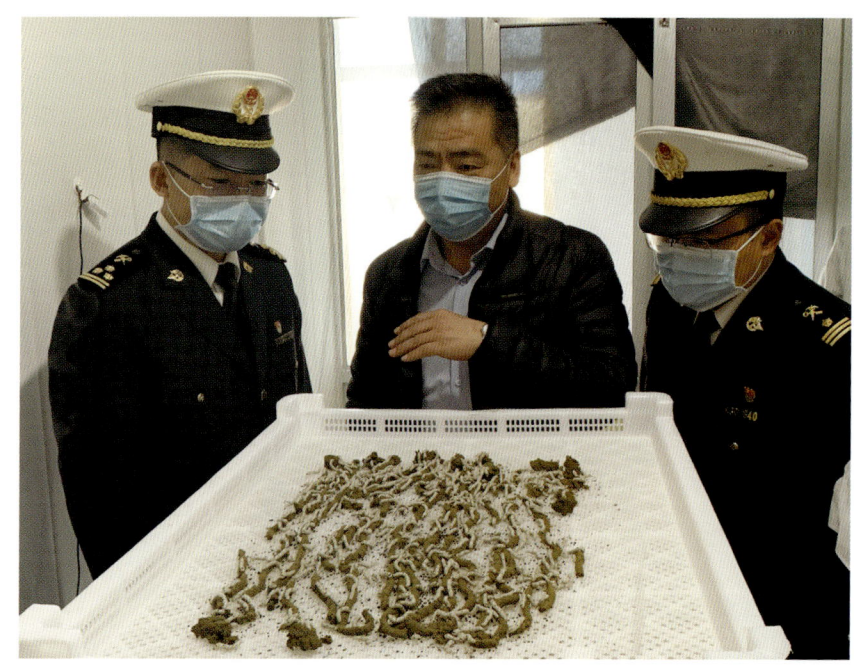

> 2022 年 3 月 14 日，潍坊海关关员对即将出口到乌兹别克斯坦的蚕种实施查验

> 2022 年 6 月 1 日，聊城海关关员在禽肉熟制品加工企业开展核查指导，助力禽肉熟制品扩大出口

∧ 2022 年 10 月 9 日，滨州海关关员在出口冬枣种植园开展监测指导

> 2022 年 10 月 9 日，滨州海关关员对出口盐田虾实施监管，助力海产品出口

> 2022 年 9 月 22 日，德州海关关员对出口啤酒企业开展调研指导，助力辖区啤酒首次出口

> 2022 年 10 月 21 日，经聊城海关检验合格后，辖区首批果蔬汁饮料顺利出口东南亚

< 2022 年 1 月 18 日，东营海关关员对辖区首次出口的船用燃料油实施查验

> 2022 年 5 月 11 日，泰安海关关员对出口消毒剂实施查验

< 2022 年 5 月 13 日，聊城海关关员依企业预约申请对出口强化地板实施查检，提升通关效率

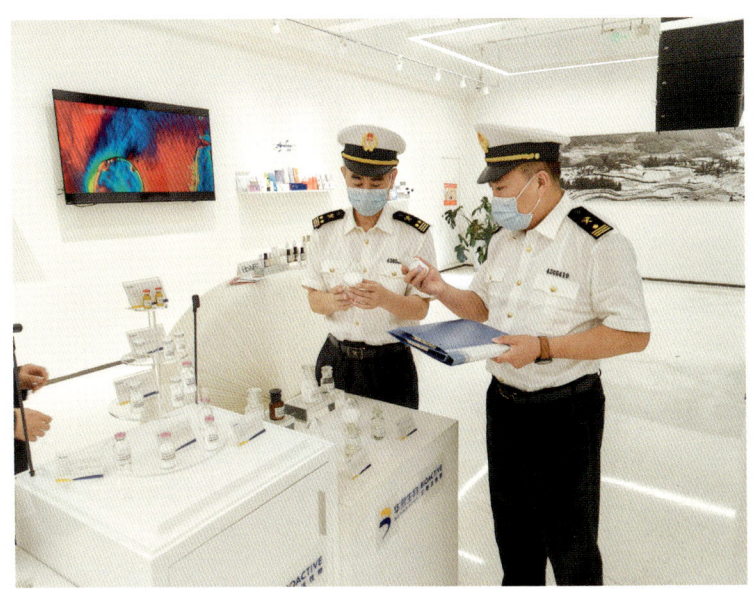

> 2022 年 5 月 20 日，泉城海关关员在玻尿酸生产企业开展调研指导，助力产品出口美国

< 2022 年 7 月 7 日，商品检验处调研组联合泰安海关赴纺织企业开展调研

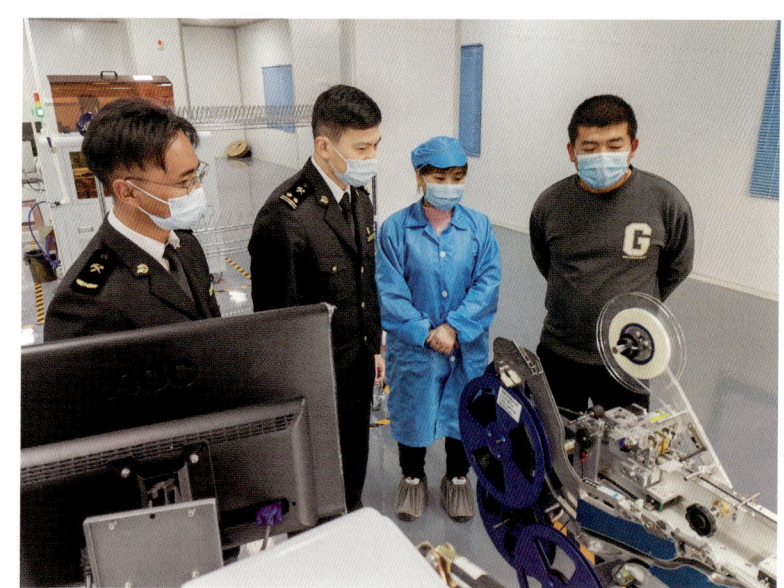

> 2022 年 3 月 22 日，泉城海关关员在济南综合保税区企业调研，支持保税维修业务发展

∧ 2022 年 4 月 18 日，莱芜海关关员对待出口巴西的风力发电机主轴实施监管

∧ 2022 年 4 月 26 日，泰安海关主动对接智能终端企业，开展加工贸易海关政策宣讲及现场培训

∧ 2022 年 6 月 14 日，淄博海关关员在全地形小型越野车（英文缩写"UTV"）制造企业调研指导，助力山东制造 UTV "驶"向海外

＞ 2022 年 6 月 21 日，滨州海关关员到辖区"专精特新"企业开展调研指导

∧ 2022 年 8 月 22 日，潍坊海关关员调研新技术标准下产品归类问题，帮助企业新产品依法合规享受出口关税政策红利

> 2022 年 9 月 20 日，泉城海关关员深入飞机维修企业开展行业调研，了解企业需求，开展"送教上门"服务

> 2022 年 11 月 24 日，淄博海关关员深入企业调研指导，助力智能电动摩托车赴意大利参展

担使命　齐奋斗

2022 年，济南海关强化政治机关建设，全面从严治党，锻造忠诚干净担当的准军事化纪律部队，担当作为，团结奋斗，全面推进社会主义现代化海关建设。

∧ 2022 年 11 月，海关总署党委决定，刘卫任济南海关党委书记、关长。2022 年 11 月 24 日，济南海关关长任职仪式在济南举行
＞

> 2022 年 5 月 26 日，济南海关党委纪检组组长张秉龙（左二）带队在技术中心督导检查"海关重点项目和财物管理以权谋私"专项整治工作

> 2022 年 6 月 13 日，济南海关政治部主任王忠亮（右二）实地调研国门生物安全教育实训基地建设情况

> 2022 年 6 月 29 日，淄博海关组织赴山东艰苦奋斗创业基地开展"艰苦奋斗守初心 砥砺前行担使命"庆"七一"主题党日活动

< 2022 年 7 月 1 日，数据分中心举行集体递交入党申请书仪式

> 2022 年 9 月 26 日，泉城海关举办"国门有我 我与国旗同框"主题活动

> 2022 年 11 月 14 日，聊城海关组织党员干部赴全国"人民满意的公务员集体"——聊城市东昌府区人民检察院学习观摩

< 2022 年 9 月 2 日，技术中心党支部、保健中心党支部联合开展廉政教育主题党日活动

> 2022 年 4 月 24 日，滨州海关举办庆祝建团 100 周年"政治生日"活动

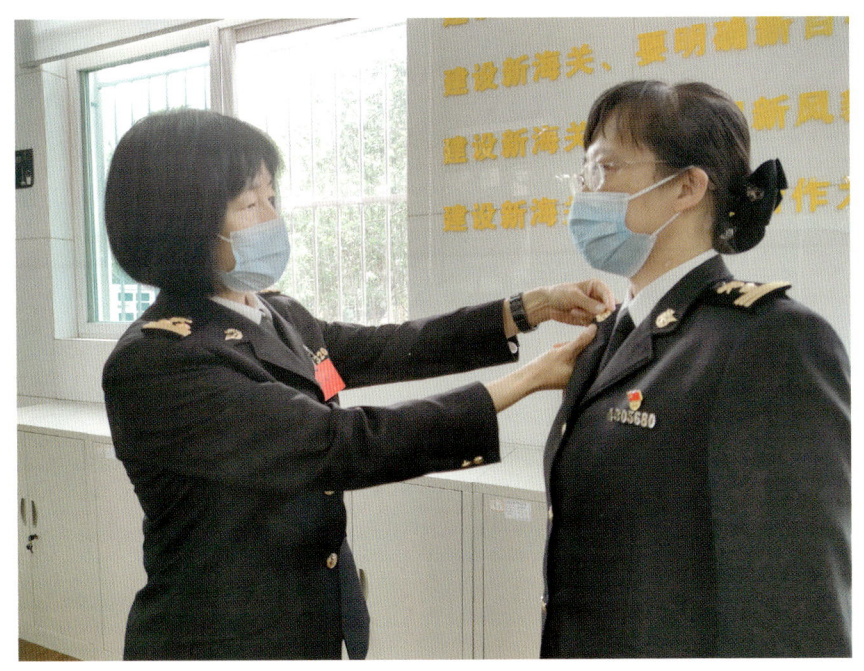

< 2022 年 4 月 25 日，泉城海关扎实开展"内务规范强化月"活动，开展内务督导

> 2022 年 4 月 25 日，淄博海关开展"内务规范强化月"准军事化队列训练

< 2022 年 4 月 13 日，聊城海关组织开展"内务规范强化月"准军事化队列训练

∧ 2022 年 4 月 22 日，滨州海关扎实开展"内务规范强化月"活动

∧ 2022 年 4 月 21 日，莱芜海关开展疫情常态化防控条件下准军事化训练

> 2022年3月8日，济南海关组织开展以"海关的巾帼 生活的玫瑰"为主题的"三八"国际妇女节纪念活动。关长赵儒霞（中）为泉城海关特殊区域监管二科颁发山东省女职工建功立业标兵岗奖牌

∧ 2022年5月25日，济南海关举办"2022年度科普讲解比赛决赛"

> 2022年3月22日，东营海关举办第七季"出彩东关人"活动

> 2022 年 4 月 2 日，聊城海关组织开展"慎终思远·吟诵清明"主题文化活动

> 2022 年 4 月 23 日，滨州海关开展世界读书日"读书鉴赏与阅读分享"主题系列活动

> 2022 年 2 月 15 日，潍坊海关开展"万家灯火日 欢喜元宵节"系列活动庆祝元宵佳节

目　录

第一篇　特　载

济南海关概况、组织架构 …………………… 3
在 2022 年济南海关关区工作会议上的讲话 … 5
在 2022 年济南海关全面从严治党工作会议上
的讲话 ………………………………………… 19

第二篇　专　记

济南海关学习宣传贯彻党的二十大精神 …… 31
济南海关捍卫"两个确立"、做到"两个
维护"、强化政治机关建设专项教育活动和
"学习研讨、查摆问题、改进提高"专项
工作 …………………………………………… 34
济南海关"海关重点项目和财物管理以权
谋私"专项整治 …………………………… 38
济南海关服务黄河流域生态保护和高质量
发展 …………………………………………… 42
济南海关口岸疫情防控工作 ………………… 46
济南海关多项举措促进外贸保稳提质 ……… 49

第三篇　大事记

2022 年济南海关大事记 ……………………… 55

第四篇　政治建设

党建工作 ……………………………………… 65
　概况 ………………………………………… 65
　宣传思想文化 ……………………………… 65
　基层组织建设 ……………………………… 65
　党风廉政工作 ……………………………… 68
　准军建设 …………………………………… 68
　群团工作 …………………………………… 68
　关史研究工作 ……………………………… 69
　定点帮扶及推动乡村振兴 ………………… 69
巡视巡察 ……………………………………… 70
　概况 ………………………………………… 70
　巡视工作 …………………………………… 70
　巡察工作 …………………………………… 70
　巡察整改集中清查工作 …………………… 71
　"职能部门政治机关建设专项教育
　　活动"专项巡察 ………………………… 71
纪检监察 ……………………………………… 72
　概况 ………………………………………… 72
　监督检查 …………………………………… 72
　执纪问责 …………………………………… 72
　以案促改 …………………………………… 73

派驻纪检监察 …………………… 73

干部队伍管理 ……………………… 74

概况 ……………………………… 74

机构编制管理 …………………… 74

干部人事管理 …………………… 74

教育培训 ………………………… 74

构建选人用人胜任力模型 ……… 75

离退休干部管理 ………………… 76

概况 ……………………………… 76

离退休干部党建工作 …………… 76

老同志服务管理 ………………… 76

老年文化教育 …………………… 77

第五篇　业务建设

口岸开放与运行管理 …………… 81

概况 ……………………………… 81

通关业务运行管理 ……………… 81

优化口岸营商环境 ……………… 81

促进外贸保稳提质 19 条措施 … 82

法治建设 ………………………… 83

概况 ……………………………… 83

法治保障 ………………………… 83

行政案件 ………………………… 84

法治宣传教育 …………………… 84

公职律师管理 …………………… 84

业务改革与发展 ………………… 86

概况 ……………………………… 86

深化业务融合 …………………… 86

全业务领域监控机制 …………… 86

技术性贸易措施 ………………… 87

知识产权海关保护 ……………… 87

查发侵权货物典型案例 ………… 87

自贸区和特殊监管区域管理 …… 89

概况 ……………………………… 89

自贸区海关监管创新 …………… 89

推动两区统筹发展 ……………… 89

药食同源商品进口通关便利化改革 … 89

特殊监管区域管理 ……………… 90

保税场所监管 …………………… 90

加工贸易监管 …………………… 92

防范化解自贸和保税领域风险 … 92

风险管理 ………………………… 93

概况 ……………………………… 93

风险信息情报和预警 …………… 93

重点领域专项工作 ……………… 93

风险分析处置 …………………… 94

非贸一体化风险防控 …………… 94

风险联防联控 …………………… 95

口岸安全风险联合防控机制 …… 95

关税征管 ………………………… 96

概况 ……………………………… 96

税收征管 ………………………… 96

非贸渠道税收 …………………… 97

多元化担保改革 ………………… 97

税则税政 ………………………… 97

估价管理 ………………………… 98

原产地管理 ……………………… 98

RCEP 实施"攻坚年"活动 …… 100

开展减免税业务 ………………… 100

减免税业务领域信息化建设 …… 101

税收风险防控 …………………… 101

卫生检疫 ………………………… 102

概况 ……………………………… 102

口岸疫情防控 …………………… 102

境外疫情风险分析 ……………… 102

口岸病媒生物监测 …………………… 102

国境口岸卫生监督 …………………… 103

国门生物安全 ………………………… 103

动植物检疫 ……………………………… 104

概况 …………………………………… 104

进出境动植物疫情疫病防控 ………… 104

外来入侵物种防控 …………………… 104

服务农产品进出口 …………………… 105

智慧动植检建设 ……………………… 105

专业人才梯队建设 …………………… 105

进出口食品安全监管 …………………… 106

概况 …………………………………… 106

进口食品安全监管 …………………… 106

进口冷链食品疫情防控 ……………… 106

出口食品安全监管 …………………… 106

食品安全风险管控 …………………… 107

承担署级工作项目 …………………… 107

商品检验 ………………………………… 109

概况 …………………………………… 109

质量安全风险监测 …………………… 109

危险品检验监管 ……………………… 110

重点敏感商品检验监管 ……………… 110

打击"洋垃圾"入境 ………………… 111

促进外贸保稳提质 …………………… 111

"口岸危险品综合治理"百日专项

行动 ………………………………… 111

科研创新 ……………………………… 112

口岸监管 ………………………………… 113

概况 …………………………………… 113

货物监管 ……………………………… 113

行李物品监管 ………………………… 113

邮件快件监管 ………………………… 113

跨境电商监管 ………………………… 114

监管场地建设 ………………………… 114

支持中欧班列运营 …………………… 116

关区内陆港铁海联动 ………………… 116

智能审图 ……………………………… 116

安全生产 ……………………………… 116

口岸危险品综合治理 ………………… 116

政策研究与统计分析 …………………… 118

概况 …………………………………… 118

政策研究 ……………………………… 118

群众性理论研究 ……………………… 118

统计调查 ……………………………… 119

贸易统计与业务统计 ………………… 119

统计数据管理 ………………………… 120

统计数据服务 ………………………… 120

监测分析 ……………………………… 120

企业管理和稽查 ………………………… 121

概况 …………………………………… 121

资质管理 ……………………………… 121

信用管理 ……………………………… 121

AEO 智慧培育模式应用 ……………… 121

稽查业务 ……………………………… 122

稽查专项行动 ………………………… 122

核查业务 ……………………………… 122

审核监督 ……………………………… 123

属地查检 ……………………………… 123

查缉走私 ………………………………… 124

概况 …………………………………… 124

打击走私 ……………………………… 124

守护国门安全 ………………………… 125

综合治理 ……………………………… 125

全员打私 ……………………………… 125

法制建设 ……………………………… 125

智慧缉私 ……………………………… 126

科技发展 …………………………… 127

　概况 ……………………………… 127

　信息化项目管理 ………………… 127

　运维保障 ………………………… 127

　科研管理 ………………………… 128

　实验室管理 ……………………… 128

　科普宣传 ………………………… 129

第六篇　综合保障

政务管理 …………………………… 133

　概况 ……………………………… 133

　应急值守 ………………………… 133

　政务信息 ………………………… 134

　会议管理 ………………………… 134

　公文处理 ………………………… 134

　督查督办 ………………………… 134

　建议提案办理 …………………… 134

　保密管理 ………………………… 134

　档案管理 ………………………… 135

　政务公开 ………………………… 135

　信访工作 ………………………… 135

　新闻宣传 ………………………… 136

　疫情内部防控 …………………… 136

　基层减负 ………………………… 136

　外事工作 ………………………… 136

　网站管理 ………………………… 137

财务管理 …………………………… 138

　概况 ……………………………… 138

　预算管理 ………………………… 138

　部门决算管理 …………………… 138

　国库集中支付管理 ……………… 138

　涉案财物管理 …………………… 138

　企事业财务管理 ………………… 138

　基建管理 ………………………… 138

　资产管理 ………………………… 139

　节约型机关创建 ………………… 139

督察内审 …………………………… 140

　概况 ……………………………… 140

　督察监督 ………………………… 140

　内部审计 ………………………… 140

　内控建设 ………………………… 140

　执法评估 ………………………… 141

第七篇　隶属海关

济南机场海关 ……………………… 145

　概况 ……………………………… 145

　党的建设 ………………………… 145

　队伍建设 ………………………… 146

　法治工作 ………………………… 146

　口岸疫情防控 …………………… 146

　守护国门生物安全 ……………… 147

　口岸食品安全监管 ……………… 148

　监管业务 ………………………… 148

　知识产权保护 …………………… 149

　服务发展 ………………………… 149

　查缉走私 ………………………… 150

　科技发展 ………………………… 151

　政务管理 ………………………… 151

　财务及后勤保障 ………………… 151

　督察内审 ………………………… 151

　安全生产 ………………………… 151

济南邮局海关 ……………………… 153

　概况 ……………………………… 153

　党的建设 ………………………… 153

队伍建设 ……………………… 154

法治建设 ……………………… 155

风险管理 ……………………… 155

动植物检疫 …………………… 155

查缉走私 ……………………… 156

监管业务 ……………………… 156

服务外贸保稳提质 …………… 157

政务管理 ……………………… 157

业务运行体系建设 …………… 157

督察内审 ……………………… 158

科技发展 ……………………… 158

泉城海关 ………………………… 159

概况 …………………………… 159

学习宣传贯彻党的二十大精神 ……… 159

党的建设 ……………………… 160

队伍建设 ……………………… 161

法治建设 ……………………… 161

风险管理 ……………………… 162

税收征管 ……………………… 162

卫生检疫 ……………………… 163

动植物检疫 …………………… 163

进出口食品安全监管 ………… 163

商品检验 ……………………… 163

保税监管 ……………………… 164

特殊监管区域管理 …………… 164

政策研究与统计分析 ………… 165

企业管理 ……………………… 165

稽核查 ………………………… 165

查缉走私 ……………………… 165

政务管理 ……………………… 166

财务与后勤保障 ……………… 166

督查内审 ……………………… 166

重大战略部署落地见效 ……… 166

口岸营商环境优化 …………… 167

推进"两区优化" …………… 167

淄博海关 ………………………… 169

概况 …………………………… 169

党的建设 ……………………… 169

队伍建设 ……………………… 170

法治建设 ……………………… 170

风险管理 ……………………… 171

税收征管 ……………………… 171

动植物检疫 …………………… 171

进出口食品安全监管 ………… 172

商品检验 ……………………… 172

危化品检验监管 ……………… 173

保税监管 ……………………… 173

特殊监管区域管理 …………… 173

政策研究与统计分析 ………… 174

企业管理 ……………………… 174

稽核查 ………………………… 175

查缉走私 ……………………… 175

政务管理 ……………………… 176

财务及后勤保障 ……………… 176

事业单位 ……………………… 176

中欧班列开行 ………………… 177

潍坊海关 ………………………… 178

概况 …………………………… 178

党的建设 ……………………… 178

队伍建设 ……………………… 180

法治建设 ……………………… 180

风险管理 ……………………… 181

税收征管 ……………………… 181

卫生检疫 ……………………… 181

动植物检疫 …………………… 181

进出口食品安全监管 ………… 182

促进潍坊国家农综区发展 ………… 182

商品检验 ………………………… 183

技术性贸易措施 ………………… 183

监管业务 ………………………… 184

保税监管 ………………………… 184

特殊监管区域管理 ……………… 185

政策研究与统计分析 …………… 186

企业管理 ………………………… 186

中哥海关 AEO 线上互认观摩现场

工作 …………………………… 186

稽核查 …………………………… 187

查缉走私 ………………………… 187

政务管理 ………………………… 187

财务及后勤保障 ………………… 187

督查内审 ………………………… 187

事业单位发展 …………………… 188

泰安海关 …………………………… 189

概况 ……………………………… 189

党的建设 ………………………… 189

"1235" 党建体系 ……………… 190

队伍建设 ………………………… 190

法治建设 ………………………… 191

风险管理 ………………………… 191

税收征管 ………………………… 191

动植物检疫 ……………………… 191

进出口食品安全监管 …………… 192

商品检验 ………………………… 192

监管业务 ………………………… 193

保税监管 ………………………… 193

政策研究与统计分析 …………… 193

企业管理 ………………………… 193

稽核查 …………………………… 194

查缉走私 ………………………… 194

政务管理 ………………………… 194

财务及后勤保障 ………………… 194

内部疫情防控 …………………… 195

督查内审 ………………………… 195

科技发展 ………………………… 195

促外贸保稳提质 ………………… 195

东营海关 …………………………… 197

概况 ……………………………… 197

党的建设 ………………………… 197

队伍建设 ………………………… 198

安全管理 ………………………… 198

法治建设 ………………………… 198

风险管理 ………………………… 199

税收征管 ………………………… 199

卫生检疫 ………………………… 199

动植物检疫 ……………………… 200

进出口食品安全监管 …………… 200

商品检验 ………………………… 201

监管业务 ………………………… 201

保税监管 ………………………… 201

特殊监管区域管理 ……………… 202

政策研究与统计分析 …………… 202

企业管理 ………………………… 202

"企业认证智慧培育系统" 升级 …… 203

稽核查 …………………………… 203

查缉走私 ………………………… 203

技术性贸易措施 ………………… 203

政务管理 ………………………… 204

财务与后勤保障 ………………… 204

科技发展 ………………………… 204

德州海关 …………………………… 206

概况 ……………………………… 206

党的建设 ………………………… 206

队伍建设 ……………………… 207
法治建设 ……………………… 207
风险管理 ……………………… 208
税收征管 ……………………… 208
动植物检疫 …………………… 208
进出口食品安全监管 ………… 208
商品检验 ……………………… 209
监管业务 ……………………… 209
保税监管 ……………………… 210
政策研究与统计分析 ………… 210
技术性贸易措施 ……………… 210
企业管理 ……………………… 210
稽核查 ………………………… 211
政务管理 ……………………… 211
财务与后勤保障 ……………… 211
内部疫情防控 ………………… 211
科技发展 ……………………… 211
滨州海关 ………………………… 212
概况 …………………………… 212
党的建设 ……………………… 212
队伍建设 ……………………… 213
法治建设 ……………………… 214
风险管理 ……………………… 214
税收征管 ……………………… 214
卫生检疫 ……………………… 215
动植物检疫 …………………… 215
进出口食品安全监管 ………… 215
商品检验 ……………………… 216
监管业务 ……………………… 216
保税监管 ……………………… 217
政策研究与统计分析 ………… 217
企业管理 ……………………… 217
稽核查 ………………………… 218

查缉走私 ……………………… 218
政务管理 ……………………… 218
后勤保障 ……………………… 219
科技发展 ……………………… 219
创建全国海关先进集体 ……… 219
阳信进境肉类指定监管场地验收 …… 219
"关爱企"营商环境品牌建设 …… 219
开展"内部大整顿、外部大起底"
　活动 ………………………… 220
聊城海关 ………………………… 222
概况 …………………………… 222
党的建设 ……………………… 222
队伍建设 ……………………… 223
法治建设 ……………………… 223
风险管理 ……………………… 224
税收征管 ……………………… 224
促外贸保稳提质 ……………… 224
推动化解税收风险 …………… 224
动植物检疫 …………………… 225
进出口食品安全监管 ………… 225
促进辖区水果扩大出口 ……… 225
商品检验 ……………………… 225
保税监管 ……………………… 226
政策研究与统计分析 ………… 226
企业管理 ……………………… 226
稽核查 ………………………… 227
查缉走私 ……………………… 227
政务管理 ……………………… 227
财务与后勤保障 ……………… 227
督查内审 ……………………… 227
科技发展 ……………………… 227
推动鲁西国际陆港海关监管作业场所
　验收 ………………………… 228

莱芜海关 ……………………………… 229
　概况 …………………………………… 229
　党的建设 ……………………………… 229
　队伍建设 ……………………………… 230
　法治建设 ……………………………… 230
　税收征管 ……………………………… 231
　动植物检疫 …………………………… 231
　守护国门生物安全 …………………… 231
　进出口食品安全监管 ………………… 232
　商品检验 ……………………………… 232
　政策研究与统计分析 ………………… 232
　企业管理 ……………………………… 232
　稽核查 ………………………………… 233
　查缉走私 ……………………………… 233
　政务管理 ……………………………… 233
　内部疫情防控 ………………………… 233
　督查内审 ……………………………… 233
　实验室建设 …………………………… 233
　促进外贸保稳提质 …………………… 234
　助力辖区农产品出口高质量发展 …… 234

第八篇　直属事业单位

济南海关后勤管理中心 ………………… 239
　概况 …………………………………… 239
　党的建设 ……………………………… 239
　新冠疫情内部防控 …………………… 240
　后勤保障 ……………………………… 241
　服务创新 ……………………………… 241
　企业排查 ……………………………… 242
　安全生产 ……………………………… 242
中国电子口岸数据中心济南分中心 …… 243

　概况 …………………………………… 243
　党的建设 ……………………………… 243
　电子口岸服务 ………………………… 244
　国际贸易"单一窗口"标准版推广
　　应用 ………………………………… 244
　支持中国（山东）国际贸易"单一
　　窗口"建设 ………………………… 245
　服务业务改革 ………………………… 245
　打造企业服务体系 …………………… 245
　打造智慧旅检"无感通关"新
　　模式 ………………………………… 245
济南海关技术中心 ……………………… 247
　概况 …………………………………… 247
　党的建设 ……………………………… 247
　检验检测鉴定 ………………………… 248
　守护国门生物安全 …………………… 248
　科研工作 ……………………………… 248
　实验室质量控制 ……………………… 250
　人才建设 ……………………………… 251
　促进外贸保发展 ……………………… 251
　安全管理 ……………………………… 251
济南国际旅行卫生保健中心（济南海关口岸
门诊部）………………………………… 252
　概况 …………………………………… 252
　党的建设 ……………………………… 252
　人才建设 ……………………………… 253
　新冠疫情防控 ………………………… 253
　出入境传染病监测 …………………… 253
　安全管理 ……………………………… 253
　实验室质量管理 ……………………… 253
　口岸技术支撑 ………………………… 254

第九篇　主要统计数据

2022 年山东省主要贸易数据 ·················· 257

济南关区 8 市主要贸易数据 ·················· 265

"中国海关史料丛书"编委会

"中国海关史料丛书" 编委会 ··············· 273

第一篇

特载

济南海关概况、组织架构

一、概况

济南海关前身为 1985 年设立的正处级隶属海关，2012 年 5 月调整为正厅级直属海关。济南海关辖区范围为山东省济南、淄博、潍坊、泰安、东营、德州、滨州、聊城 8 市的各项海关管理工作。内设 18 个正处级机构（不含缉私局），下设 12 个正处级隶属海关，管理 4 个直属事业单位。

2022 年，济南海关坚持以习近平新时代中国特色社会主义思想为指导，深入贯彻落实全国海关工作会议及年中工作会议精神，铸忠诚、担使命、守国门、促发展、齐奋斗，落实"12 个必"重点工作，政治机关建设持续深化，疫情防控科学精准，维护国门安全严密高效，促进开放积极有为。2022 年，监管进出口总值 5944.5 亿元，同比增长 14.6%；监管进出口货物 14638.8 万吨，同比下降 2.6%；税收入库 544.8 亿元，同比增长 42.6%。滨州海关和淄博海关王威分别获评全国海关系统先进集体和先进工作者荣誉称号，5 个集体和 2 名个人获其他省部级表彰。5 个党建品牌获评全国海关党建培育及示范品牌。

二、组织架构

济南海关

内设机构
—办公室（党委办公室）
—法规和综合业务处
—自贸区和特殊区域发展处
—关税处
—卫生检疫处
—动植物检疫处
—进出口食品安全处
—商品检验处
—口岸监管处
—统计分析处
—企业管理和稽查处
—财务处
—科技处
—督察内审处
—人事教育处（党委组织部）
—机关党委（思想政治工作办公室、党委宣传部、党委巡察工作办公室）
—监察室（党委纪检组）
—离退休干部办公室

隶属海关
—济南机场海关
—济南邮局海关
—泉城海关
—淄博海关
—潍坊海关（下设副处级驻寿光办事处、驻诸城办事处）
—泰安海关
—东营海关
—德州海关
—滨州海关
—聊城海关
—莱芜海关
—济南海关风险防控分局

直属事业单位
—济南海关后勤管理中心
—中国电子口岸数据中心济南分中心
—济南海关技术中心
—济南国际旅行卫生保健中心（济南海关口岸门诊部）

在 2022 年济南海关关区工作会议上的讲话

济南海关关长、党委书记　赵儒霞

（2022 年 1 月 26 日）

这次会议的主要任务是：以习近平新时代中国特色社会主义思想为指导，深入贯彻党的十九大和十九届历次全会精神，增强"四个意识"、坚定"四个自信"、做到"两个维护"，认真落实全国海关工作会议、全国海关全面从严治党工作会议精神，总结回顾关区 2021 年工作，分析形势，理清思路，研究部署 2022 年工作。

▲2022 年 1 月 26 日，济南海关关区工作会议、全面从严治党工作会议在济南召开

一、2021 年工作回顾

2021 年，是党和国家历史上具有里程碑意义的一年，也是济南海关事业蓬勃发展的一年。关区上下坚持以习近平新时代中国特色社会主义思想为指导，坚持以"双高"推进"五关"建设，勇于拼搏，敢于争先，"稳"的基础全面巩固、"进"的合力更加强劲、"严"的基调持续加强、"实"的作风充分彰显，经受了诸多困难考验，打造了很多特色亮点，书写了关区事业高质量发展的新篇章。

这一年，我们维护核心谋大事。持续完善党委会及时学、中心组专题学、党委理论中心组（扩大）深入学、形势分析及工作督查例会贯通学的学习架构，理论学习蔚然成风，理论武装入脑入心。持续完善"第一议题"制度，以最坚定的态度、最迅速的行动、最有力的措施抓好习近平总书记重要指示批示精神贯彻落实。持续强化督查利器作用，健全"部署—督办—落实—反馈—总结—提升"的闭环机制，让党中央、国务院重大决策部署落地见效。切实以习近平新时代中国特色社会主义思想滋养初心使命，以实际行动践行"两个维护"。模范机关建设再上新台阶，获评省直机关表现突出单位和突出集体。

这一年，我们围绕中心抓要事。监管职能越来越强。在全国率先开展100%旅客健康电子申报和电子流调，未发现一件输入性传染情事在关区发生，巩固了"打胜仗、零感染"的成果；查获全国海关首起邮递渠道违规进境POS机情事；公式定价货物补税居全国首位；打击"水客"走私案例、非设关地反走私调研报告在全国转发。服务效能越来越优。自贸区监管创新举措备案数量居全国第1位，技术性贸易措施通报评议成功创造"全国范例"，原产地签证技术联盟系"全国首个"，年度税政调研提报及采纳数量均居"全国首位"，在全国海关首位完成"12360热线"向地方热线归并工作，自主开发全国首个AEO（经认证的经营者）智慧培育系统，推动潍坊综合保税区绩效考核蝉联全省第1位、跻身全国前10位。

这一年，我们秉持恒心解难事。着力破解基础薄、标准低的短板，以济南海关"双高"工作纲要为"一体"，以重点项目和关键指标为"两翼"，有整体设计，有载体抓手，10个关级重点项目示范引领作用充分发挥，91项关键指标全部达标，高质量发展走深走实。着眼干部队伍的科学配置和梯次培养，"三大群体"专项赋能，"外引内挖"彰显活力，重实干、

重实绩成为鲜明导向，厅、处、科各级干部培养实现新突破。聚焦纪律作风的弱点和痛点，扎实开展"现场监管与外勤执法权力寻租"、酒驾醉驾专项整治，细致做好执法一线廉政风险防控，创新准军建设"双月"主题机制。"风清气正、心齐劲足"的良好政治生态逐步形成。

这一年，我们贴近民心办实事。努力把群众期待的事情办好，学史力行、惠企利民十二项措施，招招用在实处；250项重点民生项目、50个典型案例、3个全国海关"百佳项目"，件件落到实处；在全国海关党史学习教育推进会、全国海关"我为群众办实事"视频推进会两度作经验交流。努力把群众期盼的事情办实，业务大楼调剂与"智慧楼宇"设计同步推进，精神文化生活日益丰富，工作生活条件逐步改善。群众的获得感进一步提升，队伍的归属感进一步增强。

（一）政治建设有新突破、新成效

理论武装持续深化。坚持把学习贯彻习近平新时代中国特色社会主义思想作为首要政治任务，发挥关党委领学促学和中心组学习龙头作用，党委会集体学习37次、中心组（扩大）学习13次，形势分析及工作督查例会专题研究70余项次。举办习近平总书记"七一"重要讲话、党的十九届六中全会精神两期专题读书班、学习班，常态开展"随堂考、共同学"，30余篇理论文章和研究成果获省部级以上载体刊发，在深化、消化、转化上实现了新提升。

落实习近平总书记重要指示批示精神有力有效。全力服务黄河流域生态保护和高质量发展，制定并推动落实8个方面重点服务举措；牵头黄河流域农食产品技术性贸易措施关际协

作机制，组织沿黄河"11+1"海关联合开展技术性贸易措施应对工作；开展黄河入海口病媒生物联合监测和预警；在推进建立黄河流域重点警戒动植物疫病疫情联合监测控制机制中发挥了突出作用。扎实开展安全生产专项整治三年行动，确保安全事故"零发生"。打击"洋垃圾"走私取得实效，进口固体废物及再生金属稽查专项行动查发案件5起。打击象牙等濒危动植物及其制品走私成效明显，查发走私犯罪案件5起，查获象牙等濒危动植物制品182件。坚决筑牢国门生物安全屏障，深入开展"国门绿盾2021"行动，全年截获有害生物98种次、外来物种91种次。保持打击"水客"走私高压态势，查获案件12起。

党史学习教育深入开展。建立领导、调度、督导、联动"四项机制"，搭建学习、能力、实事、调度、交流"五大平台"，推进国门安全、便民利企、暖心聚力"三项工程"。组织开展精神谱系专题"书记讲党课"、"鉴往知来"党史知识竞赛、"百年党史青年说"主题演讲等系列特色活动，隆重庆祝中国共产党成立100周年。学习教育片《永不熄灭的火种》被中共中央组织部采用播出。《打造"讲习所阵地"创新党史学习教育》入选第一批全国海关基层党建创新案例。两个"微党课"视频在全国海关两次投票评比中均获第1名。

巡视整改、政治巡察持续深化。每季度对关区巡视整改事项进行专题推动调度，常态化跟踪问效。经过1年多的持续整改，涉及党委自身5个方面13个问题全部整改完成，关区105项整改措施已完成103项。探索巡视巡察"双轮驱动"工作机制，形成以巡视带巡察、以巡察促整改的良性互动，制定党委巡察工作

实施细则等制度4项，开展各类巡察5轮，发现问题90个，制定整改措施208项。

（二）强化监管有新突破、新成效

疫情防控扎实有效。坚持"外防输入、内防反弹"，建立横到边、纵到底、全覆盖的防控体系，形成全链条防控闭环，2021年以来检疫出入境交通工具3732架（艘）次，检出山东省首例"德尔塔"变异病毒株感染输入性病例。坚持"人、物、环境同防"，对3批进口冷链食品进行预防性消毒监督和查验作业，对高风险非冷链集装箱货物采样320批次、采集样本3413个，监督预防性消毒340批次。成立"挑毛病"专家组，常态化开展疫情防控监督检查，累计监控497次，发现并整改问题140项。内部疫情防控严密有序，封闭管理运行顺畅高效，关心关爱措施有效落实，个人防护意识不断增强。与地方联防联控机制充分对接，积极争取地方设备投入和人力支援。有61人次代表海关总署对境外肉类及水产企业进行远程视频检查，发现问题279项，确保了进口冷链食品源头安全。

税收征管质量稳步提升。强化调研督导，上下同心协力，完成税收入库382.02亿元。全面提升涉税要素申报质量，规范申报率达99.4%，纠正归类差错867项，归类退补税同比增长107%。深化属地纳税人管理，为60家重点企业建立底账。

检验检疫防线更加牢固。坚持"多病同防"，检出监测类传染病12例。严把种质资源引进检疫关，全年共检疫监管进境种牛6.7万头，同比增长198%，列全国第3位，检出并扑杀二类传染病进境种牛213头，同比增长62%；坚持源头把关，代表海关总署对6个国

家实施种用大中动物境外远程预检，淘汰不合格动物3万头。开展进口食品"国门守护"行动，实施监督抽检和风险监测1.4万项次，查获禁止进境及不合格进口食品110批。检验出口危险化学品（以下简称"危化品"）3.5万批，居全国第2位，检出不合格308批，10个典型案例被海关总署转发。检验进口医疗器械535批，查发不合格14批。完成出入境人员健康监测3.1万人次、预防接种1.3万人次。

正面监管细致严密。开展"寄递渠道禁毒百日攻坚行动"，查获大麻1.28千克、违禁药品1.4万粒。落实禁限管理政策，查发许可证超数量、超次数核扣等情事17起。开展"龙腾""蓝网"等行动，查获侵权商品591批次、2.9万件，查发全国首起后续稽查渠道侵权案件。统计监督发现、处理问题579起，移交立案查处20起，同比提升4倍。组织不实贸易高风险核查10批次，查发企业136家。

企业管理和后续监管水平不断提升。开展"跨境电商断链刨根""进口粮食""进境大豆"等专项稽核查行动100余起，有效率50%以上，稽核查追补税创历史新高。完成2万家企业信息核对，实现关区有进出口实绩企业全覆盖，企业信用管理绩效考核列平衡型海关第1位。属地查检实地检查作业近7万批次。全年加工贸易监管进出口总值1566.9亿元，同比增长40%，监管效能指标考核列平衡型海关第1位。

风险防控精准有力。"两轮驱动"改革落地见效，人工分析布控查获率高于全国平均水平7.18个百分点。推进非贸一体化风险防控，创建风险"先期筛查"工作法，快件、跨境电商人工分析查获率分别位居全国海关第4位、

第2位。风险分析移交缉私部门立案同比增长4倍，创历史最高纪录。

法治海关建设扎实推进。制度体系更加完备，全年制修订制度18项，发布规范性文件2项，开发上线新"规范性文件和制度库"及移动查询系统。提报立法建议68条，审核民事合同191份。妥善处置1起行政复议案件，规范隶属海关案件审理委员会运作机制。取消2项行政许可，"证照分离"改革全覆盖落实到位。举办第一届海关法治开放日，开展普法讲师团走进事业单位活动。

全员打私成效明显。深入开展"国门利剑2021"行动，全年共刑事立案33起，案值8594万元，海关部门查发占比超过50%；行政立案283起、同比增长75%，案值9.33亿元、同比增长43%，长期未办结案件全部清零。组织全国"打击易制毒走私违法犯罪专项行动"，被公安部列为禁毒目标案件，1起案件被海关总署缉私局一级挂牌管理。大力推动反走私综合治理，地方政府将济南海关查扣的疫区走私冻品全部无害化销毁。

（三）服务开放有新突破、新成效

服务重大国家战略能力不断提升。全力支持"一带一路"建设，济南国际铁路货运中心海关监管场站投入运行，监管中欧班列944列、货物8万标箱，同比分别增长26%和29.7%。支持自贸区和综合保税区统筹发展，获批设立自贸区和特殊区域发展处，2项创新举措通过海关总署备案，自贸区济南片区进出口值516.5亿元，同比增长44.3%。综合保税区高质量发展措施落地见效，"智慧综合保税区"建设持续推进，关区5个综合保税区全年进出口值首次突破千亿，同比增长1.9倍。指

导帮扶潍坊港建设进境粮食指定监管场地，支持潍坊国家农业开放发展综合试验区（以下简称"潍坊国家农综区"）打造特色高水平开放平台。

跨境贸易便利化程度持续提升。圆满完成国务院压缩整体通关时间目标任务，进口、出口整体通关时间分别较 2017 年压缩 87.77%、93.76%，高于全国水平 21.63、3.78 个百分点。业务改革收集反馈问题全部"清零"，解决山东省稳外贸平台转办问题 49 个。国际贸易"单一窗口"满足企业"一站式"业务办理需求。牵头 16 个直属海关开展农食领域技术性贸易措施研究，向海关总署提报农食领域贸易关注议题 14 个、评议意见 93 条，提报数量继续领跑全国，推动泰国修改保鲜果蔬新规、澳大利亚修改茶叶农残管控要求，惠及全国农产品出口近 110 亿元；指导 23 家企业建立技术性贸易措施应对体系，助力关区番茄种子等 30 个新品种实现首次出口。落实进口原油"先放后检"模式，为企业节约费用近 5000 万元。调整进口棉花品质检验模式，每批棉花抽样和检验时间平均缩短 20 天。

重点改革实现突破。稽查业务改革有序落地，改革后稽查查发率提高至 63.2%，提高 17.2 个百分点。多元化担保改革健康发展，推动出台全国首个省级《山东省关税保证保险风险补偿资金管理暂行办法》，关税保证保险保持"零出险、零赔付"，全年办理企业集团财务公司备案担保 8.3 亿元、关税保证保险担保 62.6 亿元。建成全省首个 AEO 信用培育实训基地，企业培育数量同比增长 2 倍，28 家企业顺利通过 AEO 高级认证，认证通过率 91%。在全国首批试点企业集团加工贸易监管改革，

4 家集团加工贸易进出口值 781.1 亿元，同比增长 64.7%。在济南机场北指廊实施出境行李物品"一次过检"改革，创新智慧旅检作业模式。试点"区港通"监管方式，监管货值 2.32 亿元。推动跨境电商企业对企业出口（B2B 出口）迅猛发展，监管货值同比大幅增长 220 倍。稳妥推进"直装直提"改革，试点企业进口提货用时由 3 天压缩至 2 小时。支持关区内陆港提质增效，"铁海 E 通"系统持续升级，货运批次、货值分别增长 112 倍和 73 倍。

政策研究及统计工作成效明显。向海关总署报送各类报告和要情 180 余篇。高质量完成海关总署重点产品专题调研。关区"大政研"格局逐步形成，全年牵头署级课题 3 项，参与署级课题 5 项，立项关级课题 14 项，课题研究的参与度和覆盖面均达到历史最好水平。制订济南海关贯彻《"十四五"海关发展规划》实施方案。学会工作持续优化，8 篇论文获得中国海关学会和天津分会奖项。

（四）队伍建设有新突破、新成效

党的建设全面加强。加强党委自身建设，修订党委工作规则，完善党委议事清单，党委工作制度化、规范化、程序化水平进一步提高。层层压紧压实全面从严治党两个责任，制定两级党委履行基层党建主体责任清单，52 项全面从严治党重点任务全部落地。选优配强纪委班子，进一步厘清了直属机关纪委职责。大力推进党支部标准化规范化建设提升工程，推动基层党组织建设强基提质，2 个集体和 3 名个人获评省直机关"两优一先"，支部建设微视频获评全省百部优秀作品。"大火种"党建品牌体系建设不断深入，1 个示范品牌、3 个培育品牌通过海关总署复核，孵化党员服务

站、"信芯"团队等一批特色业务联动品牌，带动建成包括 5 个模块、共计 61 个品牌的"砺新"团建品牌体系。

准军内涵持续深化。驰而不息纠治"四风"，认真贯彻落实中央八项规定及其实施细则精神，制定 51 条具体措施及分工方案。出台为基层减负细化措施 14 条，办会发文实现只减不增。关区队伍垂直领导意识进一步增强，令行禁止抓落实、强执行的氛围更加浓厚。岗位练兵展现风貌，商品检验条线线上练兵进入全国 8 强，4 名同志入围全国百强；5 名同志晋级全国海关党史知识线上排位赛 20 强，晋级人数列全国海关第 1 位。1 个集体和 1 名个人分获全省五一劳动奖状、全省脱贫攻坚先进个人。1 名同志获评首届省直机关青年学习标兵。深化政务服务"好差评"系统应用，关区评价满意率连续两年保持 100%。

干部队伍建设不断优化。选优配强处级班子，完成处级领导班子全覆盖调研和"能力画像"。优化职数使用，开展多批次职级晋升。推进领导干部年轻化，处科级领导干部平均年龄持续下降。持续加强执法一线科长队伍建设，提拔多名执法一线科长担任副处级领导干部。推进公务员分类管理改革，完成专业技术类公务员职级套转、任职资格评定。完成 138 名事业人员改革后首次聘任。圆满完成年度培训计划，学时、学分考核 100% 双达标。离退休工作持续加强，组织"光荣在党 50 年"纪念勋章颁发仪式及庆祝建党百年系列活动，20 余人次荣获署级或省级表彰。

（五）监督检查有新突破、新成效

监督执纪问责精准有效。强化政治监督，开展专项监督 13 次，开展疫情防控视频监督 209 次。做实做细日常监督，针对发现问题制发监督建议书 31 份、纪律检查建议书 4 份、整改通知书 20 份。推动"现场监管与外勤执法权力寻租"专项整治，梳理关区层面 146 项廉政风险，重点核查问题 49 项，制定整改措施 35 项，建立健全制度机制 34 项。认真落实打私反腐"一案双查"。受理信访举报和问题线索 38 件，处置问题线索 32 件，查办案件 10 起。15 人、2 个党组织受到各类组织处理。

督审职能作用有效发挥。顺利完成配合国家审计、海关总署专项审计任务，反馈审计需求及问题核实 100 余条，整改问题 9 个。完成 7 个隶属海关主要负责同志离任经济责任审计项目，查发问题 137 个，提出建议 21 条。完成两级督察项目 51 个，推动整改问题 80 个。开展署级、关级内控前置审核 25 项，组织对 100 个署级节点落实情况检查，发现问题 73 个。推动关区 HLS 2017 内控平台应用，有效处置异常数据 2980 条，同比增长 15.6%。

（六）综合保障有新突破、新成效

政务运行效能不断提升。4 个"三智"项目入选全国海关先行先试项目，数量居全国海关第 2 位。发挥信息主渠道作用，互联网信息报送和舆情监控工作从无到有，信息总得分居平衡型海关第 1 位。加大各级媒体宣传力度，"央视频"发布实现零的突破，摄影作品《背影》荣获"国门传播奖"一等奖。全年实现值班零差错、报署零退文、失泄密零发生。1 人获评全国海关机要保密工作劳动模范。

科技支撑坚强有力。信息系统可用率 100%，桌面云全覆盖，网络安全"零事故"。立项海关总署科研项目 5 项、山东省重点项目 1 项，位列全国海关第一梯队。技术保障能力持续增强，实验室法检、委托业务收入同比分别增加 11.9%、47.9%。获得科技部"全国科技活动周"荣誉表彰。1 人获"全国海关十佳科普讲解员"称号。依托移动"互联网+"技术，实现电子口岸业务"随时办、随时问、随时学、随时查"，形成具有关区特色的电子口岸服务体系。

财务后勤保障水平不断优化。坚持"过紧日子"，提高资金使用效益，关区总体预算执行率达 100%，列全国海关第 1 位。争取海关总署和地方资金支持力度创历史新高，有力保障关区事业发展。建立非法入境固体废物、罚没水生野生动物及其制品等涉案物品移交地方处置长效机制，处置库存涉案财物 641 件。企事业单位经营性收入增长 53.41%，内生动力不断增强。采购、资产及仓库管理提质增效，食堂、用车、物业等更加规范，后勤服务保障水平不断提升。

同志们，点滴成绩，皆是心血，奋斗岁月，最可铭记。一年的时光，定格下许多难忘的瞬间。我们不会忘记，荣誉与表彰的背后，是办公楼里的长明灯光，是业务大厅的脚步奔忙，是监管现场的迎风傲雪，大家兢兢业业、精益求精，把汗水洒在了高质量发展的征程上！我们不会忘记，肯定与认可的背后，是逆行时的义无反顾，是口罩面屏后的坚定眼神，是便民惠企的拳拳之心，大家勇挑重担、勇毅笃行，把奉献写在了把关服务的答卷上！过去的一年，每个人都贡献了聪明才智，每个人都付出了艰辛努力，大家都了不起！所有的荣光和成绩，都是大家实实在在干出来的！在此，我代表关党委，向关区全体干部职工表示最衷心的感谢和最崇高的敬意！

同志们，回顾济南海关近些年的发展，特别是机构改革以来的历程，我们一步一个脚印坚定前行，一年一个台阶努力登攀，有耕耘的辛劳，更有收获的喜悦。历史不会辜负奋斗者的汗水，未来将回响着我们与新时代同频共振的音符。在高质量发展的征程中，我们共同见证了忠诚的力量，关区上下始终铸牢政治忠诚，以实际行动捍卫"两个确立"、做到"两个维护"，时时处处对标对表，将忠诚写进每一项工作、每一个环节，确保事业始终沿着正确方向前进。我们共同见证了实干的力量，始终保持着奔跑者的姿态、奋斗者的激情和开拓者的担当，事不避难、砥砺攻坚，求真务实、不务虚功，用实干夯实发展的根基，用奋斗提升前进的起点。我们靠实干走到了现在，也必将靠实干赢得未来。我们共同见证了团结的力量，从党委到基层党组织，从职能到一线，大家同心同德、同向同行，用团结打造了凝聚力，将团结转化成战斗力，政治生态持续优化，精神面貌昂扬向上，确保了事业发展的航船行稳致远。我们共同见证了坚韧的力量，直面发展的短板与弱项，鼓足争先的勇气与锐气，锲而不舍、一以贯之，坚持高标准定位，锚定高质量发展，争一流、擦亮点、铸品牌，化压力为动力，聚量变为质变，以往的很多不能成为可能，曾经的很多愿景变为现实。攀升的指标和数字，许多的"第一"与"首次"，增强着我们高质量发展的底气与信心。

在肯定成绩的同时，也要清醒地看到，关区发展仍存在一些短板，主要表现在：从政治层面强化业务工作有欠缺，仍存在就业务讲业务的问题，防范化解重大政治风险的能力有待提升；制度机制不完善，制度滞后、职责不清的问题还没有完全解决，一些检查发现问题的整改措施没有固化为制度机制，上下贯通、执行有力的抓落实机制还不健全；队伍建设有短板，干部梯队建设、专家型人才培养还有欠缺，少数领导干部动真碰硬、解决复杂问题的能力不足；纪律执行不到位，有令不行、有禁不止的情况时有出现，违纪违法问题还有发生，纠治酒驾醉驾不够彻底，等等。对此，我们一定要高度重视，全力解决。

二、准确把握形势，理清工作思路

2022年是党的二十大召开之年，是实施"十四五"规划的重要一年，是推动关区事业再上新台阶的关键一年。关区上下要把握新时代发展的时与势，凝聚全员的心与力，把准方位，提高站位，找准定位，科学谋划好全年工作。

（一）深刻认识加强政治建设的更高要求

习近平总书记强调，旗帜鲜明讲政治、保证党的团结和集中统一是党的生命，也是我们党能成为百年大党、创造世纪伟业的关键所在。关区上下务必要切实强化政治机关意识，始终把加强政治建设作为最根本最重要的任务，坚决当好"两个确立"的坚定捍卫者、忠实执行者，坚决当好习近平新时代中国特色社会主义思想的坚定信仰者、忠实实践者，始终胸怀"两个大局"、牢记"国之大者"，不断提高政治判断力、政治领悟力、政治执行力，真正形成从政治层面强化业务工作的自觉，一切行动听习近平总书记和党中央指挥，确保习近平总书记重要指示批示在关区得到最有力、最有效的落实，坚决走好"两个维护"第一方阵。

（二）深刻认识维护安全稳定的更高要求

习近平总书记指出，保证国家安全是头等大事。当前和今后一个时期是我国各类矛盾和风险易发期，面临形势环境的复杂性和严峻性世所罕见、史所罕见。海关处在国门一线，维护国门安全面临更大挑战，特别是新冠疫情仍在全球加速蔓延，其他疫病疫情多发高发；"洋垃圾"、象牙等濒危物种走私及外来有害物种对生态环境安全带来严重威胁；毒品、反宣品、枪支等走私违法犯罪活动屡禁不止；农产品、能源稳定供应风险上升，维护进出口食品、危化品等重点商品安全任务艰巨。我们要始终牢记强化监管是本职，放松监管就是失职渎职，牢固树立总体国家安全观，统筹发展和安全，统筹开放和安全，加强监管体系和能力建设，强化整体防控，有效应对和化解各种风险挑战。

（三）深刻认识服务高水平开放的更高要求

习近平总书记要求，以高水平开放促进深层次改革、推动高质量发展。当前，我国经济发展面临需求收缩、供给冲击、预期转弱三重压力，世界经济复苏动能趋缓，这些都对扩大开放形成较大阻力。2021年山东外贸增速在全国外贸前10位省市中排在第1位，发展势头迅猛，但也要看到山东外贸发展质量不高、大而不强的问题仍未很好解决，稳中提质任务依然艰巨。海关处于开放的最前沿，要完整、准确、全面贯彻新发展理念，明确结合点，全力服务"一带一路"建设、黄河流域生态保护和高质量发展等国家重大战略，助力构建新发展格局。找准发力点，助力打造自贸区、综合保税区等高水平开放平台，推动更大范围、更宽领域、更深层次对外开放。聚焦困难点，抓好稳外贸跨周期调节措施落地，推动外贸实现质的稳步提升和量的合理增长。

（四）深刻认识推动高质量发展的更高要求

习近平总书记强调，必须牢记高质量发展是新时代的硬道理。经过 3 年来坚持不懈的探索和实践，关区事业发展进入新阶段，各条线工作提质增效，主要业务指标连年增长，高质量发展有了更坚实的基础；国家战略叠加，国际物流通畅，业务门类齐全，高质量发展有了更广阔的平台；"双高"工作纲要落地实施，高质量发展有了更完善的机制保障。同时也要看到，起点越来越高，意味着向更高层次迈进的难度越来越大，一些"天花板"与"瓶颈"问题会越来越明显。关区上下必须坚定不移落实以"双高"推进"五关"建设的工作思路，扎扎实实干好自己的事，心无旁骛走好高质量发展道路，以自身发展的确定性来应对外部环境的不确定性、创造未来更多的可能性。必须把握全局"一盘棋"，下好布局"先手棋"，谋好破局"制胜棋"，在高质量发展的跑道上抢占先机、走在前列。

面对新形势新任务，济南海关党委确定 2022 年关区工作的总体思路是：坚持以习近平新时代中国特色社会主义思想为指导，深入贯彻党的十九大和十九届历次全会精神，认真落实中央经济工作会议部署，全面落实全国海关工作会议、全国海关全面从严治党工作会议精神，树牢政治机关意识，坚持稳字当头、稳中求进，坚持以"双高"推进"五关"建设工作思路，更加注重统筹协调，更加注重导向作用，更加注重实干实效，更加注重防风险保安全，更加注重严纪律守规矩，更加注重抓基层强基础，不忘初心、牢记使命，锲而不舍、一以贯之，努力在社会主义现代化海关建设征程中走在前列，以优异成绩迎接党的二十大胜利召开。

三、2022 年工作打算

（一）坚定不移强化政治统领，以实际行动捍卫"两个确立"、做到"两个维护"

坚持用习近平新时代中国特色社会主义思想武装头脑、指导实践、推动工作。强化中心组示范带动作用，优化学习组织实施机制。巩固拓展党史学习教育成果成效，把党史学习教育融入日常、抓在平常。争创"模范机关建设表现突出集体"。提前谋划党的二十大学习宣传贯彻工作，有重点、分步骤策划开展系列主题活动。

坚决贯彻落实习近平总书记重要指示批示精神。扎实开展好"捍卫'两个确立'、做到'两个维护'、强化政治机关建设专项教育活动"，以处级以上领导干部为重点，全员覆盖、全域查摆、全面整改，项目化推进、销号式管理，切实把讲政治从外部要求转化为内在主动。严格落实"第一议题"制度，持续完善督查问责机制。严厉打击象牙等濒危动植物及其制品、"洋垃圾"、涉枪涉毒等走私，维护国门生物安全，持续推进安全生产专项整治三年行动，坚决做好重大活动及重要节日的安全防范，以把关服务的鲜明成效践行"两个维护"。

全面加强党的领导和党委自身建设。严格遵守党委工作规则，全面落实党委议事清单，落实意识形态等领域工作责任制，严格执行"三重一大"事项集体决策制度，聚焦重大部署、重要任务、重点工作组织领导，充分发挥党委把方向、管大局、作决策、保落实的领导作用。

（二）坚定不移防范化解重大风险，牢牢守住国门安全防线

稳步提升风险防控效能。用好防范化解重大风险分析研判工作机制，建设关区风险情报网络，防好业务领域阶段性、系统性、制度性风险。以实战为导向，持续推进大数据"云擎"平台应用，推动风险分析提质增效。优化布控规则，强化布控规则执行、反馈，推进现场即决式布控，稳步提高查获率。

持续加强口岸监管。规范口岸检查作业，提升现场主动查发能力。加大枪支弹药、违禁印音制品[*1]、毒品的查缉，严厉打击"水客"走私和跨境赌博。严格落实国家禁限管控政策，加大对货物逃漏证、证件异常等情况的监管力度。高标准推动二级监控指挥中心建设，完善三级监控指挥体系联动机制。围绕重大发展战略，指导监管作业场所（场地）优化布局，加强监管作业场所（场地）运行管理。加强知识产权海关保护，加大重点商品、重点渠道侵权打击力度。聚焦北京冬奥会、冬残奥会以及全国"两会"、党的二十大等重大时间节点，做好口岸监管环节反恐维稳工作，年内选取重点口岸开展反恐实兵演练。

慎终如始做好口岸疫情防控。坚持"外防输入、内防反弹"总策略，坚持"人、物、环境同防"，不断完善各类预案、方案，严格规范执行防控措施，强化监督考核，确保规定动作100%落实到位。精准实施口岸卫生检疫，加强对出入境人员和交通工具的检疫查验。做好入境客运航空器及高风险交通工具消毒监督，压紧压实企业主体责任。从严就高做好个人安全防护，严格执行免疫接种和一线高风险岗位人员封闭管理。坚持多病共防，严防埃博拉、拉沙热、非洲猪瘟、沙漠蝗等重大人畜疫病传入传出，防止疫情叠加。积极参与联防联控，大力推进口岸公共卫生核心能力建设。严格实施进口冷链食品农产品和高风险非冷链集装箱货物监测检测和预防性消毒监督工作，妥善做好后续处置。

着力防控税收风险。全力以赴完成税收任务。稳步推进多元化担保改革，实施以企业为单元的税款担保改革，保持"零出险，零赔付"。多维度开展减免税业务检查，提升政策实施准确性，确保海关总署抽样检查"零差错"。以引导合规申报为目标，实现全年规范申报"零通报"。紧盯税收安全，确保征管环节"零欠税"。聚焦RCEP[*2]实施要求，确保出口原产地签证质量抽核"零差错"。

筑牢国门生物安全防线。强化动植物疫情和外来入侵物种监测评估预警及应急处置，推动"智慧动植检"信息化项目应用。开展"国门绿盾2022"行动，推进建立"黄河流域动植物检疫关际协作机制"，深化国门生物安全联防联控联动机制，坚持人病兽防、关口前移，严防重大动植物疫情传入传出和外来物种入侵。

落实食品安全"四个最严"要求。严格落实海关总署进出口食品安全监督抽检和风险监测工作规范要求，优化进出口食品合格评定措施程序。开展进口食品"国门守护"行动，利

---

*1 印音制品全称为印刷品及音像制品。——编者

*2 RCEP指《区域全面经济伙伴关系协定》（Regional Comprehensive Economic Partnership）。——编者

用进出口食品安全通报机制，压实食品安全各方责任。深化出口食品国外通报调查机制，加强进出口食品安全风险研判处置，强化责任追溯。

严把进出口商品质量安全关。完善进出口商品质量安全风险预警和快速反应监管体系，推进质量安全风险监测点建设。建立危化品检验监管实训基地，提升检验监管效能和应急处置能力。落实海关总署进出口商品检验模式改革要求，推进检验结果采信。重点加强旧机电、医疗器械、原油、棉花、防疫物资等重点商品的检验工作。

保持打私高压态势。加强全员打私，开展"国门利剑 2022"联合行动，聚焦重点区域、重点领域、重点商品，严厉打击"水客"、冻品、成品油、毒品、反宣品等走私，持续打击涉检违法犯罪行为，确保关区反走私形势平稳可控。突出"智慧缉私"专业打击、海关现场移交查办、缉私执法规范化"三大能力建设"，强化缉私警察专业保障，提高执法质效和反哺监管成效。推动地方政府落实反走私综合治理主体责任。

（三）坚定不移服务高水平对外开放，助力打造对外开放新高地

全力服务国家重大战略。服务黄河流域生态保护和高质量发展，落实落细海关总署 12 项任务和济南海关 8 项举措；推动黄河流域农食产品技术性贸易研究中心建设，积极发挥海关总署农食工作组牵头海关作用，深入开展世界贸易组织（WTO）协定、RCEP 等贸易规则研究应用。助力重点食品农产品进口多元化战略，扩大"一带一路"共建国家和地区优质肉类、乳品等进口。支持潍坊国家农综区打造特色高水平对外开放平台，推广海关出口食品安全社会共治监管服务新方案。

做强做优开放平台。强化自贸区监管制度创新，争取形成一至两项有影响力的创新举措在全国复制推广。提升综合保税区发展水平，支持有条件的城市申建综合保税区、保税物流中心，加强事中事后监督，推动政府履行主体责任。扎实推进跨境电商综合试验区建设，优化跨境电商 B2B 出口监管业务。优化"铁海 E 通"功能，强化与中欧班列出境口岸数据对接，支持中欧班列搭载跨境电商、邮件货物。

积极服务外贸稳中求进。聚焦辖区重点产业、重点行业引进设备及关键零部件"卡脖子"问题开展税政调研，工作质效继续保持全国领先。围绕 RCEP 实施，探索开展出口货物享惠担保改革，促进"出口保"落地生效，构建自贸协定"一企一策"进口享惠策略。高质量完成"双轨式 AEO 智慧培育模式研究"署级科研项目，全年培育企业不少于 300 家，高级认证企业突破 100 家。深化行政相对人统一管理平台应用，加大"多证合一"推广力度。有序推动与哥斯达黎加海关 AEO 互认磋商，开展世界海关首次线上认证观摩。

持续优化口岸营商环境。及时复制推广最高标准、最优水平的经验、做法，推动关区口岸营商环境向全国标杆城市"看齐"。扩大"两步申报""提前申报"改革覆盖面，确保压缩整体通关时间成效高于全国平均水平。密切跟进市场采购试点申请情况，指导企业用足用好惠企政策。深化"放管服"改革，精简行政许可事项，推进"双随机、一公开"监管落实落细。积极参与"单一窗口""关港贸税金"全链条运作，保持主要业务应用率 100%。

进一步提升政策研究及统计工作水平。巩固关区"大政研"格局，健全完善课题研究机制，充分发挥形势分析研判小组作用，探索打造关区特色智库，促进研究成果转化。加强进出口监测预警，有力服务领导决策和经济发展。推动关区《"十四五"发展规划》实施方案各项工作有序开展。积极融入海关统计现代化改革，提升数据质量全链条治理能力，把好统计基础数据质量关。发挥统计监督作用，落实分类分级管理，确保数据安全。组织好学会换届，广泛开展群众性理论研究。

推进"三智"合作。广泛宣介"三智"重大倡议，稳步推进现有"三智"合作项目取得早期收获。积极承接海关总署各项外事活动，选派业务骨干参与海关总署规则制定和谈判磋商等任务。有序推动中韩实验室国际合作。

（四）坚定不移深化改革创新，激活市场主体活力和发展动力

推进重点改革落地见效。深入贯彻落实全业务领域一体化改革要求，积极探索黄河流域场景化、流程化合作项目。全面推广特殊物品"互联网+监管"模式，助力关区生物医药产业发展。推进"智能监管"体系创新，深入开展智能审图应用，深化"直提直装"等改革，推进行邮领域智能化创新监管。全面推广企业集团加工贸易监管模式，落实以合同、企业、企业集团为单元的多层次加工贸易监管模式。强化关区稽查协作机制建设，加大涉检、涉税领域稽查力度，推动稽查改革工作早见成效。推进核查分类改革，扩大采信第三方改革、企业自查结果认可试点范围。加快推进属地查检与口岸监管、稽核查工作执法联动。

夯实法治基础。加快编制济南海关权责清单。开展制度评估清理，优化关区制度体系。建立关区法律顾问团队，更好地发挥公职律师和法律顾问作用。规范涉检行政处罚案件办理，提升办案水平。建立民事合同模板库，强化合法性审查。继续举办实战式"模拟法庭"演练。高标准建设关区法治文化教育中心。

加大科技创新力度。坚持科技业务一体化，以大数据为核心，加快5G、物联网、区块链等技术的集成应用，构建网络安全防护体系、实验室数字化管理体系、信息化融合应用体系。贯通科技供给与需求通道，在业务改革、现场监管、疫情防控、服务保障等领域更有效发挥引领作用。稳步推进"智慧楼宇"规划建设，推广应用新一代信息化基础设施，丰富移动云平台应用，保持系统运行"不掉线"、网络安全"零事故"。做精、做细电子口岸服务，加大智能化科技装备自主研发力度。

持续提升实验室能力。全面落实关区实验室优化建设方案，重点加强生物安全领域实验室建设，做好实验室动态管理。统筹关区实验室资源和配置，有效发挥实验室检测联盟作用，保障法检业务需要，持续拓展市场委托业务。进一步完善科研创新机制，推进山东省重点研发项目顺利开展。加强实验室安全管理，全面消除安全隐患。

（五）坚定不移推进高素质专业化干部队伍建设，为关区事业发展提供坚实保障

充分发挥"关键少数"作用。实施"一把手"政治能力提升工程，加强处级领导干部政治训练和实践锻炼，提高辨别政治是非、保持政治定力、驾驭政治局面、防范政治风险的能力。强化"一把手"责任担当，以对事业负责、对未来负责的态度选好干部,发挥好"施工队长"作用。加强"一把手"监督管理,畅通监督渠道,营造监督氛围,使主动接受监督成为一种习惯、一种自觉、一项基本素质。

打造过硬干部队伍。深化干部工作"五大体系"建设,用好关区处级领导班子和处级干部专题调研成果,持续优化年龄、专业、经历结构。持续推进干部队伍年轻化,开展科级领导干部和优秀年轻干部专题调研,分级分类建立年轻干部库,统筹用好各年龄段干部。完善梯队搭建,健全选育管用奖惩全链条机制,有序推进干部交流,加快干部成长历练。持续强化执法一线科长锻炼培养使用。推进离退休干部活动阵地、学习阵地建设,提升离退休干部服务管理水平。

加强专业人才培育。深入学习贯彻中央人才工作会议精神,出台细化措施和专业人才中长期培养计划。围绕各紧缺专业和现实需求,引进与培养并重,持续优化人才结构。落实海关专家制度,结合公务员分类管理要求,建好关区专业人才库,全方位加强人才储备、管理和培育。强化能力平台建设,建成用好关区特色实训基地,教、学、练、战一体推进,提升全员专业能力。

深化准军建设。聚焦形神兼备,完善内务规范常态长效管理机制,强化内务督察和准军考核,提升内务规范建设水平。强化垂直领导意识,认真落实重大事项请示报告制度,坚决做到闻令而动、听令而行。大力推动"马上就办、真抓实干"内化于心,狠抓纪律作风日常养成,加强岗位练兵和技能比武,锻造全面过硬的准军部队。打好争创全国文明单位中期攻坚战,推动保持省级文明单位和省级青年文明

号关区双覆盖。加强工青妇工作,切实增强群团组织的凝聚力和影响力。

(六)坚定不移全面从严治党,营造风清气正的政治生态

持续提升党建工作质量。推进党支部标准化规范化建设提升工程,实现过硬党支部和先进党支部全覆盖。积极参与"书记项目"试点,用好"智慧党建"系统。推进"大火种"党建品牌体系迭代升级,完善党建业务融合互促工作机制。改进思想政治工作,做好对封闭管理人员的关心关爱。深入挖掘和宣传新时代海关榜样,激发士气、树立导向。加强关区海关史研究,开展年鉴编纂、海关口述史料抢救征集等工作。做好定点帮扶,助力乡村振兴。

扎实推进党风廉政建设和反腐败斗争。认真贯彻十九届中央纪委六次全会精神,一体推进"三不腐",加强纪检干部队伍建设。强化政治监督,加强对"一把手"和领导班子的常态化监督。紧盯重点领域、敏感岗位和关键环节,做实做细日常监督,部署开展专项监督。锲而不舍纠"四风"树新风,防止反弹回潮、隐形变异。持续抓好巡视问题长效整改,每半年调度推进情况,巩固深化整改成果。实现巡察全覆盖,建立健全职能部门条线问题整改监督机制。认真组织开展"海关重点项目和财物管理以权谋私"专项整治,推动海关权力运行全领域全链条治理。深化运用"四种形态",坚持抓早抓小,既要坚决防止系统性、塌方式腐败,又要持续纠治小微权力腐败等问题。建立典型案例通报分析制度,强化警示震慑。优化升级关区网上廉政教育基地,创新打造"济关清风"廉政警示教育特色品牌。

进一步强化督审监督。全面配合国家审计

和海关总署审计，加大关区任中审计力度。建立审计查出问题整改长效机制，强化审计整改责任落实，推动完善制度、规范管理。完善审前自查自纠、审中协调配合、审后整改落实工作机制。围绕重大决策部署开展两级督察，提高监督质效。完善两级内控节点体系，实施内控自评全覆盖，打造关区内控科室"样板间"，加强内部控制与监督平台应用。扎实开展重点领域专题执法评估。

（七）坚定不移提升综合保障效能，更好服务大局、保障民生

持续优化政务运行。狠抓机关效能建设，持续精文简会，切实为基层减负。充分发挥督查"利器"作用，加大"四不两直"督查力度，提升抓落实效能。提高公文办理效率，确保零退文、不压文、不漏事。量质并举做好政务信息工作，全面、高效展现济南海关形象。进一步提升新闻宣传的影响力和传播力，做到央级媒体再突破、省级媒体再巩固、市级媒体全面开花。守住机要保密底线，确保失泄密事件零发生。全天候应急处置，确保值班零差错，应急机制随时激活。认真做好人大建议政协提案办理、档案管理、政务公开和信访等工作。有序做好济南海关业务技术用房调剂工作。

强化财务后勤保障。严格落实"过紧日子"要求，狠抓预算执行，严控"三公"经费，压减一般性支出，盘活存量资金。在合规的前提下开源节流，积极争取海关总署和地方资金支持，扩大企事业单位市场经营服务性收入。落实总署国企改革三年行动任务。防范化解财务领域风险，强化内部管理控制，加强对基建工程、政府采购、企事业单位财务管理、资产管理和涉案财物管理等重点领域的管控。整合优化闲置资产，推进关区节约型机关创建。推动后勤服务社会化改革，进一步强化公务用车管理，持续提升物业、职工餐等专业化服务保障水平。

同志们，2022年关区工作任务已经明确，新的奋斗征程已经开启，新的使命任务催人奋进。没有等出来的辉煌，只有干出来的精彩，让我们高举习近平新时代中国特色社会主义思想伟大旗帜，始终保持奋斗之志、奋发之力、奋进之势，一张蓝图绘到底、一以贯之抓落实，以优异成绩迎接党的二十大胜利召开！

在 2022 年济南海关全面从严治党工作会议上的讲话

济南海关党委书记、关长　赵儒霞

（2022 年 1 月 26 日）

这次会议的主要任务是，深入学习贯彻习近平总书记重要讲话精神，学习领会十九届中央纪委六次全会精神，落实全国海关全面从严治党工作会议部署，回顾 2021 年关区全面从严治党、党风廉政建设和反腐败工作，安排 2022 年工作。

在 1 月 24 日全国海关全面从严治党工作会议上，倪岳峰署长传达学习了习近平总书记在十九届中央纪委六次全会上的重要讲话精神。总书记的重要讲话，深刻阐述了全面从严治党取得的历史性、开创性成就，产生的全方位、深层次影响，用"六个必须"和"九个坚持"，对新时代党的自我革命成功实践和管党治党宝贵经验进行了深刻总结，用"四个任重道远"深刻分析了全面从严治党新的阶段性特征，并对把全面从严治党向纵深推进、迎接党的二十大胜利召开做出战略部署。总书记的重要讲话是推进新时代党的建设新的伟大工程的基本遵循，是做好关区全面从严治党、党风廉政建设和反腐败工作的行动指南，我们要认真学习领会，深入贯彻落实，自觉把思想和行动统一到重要讲话精神上来，保持反对和惩治腐败的强大力量常在，坚定不移、一以贯之推进关区全面从严治党向纵深发展。

下面，我讲两点意见。

一、2021 年工作回顾

2021 年是中国共产党成立 100 周年，也是"十四五"开局之年，是党和国家历史上具有里程碑意义的一年。一年来，关区各级党组织坚持以习近平新时代中国特色社会主义思想为指导，认真贯彻全面从严治党战略方针，坚持严的主基调不动摇，坚决扛起管党治党政治责任，持之以恒正风肃纪，以零容忍态度惩治腐败，深入推进模范机关建设、清廉海关建设，全面从严治党工作、党风廉政建设和反腐败工作取得了新进展新成效。

（一）政治建设有力统领

"两个维护"坚定坚决。深入开展党史学习教育，学深悟透习近平新时代中国特色社主义思想，精心组织"党在我心中"主题演说、"启航新征程"主题展览等庆祝建党100周年系列活动，学习教育成效得到海关总署高度评价，在全国海关两次作经验交流。坚持"第一议题"制度，坚决贯彻习近平总书记重要指示批示精神，严格督查督办、跟踪问效，形势分析及工作督查例会专题研究70余项次。出台落实8个方面重点举措全力服务黄河流域生态保护和高质量发展，科学精准、严格规范实施口岸疫情防控，大力优化口岸营商环境，保持打击象牙等濒危动植物及其制品、"洋垃圾"、"水客"走私力度，积极推动乡村振兴，以最坚定态度、最迅速行动、最有力措施，推动党中央各项决策部署在关区落实落细、见行见效。

理论武装持续深化。深入学习贯彻党的十九届六中全会精神，第一时间召开党委会专题学研，组织为期6天的专题学习班，推动落实9个方面重点工作，切实统一思想、统一意志、统一行动。持续完善党委会及时学、中心组专题学、党委理论中心组（扩大）深入学、形势分析及工作督查例会贯通学的学习架构，关党委发挥"头雁效应"，带头潜心自学、深化专题研讨，全年组织党委会集中学习37次、党委中心组学习13次。常态开展"随堂考、共同学"，督学促学、检验成效。带动隶属海关党委开展学习研讨149次，各级党组织开展集中学习交流近2000次，广大党员干部理论上更加清醒、政治上更加坚定。

（二）对"关键少数"监督精准聚焦

构建常态监督。认真贯彻《中共海关总署委员会关于加强对"一把手"和领导班子监督的实施意见》，研究出台责任分工方案，细化3

个方面21条42项重点事项，构建四个维度闭环监督机制。全覆盖开展基层党组织书记书面述责述廉述党建，选取7个基层党组织书记现场述责述廉述党建并接受评议，压紧压实第一责任人职责。高质量组织开好民主生活会，严肃党内政治生活，充分发挥基层党组织和党员的监督作用。印发《济南海关贯彻落实"三重一大"决策制度实施办法》，严格重大事项请示报告，推进落实民主集中制。

强化联动监督。将"一把手"履职尽责情况作为纪律监督、干部监督、巡察监督、派驻监督、审计监督的重点，增强监督合力。强化主体责任与监督责任同向发力、同频共振，建立政治生态、信访举报定期分析研判制度，组织召开2次廉政风险综合分析研判联席会议。开展关区处级领导班子、领导干部能力建设专题调研，多维度对干部个人特别是"一把手"进行"画像"监督。严格执行领导干部报告个人有关事项"两项法规"，如实报告率连续3年提升。组织领导干部配偶、子女及其配偶经商办企业自查394人次、抽查140人次，切实防范利益冲突行为。

（三）纪律作风持续向好

纠治"四风"驰而不息。认真贯彻落实中央八项规定及其实施细则精神，将海关总署17条措施细化分解为51条具体任务，严肃查处4名党员干部违反中央八项规定精神情事。毫不妥协纠治形式主义、官僚主义，出台为基层减负细化措施14条，建立基层减负监测点和基层工作情况直报等机制3项，守住精文简会的硬杠杠。牢固树立"过紧日子"思想，持续加强节约型机关建设，加大各类资金统筹力度，全力确保疫情防控、基本民生和重大改革任务等重点工作顺利开展。深化政务服务"好差评"系统应用，推动政风行风持续向好，关区评价满意率连续两年保持100%。

准军建设成果显著。深入开展内务规范强化月活动，创新准军建设"双月"主题机制，评选"双月"先进集体27个。开展"云"会操考核，选树示范优秀队列16个，开展飞行检查、窗口抽查、视频检查等60余次，推动纪律严起来实起来。岗位练兵助推业务能力提升，商品检验领域线上练兵技能比武进入全国8强，4名同志入围全国百强。坚持严管厚爱相结合，制定落实保护关心爱护疫情防控一线人员细化措施22条、封闭管理人员进一步关心关爱措施7项，为关区疫情防控一线申请专项慰问金，深化拓展全国文明单位创建，干部队伍精气神持续提振。

（四）权力监督制约有力有效

廉政教育拒腐防变。开展警示教育月活动，召开关区警示教育大会，分级分类通报身边典型案例30余起。开展酒驾醉驾问题专项整治，形成风险、问题、防控措施"三张清单"，全覆盖摸排问题80个，制定针对性防控措施239条。各级党组织开展书记讲纪律党课、廉政主题党日活动300余次，推动廉政教育春风化雨、成风化人。创新廉政文化建设，网上"廉政教育基地"总点击量超13万次，"漫画说纪 警钟长鸣"4期微信系列作品均获《金钥匙》刊发。

制度科技管权控权。制定《济南海关自贸试验区监管制度创新复制推广工作细则》等制度和规范性文件20项，启动济南海关权责清单编制工作，权力归属更加清晰、运行流程更加规范。落实督审监督责任，聚焦重大决策部署落实，依托信息化手段强化数据分析，两级51个督察项目发现问题80个；围绕领导干部经济责任履行，推广"集中分析、分散核实"联网审计，完成审计项目7个，查发问题137个。着力提升内控节点成效，开展100个署级节点落实情况自查，发现问题73个，利用HLS2017内控平台有效处置异常数据2980条。

（五）肃纪反腐持续纵深推进

监督执纪精准有效。深入开展"现场监管与外勤执法权力寻租"专项整治，强化执法一线廉政风险防控，集中整改各类问题189个，形成146项内容、394项防控措施的关区廉政风险防控清单，推动完善制度机制34项，关区防范执法风险和廉政风险的能力显著提升。紧盯疫情防控落实情况开展全方位监督，发现问题69个，提出意见建议74条。不断提高执纪审查质量，全年处置问题线索32件，查办案件10起，党纪处分2人、政纪处分1人，开除党籍、行政开除1人。

巡察质效显著提升。党委着力加强巡察工作领导，每轮巡察必听汇报、必点人点事、必到场反馈。修订完善《党委巡察工作实施细则》等规章制度，巡察规范化体系化水平不断增强。进一步推动巡视巡察上下联动，调动组织人事、纪检监察干部形成巡察监督合力。年内开展5轮巡察，完成对11个隶属海关党委巡视整改专项巡察全覆盖，发现问题71个，整改措施完成率100%；对2家直属事业单位开展常规巡察，发现问题19个，制定整改措施88条。

（六）管党治党责任压紧压实

立柱架梁愈加牢固。修订济南海关党委工作规则，制定落实党委书记和党委委员工作职责清单，党委班子自身建设水平持续提升。严格落实全面从严治党主体责任清单，制定两级党委履行基层党建主体责任清单，细化落实 52 项全面从严治党重点任务，管党治党责任进一步压紧压实。修订派驻纪检组工作量化考核办法，明确 49 项指标任务，促进"两个责任"同向发力。制定实施规范党员领导干部婚丧喜庆报备规定等 4 项制度，全面从严治党制度体系不断健全完善。

履责尽责从严从实。全年召开 21 次党委会研究、部署推进全面从严治党工作，全年 12 次形势分析及工作督查例会有 9 次重点强调全面从严治党工作。党委书记专题听取党委委员履行全面从严治党"一岗双责"情况，将管党治党工作牢牢抓在手上。党委委员直抵基层开展"四不两直"监督检查，深入基层科室和支部联系点开展多轮次"面对面"督查指导。坚决落实巡视整改政治责任，持续加强组织推动，整改措施完成率达 98%。坚持失责必问、问责必严，开展问责 3 次，对 2 个党组织、2 名党员领导干部予以通报，诫勉谈话 1 人。

同志们，注重总结历史经验是党的优良传统。习近平总书记指出，要重视和善于运用历史规律，不断总结经验、提高本领，不断提高应对风险、迎接挑战、化险为夷的能力和水平。回顾我们全面从严治党的工作实践和丰厚成果，深刻感受到，把关区全面从严治党、党风廉政建设和反腐败工作不断推向前进，必须认真总结经验、深入把握规律：

——必须善于汲取党推进自我革命的历史经验，坚持把党的历史经验作为正确判断形势、科学预见未来的重要思想武器，作为想问题、做决策的重要遵循，及时总结关区实践有益经验，增强工作前瞻性、系统性、有效性，这是关区全面从严治党取得成效的方向引领；

——必须旗帜鲜明讲政治，坚持以党的政治建设为统领，把深入学习贯彻习近平新时代中国特色社会主义思想作为首要政治任务，坚定捍卫"两个确立"，坚决做到"两个维护"，这是关区全面从严治党取得成效的根本保证；

——必须始终坚持人民至上，深入践行人民海关为人民理念，公正执法、廉洁用权，始终葆有正视问题的自觉和刀刃向内的勇气，坚决纠正一切损害群众利益的腐败和不正之风，这是关区全面从严治党取得成效的民心基础；

——必须坚持"严"的主基调不动摇，坚持思想从严、监督从严、执纪从严、治吏从严、作风从严、反腐从严，坚持严密制度、严肃教育、严惩腐败，一体推进不敢腐、不能腐、不想腐，这是关区全面从严治党取得成效的原则遵循；

——必须持续强化权力制约监督，依纪依法设定权力、规范权力、制约权力、监督权力，运用"制度+科技"从源头防控执法和廉政风险，以加强对"一把手"和领导班子监督为重点，推动各类监督贯通协同，这是关区全面从严治党取得成效的重要法宝；

——必须抓住"关键少数"以上率下，坚持以更高更严的标准，教育管理监督各级领导班子和领导干部，管好关键人、管到关键处，推动由更多在上面要求人、在后面推动人，向更多在前面带动人转变，狠抓示范带动，狠抓压力传导，这是关区全面从严治党取得成效的核心关键。

在肯定成绩、增强信心的同时，也要清醒地看到问题和不足：一是政治站位不够高。个别部门单位政治机关意识不强，缺乏政治敏锐性和政治鉴别力，对"没有离开政治的业务，也没有离开业务的政治"认识不到位、领会不深入，没有准确把握海关工作蕴含的政治要求，没有从政治层面强化业务工作，在大局下思考、大局下行动还有差距。二是"两个责任"同向发力不够协调。主体责任与监督责任的落实，在协同频率上没有找准契合点，各类监督还需加强贯通协同，联系配合机制还不够完善。派驻监督工作的效能还要进一步提高，监督、治未病、自主查发问题的能力还需进一步加强。三是基层党的建设不够平衡。对不同层级、不同性质、不同类型的党组织分级分类施策的实效还没有充分体现。关区既有推广认可"热"的典型代表，同时也存在亟须"加热"的薄弱冷点。四是纪律作风建设不够严实。依然发生个别干部违反中央八项规定精神、醉驾等问题，影响恶劣、教训深刻。个别单位对干部的日常管理教育及"八小时以外"的监督不严实、有漏洞、有缺位。"四风"顽疾仍存抬头隐患，隐形变异的形式主义、官僚主义依然存在。五是风险防控能力不够过硬。有的党员干部对廉政形势盲目乐观、警醒不够，挺纪在前、抓早抓小的能力不强，监督执纪"四种形态"不能熟练运用的情况依然存在。基层执法领域违纪违法问题、非执法领域廉政风险不容忽视，非职务违法行为时有发生。对此，我们要高度重视，采取有力措施切实加以解决。

二、2022 年主要工作

2022 年将召开党的第二十次全国代表大会，这是我们党迈进第二个百年奋斗目标新征程召开的一次十分重要的会议，是党和国家政治生活中的一件大事，需要全党全国为保持平稳健康的经济环境、国泰民安的社会环境、风清气正的政治环境做出贡献。做好 2022 年关区全面从严治党工作意义重大。

习近平总书记深刻指出，只要存在腐败问题产生的土壤和条件，腐败现象就不会根除，我们的反腐败斗争也就不可能停歇。反腐败没有选择，必须知难而进。我们没有任何理由骄傲自满、松劲歇脚，必须乘势而上、再接再厉、接续奋斗。我们一定要保持清醒头脑，永远吹冲锋号，牢记反腐败永远在路上，抱定"不破楼兰终不还"的必胜信念，坚定开启全面从严治党新征程。

——建成"让党中央放心、让人民群众满意"的模范机关还任重道远，开启全面从严治党新征程。我们一定要始终牢记党的领导这一建关之本、强关之魂，始终牢记听党指挥、绝对忠诚这一政治底色，强化政治机关建设，坚决走好"两个维护"第一方阵。

——推动全面从严治党向纵深发展、向基层延伸还任重道远，开启全面从严治党新征程。我们一定要更加注重强化各级党组织政治担当，坚持"责"字当头，紧紧牵住责任制这个"牛鼻子"，拧紧加固担责、履责、督责、问责的责任链条。

——根治队伍纪律作风顽瘴痼疾还任重道远，开启全面从严治党新征程。我们一定要持续发扬钉钉子精神，绵绵用力、久久为功，坚定坚决正风肃纪，坚持不懈纠"四风"树新风，务必要在深化作风建设上展现新气象、实现新作为。

——确保权力始终在正确轨道上运行还任

重道远，开启全面从严治党新征程。我们一定要对"权力是一把双刃剑"始终保有清醒认识，严格依法设定、规范、制约、监督权力，把权力真正关进制度的笼子里，确保公权力真正姓"公"不姓"私"。

——有效应对腐败手段隐形变异和翻新升级、实现标本兼治还任重道远，开启全面从严治党新征程。我们一定要始终保持反腐败政治定力，坚持无禁区、全覆盖、零容忍，坚持重遏制、强高压、长震慑，坚持不敢腐、不能腐、不想腐一体推进，坚持惩治震慑、制度约束、提高觉悟一体发力，不获全胜绝不收兵！

面对新形势新任务，济南海关党委确定2022年关区全面从严治党工作总体要求：以习近平新时代中国特色社会主义思想为指导，全面贯彻党的十九大和十九届历次全会精神，认真落实十九届中央纪委六次全会部署，自觉运用党的百年奋斗历史经验，弘扬伟大建党精神，永葆自我革命精神，坚持全面从严治党战略方针，坚持高标准、高质量推动全面从严治党，坚定不移将党风廉政建设和反腐败斗争进行到底，持续强化理论武装、持续强化责任担当、持续强化正风肃纪、持续强化权力制约，一体推进不敢腐、不能腐、不想腐，一体推进模范机关建设和清廉海关建设，为建设社会主义现代化海关提供坚强政治保证，以优异成绩迎接党的二十大胜利召开。

重点做好以下5个方面工作：

（一）旗帜鲜明讲政治，坚定捍卫"两个确立"、坚决做到"两个维护"

坚定捍卫"两个确立"。要坚持把学懂弄通做实习近平新时代中国特色社会主义思想作为首要政治任务，发挥理论学习中心组龙头作用，推动个人潜心自学与集中专题研讨深度结合，着力在深化、消化、转化上实现新提升。深入学习贯彻党的十九届六中全会精神，抓好常态化学习和集中轮训，不断深化对"十个坚持"历史经验的领会把握和转化运用，力求在"知"上更清醒，在"信"上更坚定，在"行"上更主动。认真落实党中央部署要求，扎实做好党的二十大精神的学习宣传贯彻。不断巩固拓展党史学习教育成果，建立常态化、长效化制度机制。

坚决做到"两个维护"。严格落实"第一议题"制度，健全完善党委对标对表政治台账和督查问责机制，扎扎实实贯彻落实习近平总书记重要指示批示精神和党中央决策部署，确保执行不偏向、不变通、不走样。要严守政治纪律和政治规矩，做到"五个必须"，防止"七个有之"。严格落实重大事项请示报告制度，凡是重大问题、重要事项、重要工作进展情况，都必须按规定及时请示报告。认真落实意识形态工作责任制，严肃党内政治生活，突出政治标准选人用人，营造良好政治生态。

深化专项教育活动。坚持以处级以上领导干部为重点，抓紧抓实四个方法步骤，持续深入开展捍卫"两个确立"、做到"两个维护"、强化政治机关建设专项教育活动。要深化理论学习，立足岗位梳理和掌握每项业务蕴含的政治要求，增强"各项工作首先要贯彻落实政治要求"的思想和行动自觉。要全面深入查摆问题，各单位各部门、各领域各岗位都要严格对照"四个是否"深入检视、深刻剖析；两级党委和各职能部门要切实发挥组织推动作用，坚持条块结合，做到横向到边、纵向到底。要动真碰硬抓整改落实，坚持项目化推进、销号式管理，切实把讲政治的要求充分体现到忠诚履职、把好国门的具体实践中。

（二）强化政治担当，充分发挥"一把手"和领导班子"头雁效应"

从实担责履责。两级党委要认真履行全面从严治党主体责任，突出加强对"关键少数"特别是"一把手"和领导班子的监督，带头严格执行民主集中制、"三重一大"等事项集体研究决策制度，更加自觉主动接受监督。各级党组织书记要打好"四个亲自"的主动仗，管好班子、带好队伍，做到严格自律、严负其责、严管所辖。领导班子成员要切实肩负起"一岗双责"，把分管领域和联系单位的全面从严治党工作抓紧抓实、抓出成效。职能部门要主动承担起管辖领域的全面从严治党相关工作。基层党组织要以提升组织力为重点，履行好教育管理监督党员的直接责任，上下联动贯通，织密责任网格。

从严督责问责。要在监督上全面从严。认真开展述责述廉述党建，用队伍建设综合管理平台对履责情况"精准画像"。纪检监察部门要有效落实党内监督专责，协助党委深化落实全面从严治党主体责任，推动监督下沉、监督落地、监督于问题未发之时；派驻纪检组要落实好派驻纪检组管理细则，聚焦聚力"最后一公里"的监督；纪检监察干部要秉公执纪、谨慎用权，保证执法统一规范、监督有效到位。要在问责上全面从严。发挥问责"利器"作用，实行规范问责、精准问责，释放"失责必问、问责必严"的强烈信号，对不抓不管、失职失责的党组织和党员领导干部严肃问责。要在考核上全面从严。落实好全面从严治党主体责任检查考核制度，做好纪检机构量化考核，

以考促责、以考求效。

（三）坚持标本兼治，惩治震慑、制度约束、提高觉悟一体发力

筑牢廉政防波堤。要开展"党廉清风年"活动，着力在建制度、强机制、塑品牌、优平台上下功夫、求实效，大力营造风清气正政治生态。要做深做实警示教育，持续开展警示教育月活动，定期通报曝光典型案例，以案释纪、以案释法。要积极引导党员干部特别是年轻干部知敬畏、存戒惧、守底线，扣好廉洁从政的"第一粒扣子"。要深化运用监督执纪"四种形态"，特别是在用好"第一种形态"上下功夫，抓早抓小抓苗头，避免"破纪"向"破法"转变。要认真落实关于加强新时代廉洁文化建设的意见，用好"荷语泉声"微信公众号、"廉政教育基地"等平台，打造济关特色廉洁文化品牌，讲好新时代清廉海关故事。

持续肃纪反腐。始终坚持以"零容忍"态度惩治腐败，既要紧盯"关键少数"特别是"一把手"和领导班子，紧盯一线执法领域和重点岗位，严肃惩治利用影响力或职权谋私贪腐等问题，也要聚焦小微权力，坚决整治群众身边腐败和作风问题，对顶风违纪、不收敛不收手的要严肃处理、绝不姑息。巩固"现场监管与外勤执法权力寻租"专项整治成果，深入开展"海关重点项目和财物管理以权谋私"专项整治。要持续加强打私反腐"一案双查"，强化打私反腐合力，提升线索处置和案件查办质效。要大力推进以案促改制度化规范化，做实"后半篇文章"，不断提升震慑效果。

（四）持续正风肃纪，以过硬纪律作风锻造准军事化纪律部队

锲而不舍纠四风。严格落实海关总署深入

治理违反中央八项规定精神突出问题 17 条措施，党员领导干部要做到"五个一律不准"，执法一线科长和关员要做到"四个一律不准"。对违规收受礼品礼金、接受吃请、公车私用、私车公养等问题，坚持露头就打、反复敲打。坚决纠正一切损害群众利益的腐败和不正之风，从严从重处理不收敛不收手、顶风违纪行为，抓住典型通报曝光。持续整治形式主义、官僚主义，杜绝装样子、搞花架子、盲目铺摊子。抓好基层减负常态化机制落实，进一步清理滥用积分排名及微信工作群、重复检查考核等，建立发文管理负面清单和基层上报事项正面清单，巩固深化业务问题收集反馈和机关直接服务基层长效机制。

激浊扬清树新风。深化准军事化纪律部队建设，持续开展内务规范强化月、视频检查等，严明纪律作风，整治关容风纪，强化日常养成。大力推动精神文明建设，开展窗口作风提升行动，发挥好特约监督员、海关政务服务"好差评"、"12360 热线"作用，坚决纠治不担当不作为、简单化乱作为、推诿扯皮等问题，不断增强企业群众获得感。进一步规范领导干部配偶、子女及其配偶从业行为，加强离职管理，严格落实"亲""清"要求。严格落实持续纠治酒驾醉驾问题十条措施，坚决刹住、遏制、消除酒驾醉驾。强化"八小时以外"监督，净化干部职工朋友圈、社交圈、生活圈。坚持"过紧日子"，提高预算执行效率和资金使用效益，创建节约型机关，严肃制止餐饮浪费行为。

（五）聚力贯通协同，提升权力运行制约监督综合效能

深化"制度+科技"运用。坚持以制度建设为基础、以科技手段为支撑，压缩自由裁量权，坚决有效遏制系统性、区域性风险。要扎紧织密制度笼子，加强制度规范性文件合法性审查，从制度源头规范权力运行。要进一步健全行政执法机制，持续推进现场执法"选、查、处"分离。要不断完善内控节点体系，提升 HLS2017 内控平台监督效能，全面分析排查漏洞和盲点。要积极稳妥推进科技控权，依托大数据、云计算、人工智能等信息技术，用好旅检、固定资产管理、实验室管理等领域信息系统，逐步实现权力行使标准统一、权力处置智能判定、权力运行流程可溯。要紧跟加贸及保税监管、属地查检等领域改革进展，同步运用"制度+科技"管权限权，一体提升执法效能和风险防控能力。

贯通协同提升监督效能。要强化统筹协调，持续推动各类监督贯通协同，探索构建全方位协作、全链条对接、全过程联动的监督体系。进一步完善事前联判、事中联查、事后联处协同机制，推动全程联合、有机配合，更好落实监督目标，形成全面覆盖、常态长效监督合力。要加强纪律监督，大力督促全体党员严守党的政治纪律和政治规矩，带动其他纪律严起来。要全方位加强干部日常管理监督，推动专项治理常态化，努力拓宽监督网络，提升监督质效。要坚持巡察工作政治监督定位，突出"三个聚焦"监督重点，强化巡察整改成果运用，依规依纪依法开展巡察监督。派驻纪检组要充分发挥近距离、全天候、常态化的独特优势，"沉下去"发现问题，做深做细基层一线权力运行日常监督。要着力提升审计监督效能，应审尽审、凡审必严，建立健全审计查出问题整改长效机制。职能部门要发挥自上而下的条线监督优势，强化业务监督、业务检查、业务评估，源头防控全链条执法、管理、廉政风险。

奋进新征程，扬帆但信风。同志们，让我们更加紧密地团结在以习近平同志为核心的党中央周围，以全面从严治党永远在路上的清醒和执着，继续推进新时代党的建设新的伟大工程，埋头苦干、勇毅前行，坚定不移推进关区全面从严治党、党风廉政建设和反腐败斗争向纵深发展，在社会主义现代化海关新征程中走在前列，以优异成绩迎接党的二十大胜利召开！

第二篇

专记

济南海关学习宣传贯彻党的二十大精神

2022年，济南海关坚持把学习宣传贯彻党的二十大精神作为首要政治任务，突出"快、全、深、实、真"，第一时间制订方案、明确细化责任分工，关区各部门单位协同联动，严格落实规定动作、积极创新自选动作，纵深推进学习宣传贯彻工作，引导激励关区党员干部职工在新时代新征程上铸忠诚、担使命、守国门、促发展、齐奋斗。

一、迅速掀起学习热潮

党委引领学。关党委先学一步、学深一层，党的二十大开幕会当日迅即召开党委中心组集体学习研讨，全体党委委员依次交流学习心得。带头持续学原文、悟原理，带头开展研讨交流，组织党委中心组集体研讨、党委会专题学习10次。

全程在线学。大会召开期间，组织广大党员干部跟进关注会议进程，广泛开展"热议党的二十大报告"等专题学习活动。2022年，依托"三会一课"、主题党日等持续开展各类集体学习研讨超400场次。

应知应会学。安排专人及时从《人民日报》、"学习强国"等权威媒体平台收集整理"大会主题""两个结合""六个必须""五个坚持""五个必由之路"等应知应会，通过电子屏、管理网主页飘窗等及时发布、动态更新，推动全关强读强记。

二、全面保障学习氛围

全要素加强学习保障。第一时间购置《党的二十大报告辅导读本》《党的二十大报告学习辅导百问》等辅导材料，为关区162个党支部、1072名党员逐一配发。区分不同群体分别做出具体学习安排，实现在职党员与离退休干部党员全覆盖，在编干部、非编职工全兼顾。

全方位营造浓厚氛围。设立学习宣传贯彻党的二十大精神网页专栏，在关区"每日动态"开设信息专栏，在"关情关貌"上线图片专栏，全面宣传展示各部门单位工作开展和亮点成效。全面更新关区各办公场所党建专栏、文化墙、知识角，党的二十大精神宣传得到突出强化。

全覆盖加强监督指导。组建6个由二级巡视员任组长的关区学习宣传贯彻党的二十大精神督导组，实现对关区34个部门单位督导检查全覆盖。坚持督导任务与教授方法相结合，督促引导各部门单位把党的二十大精神学深学透学出成效。

三、深刻把握精神实质

开展学习研讨。关党委坚持"同步学、自主学、集中学"三学衔接，示范带动两级海关党委委员全员作交流研讨、全员进支部交流分享，推动党的二十大精神入脑入心。关党委书记在海关总署党委理论学习中心组（扩大）学习暨司局级主要负责同志学习贯彻党的二十大精神专题培训班围绕"铸忠诚"主题作交流发言，并获《中国国门时报》刊发。

立足工作实际开展交流分享。在"荷语泉声"微信公众号设立"二十大心语"专栏，引导关区党员结合工作实际和岗位职责深入思考、充分交流。各职能部门分条线组织各自领域"主题联学""上下互动"，群策群力研讨交流新思路、新举措。

创新开展特色活动。创新开展"重走习近平

▲2022年11月14日，济南海关组织开展党委理论学习中心组（扩大）党的二十大精神专题学习"重走习近平总书记的山东足迹"主题活动

总书记的山东足迹"主题活动，赴浪潮集团等开展参观学习；邀请山东省3名党的二十大代表为关区分享参会见闻感受，进一步深化对"两个确立"决定性意义的政治认同、思想认同、理论认同、情感认同。

四、多维抓好贯彻落实

聚焦强化政治保障抓好党章贯彻执行。在全关范围组织开展"贯彻党章 建强支部"自查自纠活动，结合党委巡察、党建督查指出问题，全面检视党组织特别是党支部各项基础工作，建立问题台账，逐项整改到位，夯实党建高质量发展根基。

聚焦海关总署部署开展"大讨论、大调研、大实践"。组织关区广泛开展"铸忠诚、担使命、守国门、促发展、齐奋斗"大讨论、大调研、大实践活动，不断增进对"十五字"总要求的理解和认同，围绕"12个必"重点工作开展专题调研和创新探索，关区参与撰写的5篇专报获重要批示。形成一批高质量调研成果，获署领导批示13篇次，获省委省政府主要领导批示5篇次。

聚焦职能职责做深做实专题宣讲。创新开展两级海关党委委员进所在支部、进基层党支部联系点"双进"宣讲活动，充分交流抓分管领域和联系单位工作的思路思考，指导各部门单位更好找准贯彻落实重点。组织147名在职党支部书记开展支部宣讲，讲道理、摆事实相结合，确保听得懂、能领会、可落实。

▲2022 年 8 月 11 日，淄博海关举办"青春心向党 献礼二十大"暨"下半年工作大家谈"主题分享演说

五、凸显监管服务实效

精准高效防控疫情。坚持"外防输入、内防反弹"总策略和"动态清零"总方针，不折不扣落实海关总署各项疫情防控要求，从严就高做好安全防护，封闭管理运行顺畅，内部疫情防控严密有序。

促进外贸保稳提质。出台 19 条稳外贸细化措施，解决企业问题诉求 199 个，办结率 100%。承办世界首次 AEO 国际互认线上认证观摩。办理关税保证保险担保金额列全国海关第 1 位，保持"零出险，零赔付"。

筑牢安全防线。对照海关总署重大、系统性风险任务分工，梳理制定 102 项防控措施。建立业务风险预警"吹哨人"机制，用好风险防控 5 项专门机制，及时应对境外飞机维修等新兴业态风险等改革伴生风险，保持安全事故"零发生"。

撰稿单位

政工办

济南海关捍卫"两个确立"、做到"两个维护"、强化政治机关建设专项教育活动和"学习研讨、查摆问题、改进提高"专项工作

2022年，济南海关党委坚持从旗帜鲜明讲政治的高度深刻把握和统筹推进卫"两个确立"、做到"两个维护"、强化政治机关建设专项教育活动和"学习研讨、查摆问题、改进提高"专项工作（以下简称"两个专项"），坚持高标准定位、高质量发展，坚持目标导向、问题导向、效果导向，坚持机关带基层、两级海关一体贯通推进，推动"两个专项"取得扎实成效。

一、组织推动有力有序

立足推动"两个专项"规范有序开展，大力加强工作机制建设，压紧压实责任，提升工作合力，确保各项任务落到实处。

建立领导机制。依托关区政治机关建设专项教育活动组织机构、工作机制一体推进"两个专项"。党委书记作为第一责任人，靠前指挥、直接部署；各党委委员认真履行"一岗双责"，及时有效督促指导分管部门和联系单位认真开展工作。政治部主任组织领导小组办公室加强日常工作研究推动，9个成员单位各司

其职、密切协作，确保工作抓紧抓实。

建立调度机制。两级海关党委书记通过召开领导小组会、党委会、专题关长办公会等，认真研究部署，及时调度推动。济南海关机关层面将"两个专项"纳入每月形势分析及工作督查例会固定议题专题研究，定期召开领导小组办公室会议细化部署，依托领导小组办公室专门文件有序推动，累计召开各类会议20余次，发布各类通知方案、工作提示30余个。

建立督导机制。组建6个由二级巡视员担任组长的督导组，对关区34个单位部门开展全覆盖日常督导。统筹用好巡察、纪检、督审"三支力量"，编制政治机关建设专项教育活动监督责任清单，加强对工作进展和工作成效的监督检查。专门建立"周调度、月报告"工作机制，每周调度工作进展、每月系统梳理研判，确保"两个专项"抓在日常。

建立联动机制。建立健全"三应"机制，强化下对上的响应、左和右的呼应、上对下的反应。强化条线联动，组织职能部门与隶属海关建立"条线帮带机制"，灵活开展"主题联

学",注重问题联动梳理,强化整改一体推进。强化部门协同,对于关系复杂、牵涉面广、矛盾突出的问题,加强多部门协同配合,组织开展联合攻关,集体研究工作思路,分头落实整改措施。

二、学习研讨入脑入心

坚持学习筑基,通过"自主学、集中学、比促学、创新学"4 条路径,推动理论武装入脑入心,夯实"两个专项"的思想基础。

自主学。坚持把《习近平谈治国理政》第四卷、《习近平经济思想学习纲要》作为权威学习资料,跟进学习党中央重要会议、重要文件精神,用好海关总署统一印发的政治机关建设专项教育活动学习资料,及时将全国海关年中工作会议精神等纳入学习重点,按照处级以上领导干部、普通党员 2 个层面,以单位部门和党支部为工作单元,细化自学安排,抓好读原著、学原文、悟原理。将"两个专项""随堂考"常态纳入每月形势分析及工作督查例会,党委书记现场随机提问各部门单位"一把手",督促把个人自学融入经常。

集中学。关党委以上率下,完善党委会及时学、中心组专题学、党委理论中心组(扩大)深入学的学习架构,两级党委累计开展学习研讨 96 次,各级党组织认真开展"走好第一方阵 我为二十大做贡献"主题活动,组织集中学习交流近 1300 次。立足学用结合,深化理论研究,关区累计 20 余篇理论文章获《中国国门时报》《中国海关杂志》等刊发。济南海关机关党委中心组学习被山东省委省直机关工委评定为"好",《大众日报》以《学以致用 落地见效》为题专版进行宣传报道。

比促学。机关层面统一编发 7 套自测试题,各部门单位依托新媒体加强线上学习、通过"三会一课"加强学习自测,常态推进以考促学。组织关区层面定向测试和随机抽测 3 次,为强化"关键少数"示范引领,专门组织关区全部 385 名处科级领导干部开展线上学习测试,平均分 98.3。结合庆祝中国共产党成立 101 周年、中国共产主义青年团成立 100 周年,在关区各级党团组织和广大党员、广大青年中开展党建创新案例评选、"发现榜样"活动、"喜迎二十大、永远跟党走、奋进新征程"青年主题征文等,营造比学赶超的浓厚氛围。

创新学。创新开展"政治强业务"主题党日活动月、"两个专项"专题学习月,大力推进一堂党课宣讲、一次思想大讨论、一轮党性体检、一批书记攻关"四个一"活动。创建济南海关"政治强业务"学用讲坛暨青年讲习所特色平台,融理论学习、业务研讨于一体,每月一期、全关直播。关区累计开展各类"大学习、大讨论、大交流"600 余场,梳理岗位职责蕴含的政治要求 612 项,推动广大党员干部"从全局谋划一域、以一域服务全局""提升两级想问题,下沉一级抓落实",以更高政治站位履职尽责。

三、查摆问题从深从实

坚持把问题查摆作为关键环节,多渠道、多形式深查细照,切实把问题找准找实,为整改落实、改进提高夯实基础。

注重点面结合。组织各部门单位严格对照"四个是否""六对照六看六查"、结合学习《习近平经济思想学习纲要》全面查摆问题,累计查摆各类问题 281 个。关党委立足全关角度整合提炼，将落实"第一议题"制度内容形式较为单一、统计分析与政策研究服务党中央决策参考作用发挥不够充分、服务构建新发展格局能力和成效有差距等重点问题作为关区整改重心。综合考虑关区各部门在经济社会发展中承担重要职责情况，确定 14 个部门为高关联度部门，通过召开问题查改专题关长办公会、领导小组办公室一对一跟进指导等方式，抓实重点部门问题查摆。

注重条块结合。狠抓机关各部门责任落实、职能发挥，组织各部门在深入检视剖析本部门存在问题的同时，坚持"以机关引领基层、以基层反映机关"的工作思路，压实机关部门在问题查摆中既抓自身更抓条线的责任。按照"部门给方向、基层敢开谈、问题联合定"模式，分领域组织开展分析研判，累计召开条线问题查改专题会等 40 余场，与条线基层单位联合开展企业调研 100 余场次，内外兼顾、实事求是，把问题找准找实、查深查细，做到见人见事见思想。

注重统筹结合。坚持把"两个专项"问题查摆统筹结合，在聚焦"六对照六看六查"查摆问题的同时，对前期"四个是否"查摆问题进行再梳理、再审视，"两个专项"整合形成一张"问题清单"，综合确定关区重点问题 28 个，制定整改措施 81 项。同时，坚持把"两个专项"问题查摆与中央巡视整改落实情况全面自查评估、海关总署党委巡视集中清查、迎接海关总署经济责任审计和督察审计自查等有机结合，切实把问题找准找全。

四、问题整改见行见效

按照"全面推进、立行立改、标本兼治、

务求实效"的原则，抓紧抓实整改工作，推动"学查改"专项工作 11 个突出问题、政治机关建设专项教育活动 17 个突出问题全部整改到位，"两个专项"问题整改完成率达 100%。

坚持清单化管理模式。对关区两级海关"两个专项"整改落实工作实行挂图作战、销号管理，逐一明确每个问题的整改目标、具体措施、责任部门和完成时限，做到与人对应、与事对应。自 2022 年 5 月起，即对整改落实情况开展"周调度"，确保问题全部销号。关区落实"第一议题"制度的相关机制更加完善，贯彻落实习近平总书记"疫情要防住、经济要稳住、发展要安全"重要指示精神的措施更加有力、成效更为明显。

创新项目化运作模式。关党委坚持以项目化运作方式推进重点工作、以点带面促进各方面工作高质量发展的思路和理念，锚定党中央决策部署、重点关键工作、突出短板问题等，综合确定"助力黄河流域生态保护和高质量发展""以 RCEP 实施为契机促关区税收征管工作高质量发展"等 10 个年度关级重点项目，党委书记抓总、党委委员分头领题，每季度研究督办，确保抓紧抓实、抓出成效。关区服务黄河流域生态保护和高质量发展的力度更大、措施更实，细化出台 13 项重点支撑项目，牵头黄河流域农食产品技术性贸易措施关际协作机制，组织沿黄河"11+1"海关联合开展技术性贸易措施应对工作。税收征管质量稳步提升，妥善处置辖区某大型企业超 2 亿元欠税风险。

施行融合式推进模式。结合迎接国家审计自查自纠，主动查摆和及时解决税收征管、监管通关等方面问题 117 个。结合海关总署党委巡视整改工作，对 37 个问题再对标、再审视，跟进落实深化整改 105 项措施，整改完成率达 98%。结合促进山东外贸稳增长，立足"国家需要海关做什么、海关在稳住经济大盘工作中能为国家做什么"研究谋划工作，出台保稳提质 19 条措施，细化形成 47 项工作任务和 91 条落实标准。结合开展海关基层党建"双提升"行动，以实施"推进党建业务一体化"重点项目为牵引，引导各级党组织和广大党员在贯彻落实中央经济工作会议部署中体现政治能力、发挥积极作用，关区 3 个集体获评山东省直机关模范机关创建工作表现突出集体，2 个品牌新晋为全国海关党建示范及培育品牌、3 个品牌通过海关总署党委复核。

五、宣传交流有声有色

对上强化总结宣传。及时总结上报关区特色做法和经验成效，海关总署相关刊物、"全国海关政治机关建设专项教育活动专栏"、总署政工办网站等各类载体平台宣介济南海关工作经验超百篇次。

对内强化交流互鉴。开辟"政治机关建设专项教育活动专栏"，创建"政治机关建设专项教育活动领导小组办公室工作简报"，在济南海关相关刊物开设"专项教育专刊"，编发各类信息简报、理论文章等近 1000 篇次。编印政治机关建设专项教育活动工作纪实、简报汇编 2 本集册，遴选刊发"学查改"专项工作典型案例 12 个、典型经验 5 期 29 个。

对外强化氛围营造。"荷语泉声"微信公众号开设"政治强业务"专栏，宣介经验成效 10 期。省级及以上新闻媒体宣介关区把关服务有效举措和显著成效 286 篇次，其中，中央广播电视总台《新闻联播》《新闻和报纸摘要》等中央级媒体宣介 11 篇次。

撰稿单位

政工办

济南海关"海关重点项目和财物管理以权谋私"专项整治

济南海关按照海关总署党委、驻署纪检监察组关于开展"海关重点项目和财物管理以权谋私"专项整治工作要求，快速行动，科学制定工作方案，高站位、高标准、严要求，按阶段部署开展专项整治工作。

一、动员部署

（一）深入学习领会，精心拟订方案

2022年2月16日，关党委参加驻署纪检监察组动员部署会后，第一时间进行了集体学习研究，关长赵儒霞对建立专项整治组织机构、突出党委集中领导、强化工作督导等方面提出了5项具体要求。党委纪检组深入学习会议精神和工作方案，组织起草关区专项整治部署工作方案，并多次讨论修订；召开调度会组织相关部门对重点问题提纲进行学习讨论、充实完善。

（二）全面动员部署，做好推动落实

济南海关召开专项整治动员部署会议，传达海关总署会议精神，解读关区专项整治方案和重点问题提纲，明确各党委委员牵头负责的工作事项，及各成员单位职责分工、专项整治阶段安排、具体工作任务等，从开展专项整治的重要意义、目标任务、原则要求等方面进行动员部署。成立专项整治领导小组，设立领导小组办公室，组建4个专项工作组。

（三）坚持开门搞整治，畅通信访举报渠道

在关区所有集中办公场所、业务现场张贴海报81张，设置举报箱71个，对两级海关专项整治信访举报渠道进行公开。隶属海关和直属事业单位同步公开专项整治举报联系方式。各派驻纪检组对驻在单位信访举报海报和举报箱设立情况进行了监督指导，确保规范统一、符合要求。

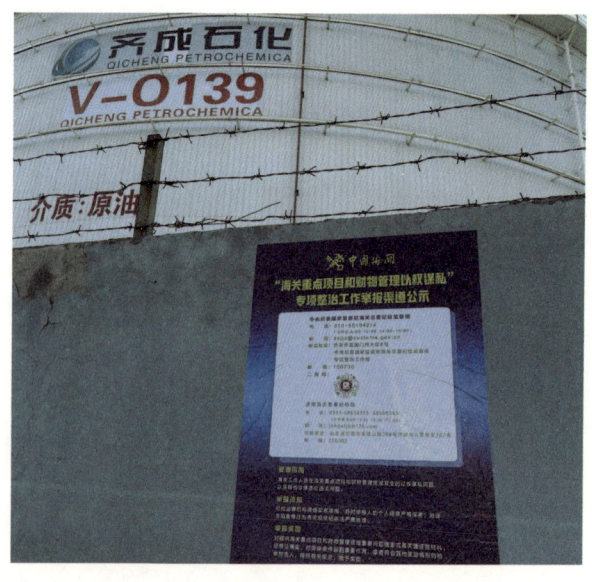

▲关区业务现场张贴"海关重点项目和财物管理以权谋私"专项整治海报，畅通监督渠道

（四）注重契合融入，认真开展学习教育

政工部门牵头梳理政治教育、纪法教育、警示教育等学习内容 39 项。坚持发布自测试题、每月形势分析及工作督查例会"随堂考、共同学"等做法；创新推出"济南海关青年讲习所"特色学习平台，对倒班作业、闭环管理等关员灵活采取"线上"方式组织学习交流；重点学习专项整治工作领导小组关于 10 起违纪违法典型案例的通报，引导开展讨论，提升典型案例警示效果。依托专项教育活动 6 个督导组，加强对各单位部门学习教育情况的督导。

二、全面自查

济南海关发挥"党委负责、党委纪检组主抓、部门协调推动"的良性工作机制，紧紧围绕风险排查核心任务，扎实推动全面自查各项工作要求有效落实。

（一）落实党委责任

关党委在自查阶段组织召开关区"海关重点项目和财物管理以权谋私"专项整治再动员再部署会议，通报进展、检视问题，传导压力、部署工作。通过党委会、专项整治领导小组会、专题调度会等形式，及时听取自查阶段工作进展、重点项目清单分析研判、问题线索处置、谈话调研等专题工作汇报，研究解决问题，层层压实责任，统筹推进专项整治走深走实。各党委委员按照分工，认真落实对分管部门和领域的督导、检查责任，紧抓整治重点，做好调度推动，着力提升整治工作成效。

（二）加强组织协调

党委纪检组坚持高站位、高标准，严纪律、严要求，坚持刀刃向内，狠抓工作项目落实和统筹协调。全面自查阶段召开 3 次专题调度会、2 次培训会、9 次关长办公会，督导组分别赴 10 个隶属海关单位开展现场督导，督促推进，及时发现并解决问题，确保整治取得实实在在的成效。

（三）加强工作落实

抽调关区 20 余名骨干专家力量组成综合组和工作专班，建立沟通联络机制、实体化运作机制，充分发挥"专业化、专门化、实体化、集中化"工作优势，加强沟通传达、督促落实，聚焦重点项目和财物管理领域问题与廉政风险，结合督查审计、巡视巡察等梳理问题开展风险分析、研判、排查。

（四）开展重点项目梳理排查

按照专项整治方案确定的领域、标准和范围，全面梳理 2012 年以来重点项目。对因机构改革中档案移交不及时、责任划分不明确而导致的资料缺失、数据错漏、信息不全等问题，各专班通过大量翻查各方相关纸质档案资料、电子数据，走访项目参与人员，多次通过函商、派员等方式与青岛海关联系开展资料调阅工作，做到重点项目清单底数清、情况明。纪检部门联合财务部门建立"数据对碰机制"，调取关区年度预算批复 10 份、数据报表 27 份、政府采购系统数据 310 条，对上报项目清单进行逐项校对，审核补充申报重点项目 5 个。最终规范形成济南关区重点项目清单 346 项党委纪检组从中分领域随机抽查 42 个项目进行复核，发现并纠正问题 4 条。将问题风险分析研判作为重点项目梳理排查的重中之重，形成 17 人工作专班开展风险分析。成立 4 个工作组，分别采取听取汇报、个别谈话、调阅资料、集中座谈、查验纸面材料等方式，对各部门单位

专项整治工作开展情况进行实地督导，同时对重点项目和财物管理问题开展实地验核，验证廉政风险。

（五）积极处置问题线索

拓宽问题线索来源，落实驻署纪检监察组工作方案要求，克服疫情影响，通过电话联系、实地走访、问卷调查相结合的方式，对涉及的185家关联企业开展了走访调研。联合督审、巡察部门开展2012年以来审计、巡视巡察发现问题的集中风险研判，梳理出相关领域重点问题69项，并将其中存在专项整治相关风险的6项问题列入重点关注项目。对33名离职人员从业情况进行了集中分析研判，对140名干部领导干部亲属从业情况进行了排查。走访省纪委及济南海关辖区8市纪委监委。积极向离退休人员征求意见和问题反映，开展问卷调查，增加个别谈话工作内容，收集意见建议29条。对12360海关热线反映问题共计86条进行调阅梳理。对2012年以来与专项整治相关的43起问题线索进行起底，对1起已办结案件开展相关补证工作。通过上级交办、地方纪委监委移交、接受信访举报、深入研判问题等途径收集转化涉及专项整治领域的问题线索6条。

（六）对照专项整治重点问题提纲，认真开展问题及廉政风险梳理排查

按照驻署纪检监察组要求，组织481人进行了个人违规事项申报。组织相关部门与关区纪检机构人员共同成立20个谈话组，统筹协调稳步推进，谈话开展前进行集体视频培训，分配任务、明确要求，保证谈话质量，完成479人谈话任务。对谈话内容组织派驻纪检组、问题线索管理人员先后进行逐一筛查，结合风险项目排查、线索起底，对逐一谈话中涉及的高风险岗位和人员情况进行汇总分析。组织关区333人撰写个人剖析材料，严格落实部门单位内部逐级审核、济南海关机关专项教育督导组及党委派驻纪检组共同审核的工作要求。

（七）做好专项整治工作成果梳理总结

着力加强问题风险剖析。经联合分析研判，汇总形成涵盖104个重点项目、10项财物管理领域、69项历年督审、巡视巡察问题等方面共183项的问题及廉政风险清单，其中研判存在问题及廉政风险72项，重点关注18项。边查边改、立行立改。认真剖析所涉及的制度漏洞、责任缺失、机制不畅、程序欠缺等问题，完善制度机制10项。

三、迎接海关总署督导检查

济南海关全力配合海关总署专项整治第二批第七督导检查组视频督导检查，顺利完成视频质询工作任务。成立专门工作组，党委纪检组组长任组长，成立综合专班、工程建设专班等7个专班，各相关部门主要负责同志任专班负责人，召开3次动员及调度会议。加强沟通交流。各专班负责人员保持24小时电话畅通，发动隶属海关及时回应督导检查组电话调研、问询等，提供佐证及说明资料20余批次；各专班参加在线视频质询5场，应答问题100余项。

海关总署专项整治第二批第七督导检查组从加强统筹协调，强化责任落实；聚焦重点领域，认真排查研判；注重成果转化，完善制度规范3个方面对济南海关专项整治工作正面评价，并提出专项整治工作规范性有欠缺等意见建议。

▲2022年7月14日，济南海关"海关重点项目和财物管理以权谋私"专项整治工作接受海关总署督导检查组视频检查

四、集中整改

督导检查组正式反馈意见后，济南海关党委随即集体研究制定45项具体整改措施，9月2日召开关区会议进行全面动员部署。

（一）持续开展纪法教育、警示教育

党委书记带头讲廉政党课；组织全员观看《国门卫士岂容违纪破法之二——党的十九大以来海关系统部分违纪违法典型案例剖析》纪录片；召开关区警示教育大会，通报15个警示案例；抓好各层级对《党的十九大以来海关系统违纪违法典型案件警示录》的学习教育；针对专项整治发现问题，专题组织召开关区事业单位人员警示教育大会，参加人员涵盖所有非编人员，在关区形成有效震慑。

（二）多措施推进整改、提升成效

成立4个现场排查组开展排查，形成排查报告，提出处置意见；聘请外部审计单位对2个事业单位所用试剂耗材采购开展专项审计，发现问题20余项；加大问题线索转化力度，在整改阶段结合重点项目和现场排查等情况转问题线索3条。截至12月底，45项整改措施，41项任务全部完成，长期整改的4项措施均进展顺利、持续推进。济南海关对专项整治整改进展情况在内部网站进行公示，接受关区干部群众监督。

撰稿单位

监察室

济南海关服务黄河流域生态保护和高质量发展

2022年，济南海关深入学习习近平总书记在深入推动黄河流域生态保护和高质量发展座谈会上的重要讲话精神，发挥济南海关身处"一带一路"建设、黄河流域生态保护和高质量发展、新旧动能转换等国家重大战略和区域协调发展战略的叠加交汇枢纽的区位优势，统筹各项重大战略，严格履职、务实担当，锐意创新、攻坚克难，全力推动各项重大战略纵深实施，助力山东外贸稳中求进高质量发展。

▲2022年4月7日，东营海关关员登临进境油轮实施"人船货一体化"监管，保障进口原油快速通关

一、加强统筹规划，扎实推动重大战略纵深实施

助力黄河战略全面起势。研究制定服务黄河战略8条措施，制定13项年度特色重点攻坚任务，搭建并发布5期济南海关黄河流域工作情况交流刊物，1篇案例获评山东省优秀案例，充分调动关区干事创业积极性。

主动融入"一带一路"建设。以畅通国际物流大通道作为抓手，全面落地支持中欧班列发展各项举措，大力支持济南中欧班列示范集结中心建设，强化科技应用便利企业快速办理海关业务，创新海关监管方式满足班列发展需求。

全力支持新旧动能转换。围绕山东新旧动能转换需求，率先明确9个方面工作内容，全面支持山东新旧动能转换需要，联合青岛海关积极争取海关总署支持，《海关总署支持山东深化新旧动能转换推动绿色低碳高质量发展若干举措》吸收济南海关意见7条，为山东

新旧动能转换注入政策"动力"。

二、坚持特色引领，实现黄河战略重点突破

全力筑牢黄河三角洲国门生物安全防线。健全病媒生物预警防控体系，开展黄河入海口病媒生物本地调查和监测，截获鼠、蚊、蝇、蜚蠊等多种输入性有害生物，建成黄河入海口区域病媒生物本底资料库；建成济南海关病媒生物监测实训基地，搭建起国门生物安全实训平台。

发挥黄河流域农食领域评议中心作用。积极争取海关总署同意在济南海关设立黄河流域技术性贸易措施研究评议基地联盟。针对 19 项国外通报提出 56 条评议意见，9 个特别贸易关注议题，协助海关总署审定 14 个国际贸易议题并发起贸易磋商，成功推动俄罗斯时隔 3 年重新准入我国苹果、梨等核果类水果，脱水蔬菜等产品成功输欧，建成全国首个环氧乙烷官方实验室，助力山东特色农食产品优进优出。

联合青岛海关成立"服务黄河流域高质量发展原产地技术服务队"。实施 RCEP 攻坚，自主开发"RCEP 享惠智选助手"信息系统，为企业实现最优税率智能选择；加强海关原产地和减免税政策解读，推广原产地签证自助打印和智能审核，签发 RCEP 原产地证书 3.2 万份，助力企业享受贸易伙伴税款减让约 1.1 亿元。

三、畅通物流通道，主动融入"一带一路"建设

提升中欧班列便利化水平。全面落地铁路快速通关模式，实现中欧班列快速西向"出境"；自主研发并升级"铁海 E 通"系统，实现与青岛海关监管系统无缝衔接，助力山东内陆货物东向快速"出海"。

持续创新海关监管作业方式。创新实施"敞车监管""跨网监管"等海关监管作业模式，支持"班列+"新业务发展和冷链特色专列开行，不断满足中欧班列发展需要，助力 678 列班列顺利开行，同比增长 19.3%。

支持关键物流节点建设。指导淄博、聊城等高标准建设铁路指定监管场地并完成验收，新批复设立保税仓库 2 家，完成验收并投入运营保税仓库 3 家，不断满足地方外贸发展需要。

四、便捷要素流通，全力支持新旧动能转换

支持新动能做大做强。创新实施高新技术货物查验模式试点，将口岸查验作业调整至属地实施，保障 400 余批芯片、半导体等高新技术货物从口岸的快速提离、投产使用；完成 D 级低风险特殊物品行政审批权限下放，保障 2021 批次特殊物品的快速检疫审批，助力医疗康养企业的快速发展；开展"春风送惠"专项行动，指导企业用足用好减免税政策，支持科技创新和技术研发单位应享尽享进口税收优惠，为企业减免税款 6.04 亿元。

赋能传统动能转型升级。开展加工贸易单耗管理改革试点，推动橡胶轮胎、铜精矿等行业改进生产工艺，提升原料使用效率；实施企业集团加工贸易监管改革试点，便捷 4 家集团企业进口原料在集团内部的自由流转，节省物流、报关等费用 5000 万余元，增强企业经营的灵活性。

跨境贸易便利化水平持续提升。推广"两步申报""提前申报"等通关便利化措施，综合实施无陪同查验等方式，叠加应用"先期机检+智能审图"科技手段，将进口、出口整体通关时间压减至22.2小时、0.97小时，较2017年分别压缩86.5%、96.1%，有效稳定企业通关预期，保障产业链供应链循环畅通。

五、发挥平台作用，持续扩大对外开放水平

支持自贸区建设。大力探索创新海关监管制度，"基于5G物联网技术的保税展销辅助监管系统"获评2021年山东省优化营商环境创新案例；"智慧旅检智能一体机"创新举措获得海关总署备案，有效提升口岸疫情防控检疫效能；"企业认证智慧培育系统"创新举措获得海关总署备案并推广至全关区。

推动综合保税区高质量发展。牵头建立促进关区综合保税区高质量发展联席会议机制，及时会商解决各类发展问题；大力支持保税研发、保税维修等新业态在综合保税区集聚发展，落实落细综合保税区"21条"改革措施，充分释放改革红利，关区5个综合保税区进出口值达1540.3亿元，同比增长29.4%。

支持跨境电商综合试验区建设。支持传统企业转型跨境电商，综合实施"简化申报""汇总统计""优先安排查验"等便利化举措，参与企业数、申报单量保持快速增长势头；

支持"海外仓"模式发展，全面落地海外仓一地备案、全国通用等措施，实施海外仓备案当日提交、当日办结，新增备案海外仓16家，助力山东加快海外仓国际布局。

六、优化海关服务，助企纾困解难水平不断提升

强化企业信用管理。围绕"专精特新"、国家产业链供应链"白名单"企业等336家重点对象，实施精准信用培育；自主开发全国首个企业认证智慧培育系统，打造山东首个"AEO孵化中心"，坚持应认尽认原则，支持符合条件的企业申请成为AEO高级认证企业，新增AEO企业16家，助力企业享受国际通关便利。

推行海关业务"云办理"。大力推广国际贸易"单一窗口"，研发"电子口岸情景式在线交互平台"并上线运行特色功能应用，推广

▲2022年6月13日，滨州海关关员在辖区纺织企业调研，"精准惠"助力辖区家纺企业打造全球"单项冠军"

电子口岸移动客户端，实现海关业务"指尖轻松办"，持续增进企业使用体验；持续提升海关行政审批办理效能，将动植物检疫审批受理时限压减至 3 个工作日，大幅减少企业等待时间。

有效减少企业正常经营活动干预。扎实推动"双随机、一公开"，实现跨部门联合抽查事项的全覆盖；加强互联网技术应用，创新实施网上核查，实现海关监管与降低企业正常生产经营活动干预的有机融合。

撰稿单位

法规和综合业务处

济南海关口岸疫情防控工作

2022 年，济南海关认真落实党中央"疫情要防住、经济要稳住、发展要安全"的要求，坚持口岸疫情防控海关必坚守，坚决守牢口岸外防输入第一道防线。

一、精准发力，口岸疫情防控实现新突破

疫情防控机制科学有效。按照"一口岸一方案"原则，持续做好"一机一策""一船一案"，构建立体化防控制度体系。加强风险评估，建立多部门联合风险评估工作机制，与青岛海关、中国海关科学技术研究中心、山东大学、山东省疾病预防控制中心等多部门联合开展风险研判。组建关区境外疫情信息收集研判工作组，向海关总署报送境外疫情防控措施信息 195 篇；开展疫情信息收集和风险评估，完成风险评估报告 32 篇。济南机场海关建立地方医护人员对口支援口岸"外防输入"工作机制，争取地方支援 200 余人次。潍坊海关针对口岸换班船员多、时间急的情况，实施换班船员口岸联审制度，与边检部门开展联合查验，形成"监管闭环"，有效提升防控合力。

防控措施落实从严从细。严格规范开展出入境人员和交通工具检疫、终末消毒监督、医疗废物处置等各项工作；强化与地方相关部门的联防联控，切实做到无缝衔接、闭环管理；建立卫生检疫监管工作复盘机制。加强业务培训和技术指导，及时开展文件解读和业务培训，累计培训 581 人次，开展应急处置演练 26 次，全面提升口岸一线人员应对能力和实战水平。2022 年，济南海关检验检疫监管出入境航空器 1582 架次、船舶 1965 艘次，检出乙肝 8 例。

安全防护和封闭管理严格规范。着力加强一线人员安全防护，建立常态化督查反馈工作机制，定期开展口岸作业现场视频检查。加强对消毒处理工作和医疗废弃物处置的监督，确保工作质量。各口岸持续完善封闭管理工作方案，完善制度体系，加强监督检查，确保各口岸能第一时间坚决落实海关总署对封闭管理的各项要求。全年各口岸参与封闭管理 104 轮次、1131 人次，济南海关、隶属海关两级关领导走进一线封管区 14 人次。

"人、物、环境同防"高效严密。制订新冠病毒环境监测方案，科学设置监测点位和监测频次，严格污染控制和消毒工作。严格落实现场检疫和闭环管理，强化与地方的协同联动。高标准建设码头检疫用房 7 套，实现全流

程、无死角实时视频监控检查，严格规范监管作业现场、封闭管理场所等的环境监测，持续优化进口非冷链物品风险监测，切实降低疫情传播风险。

推进口岸疫情防控平稳转段。及时制修订口岸卫生检疫工作方案，成立转段工作专班，加强与地方联防联控机制协作配合，完善新形势下入境人员异常情况分类处置、人员转运、信息共享等协作机制。持续完善各类方案预案，优化现场检疫监管流程，加强与口岸运营单位沟通，及时调整卫生检疫作业区域设置，高效完成"外防输入"转段工作。加强境外输入新冠病毒变异监测，与属地疾控部门建立联合工作机制，开展监测、信息和成果共享。

圆满完成重大活动保障、海关总署专项督查等工作任务。全力做好北京冬奥会、冬残奥会，党的二十大等重大活动的卫生检疫保障工作，2名同志入选海关总署2022冬奥会风险评估专家组，济南海关移动方舱实验室支援石家庄海关保障冬（残）奥会工作。圆满完成了海关总署"百名科长百日督查"及疫情防控派驻专项督查两次专项督查任务，"百名科长百日督查"期间报送问题、海关总署确认问题均列各直属海关单位平均数以下，无扣分项和海关总署领导批示项；疫情防控派驻专项督查实现了零问题上报。认真配合国家审计、海关总署审计，高效完成资料报送、问题核实等工作，扎实做好问题整改。

二、守正创新，口岸公共卫生安全实现新提升

持续加强国境口岸卫生监督。制订并严格执行国境口岸卫生监督和食品安全抽检计划。

各口岸共监测捕获鼠6只、蚊1132只；口岸监测截获输入性蚊9只、蝇339只、蜚蠊237只；对各类国境口岸卫生许可单位开展卫生监督643次，检出饮用水不合格2批次。病媒生物监测工作取得重大突破，济南机场海关首次在本底监测中捕获黄胸鼠，并从送检活鼠的内脏中检出志贺氏菌和副溶血性弧菌等多种条件致病菌；东营海关首次在本底监测捕获的褐家鼠中检出Ⅱ型汉坦病毒阳性，首次在截获的德国小蠊中检出蟑螂杆状体细菌、大肠埃希菌等多种条件致病菌。济南机场海关及东营海关本底监测捕获的鼠类案例被海关总署卫生检疫司作为2022年下半年全国海关口岸病媒监测典型案例通报表扬。

生物安全体系建设日臻完善。组建济南海关生物安全工作领导小组，负责落实海关总署有关工作要求，研究解决关区海关生物安全重大问题，为生物安全相关工作提供支撑保障。对海关总署提出的海关生物安全体系建设7类93项举措明确责任、逐项分解，并按分工提报各相关部门、单位具体细化落实，形成济南海关《海关生物安全体系建设方案》，协同防范济南海关国门生物安全风险。全年开展海关国门生物安全及"知疟防疟"、艾滋病日等主题宣传活动，发放宣传册5000余份，提供健康咨询600余人次。1人获"全国消除疟疾工作先进个人"荣誉称号。

三、强基提质，不断提升口岸卫生检疫技术支撑能力

不断加强济南国际旅行卫生保健中心（济南海关口岸门诊部）实验室软硬件建设，切实提升口岸卫生检疫技术支撑能力。截至2022

年年底，已取得实验室认证认可 53 项，内部确认 43 项，购置多重病原体检测系统，储备多种境外疫情的检测技术，开展猴痘、流感、登革热、基孔肯亚出血热、黄热病、疟疾等 20 余种口岸重点关注传染病的实验室检测。多次参加各级临床检验中心组织的能力验证项目，能力验证结果均为满意。自主研发智慧旅检智能一体机，推进口岸卫生检疫监管信息化、智能化。署级科研项目"黄河入海口病媒生物本底监测与预警防控体系的建立"顺利通过海关总署验收。2022 年，开展传染病监测体检 18218 人次，检出传染病 17 人次，其中检出艾滋病 3 例。检测各口岸封闭管理职工 32915 人次，新冠抗体检测 216 人次，货检和环境 8020 份。预防接种 27643 人次。配合做好属地疫情防控工作，完成社会人员新冠核酸检测 325 万人次。

推进口岸疫情防控平稳转段。及时制修订口岸卫生检疫工作方案，成立转段工作专班，加强与地方联防联控机制协作配合，完善新形势下入境人员异常情况分类处置、人员转运、信息共享等协作机制。持续完善各类方案预案，优化现场检疫监管流程，加强与口岸运营单位沟通，及时调整卫生检疫作业区域设置，高效完成"外防输入"转段工作。加强境外输入新冠病毒变异监测，与属地疾控部门建立联合工作机制，开展监测、信息和成果共享。

撰稿单位

卫生检疫处

济南海关多项举措促进外贸保稳提质

2022年，济南海关坚持以习近平新时代中国特色社会主义思想为指导，深入贯彻落实党中央、国务院关于促进外贸保稳提质部署要求，严格落实海关总署促进外贸保稳提质十条措施和加力帮扶中小企业纾困解难六条措施，将优化口岸营商环境、促进跨境贸易便利化作为推动扩大高水平对外开放的重要路径，不折不扣将海关总署各项工作要求落到实处、抓出成效。

一、提高站位、强化认识，扎实推动优化营商环境各项要求落地见效

（一）做好统筹规划

抓好重点落实。全面提炼海关工作事项，研究制定优化营商环境54项任务100条标准，切实把准工作落脚点和着力点。做好复制推广。充分学习借鉴2022年促进跨境贸易便利化专项行动改革举措，围绕5条11项内容制定复制推广任务分解表，实现最新成果的快速转化。

（二）加强内外协作

加强政策支持。联合山东省口岸办等12个单位共同发布《关于深化跨境贸易便利化改革优化口岸营商环境的通知》，提供"稳中向好"高质量发展发展政策支持措施7条，有效助力地方外贸经济发展；联合青岛海关积极争取总署支持，配合出台《海关总署支持山东深化新旧动能转换推动绿色低碳高质量发展若干举措》，成为近年来首个支持山东开放海关专项举措。开展专项行动。积极配合山东省口岸办开展优化营商环境创新提升行动，高效完成7项重点工作任务，提升山东跨境贸易便利化水平。组织案例评选。联合青岛

▲2022年5月27日，济南海关召开党委扩大会暨济南海关促进外贸保稳提质工作推进会

海关、山东报关协会开展2022年促进跨境贸易便利化优秀案例评选活动，评选优秀案例40个，激发干事创业活力。

（三）深化助企服务

开展入企调研。建立关长服务企业机制，广泛开展调研活动，深入300余家企业察实情、问需求、解难题，有效掌握企业发展需求。强化重点保障。聚焦供应链产业链"白名单"企业和山东骨干外贸企业，实现关企联络员全覆盖，实施全天候预约通关保障、优先核验放行。坚持"问题清零"。充分利用网络交互、视频交流等方式，健全完善企业问题反映渠道，100%解决企业问题330余个，做到涉企问题件件有落实。

（四）强化政策宣传

加强政策指导。打造"精准惠·泉服务"政策宣讲品牌，开展系列宣讲活动80余次，联合口岸、商务等部门开展联合政策宣讲40余次，帮扶企业精准掌握海关政策内容。讲好海关故事。充分利用传统媒体和新媒体不同优

▲2022年5月25日，潍坊海关关员在山东省最大的童车出口企业山东祺月集团有限公司开展应对技术性贸易措施培育

势，在省部级以上媒体发布宣传材料450余篇，有效稳定企业预期、提振市场信心。强化信息宣传。及时总结工作中的好经验、好做法，形成综合信息呈报等15篇次，有关工作得到省部级以上领导批示肯定10次，充分展现海关优化口岸营商环境优秀形象。

二、务实担当、履职尽责，持续提升跨境贸易便利化水平

（一）进出口货物通关速度显著加快

鼓励引导企业积极适用"两步申报""提前申报"等通关便利化措施，叠加实施无陪同查验等非侵入式查验模式，2022年，关区进口、出口整体通关时间分别为22.2小时、0.97小时，较2017年分别压缩86.5%、96.1%，全部优于全国平均水平，有效稳定企业通关预期。

深化进口货物"船边直提"和出口货物"抵港直装"试点，综合应用"先期机检+智能审图"科技手段和"厂港联动"监管作业，将海关查验嵌入港口作业全流程，促进193批次货物的快速提离、即到即装。

围绕进口铁矿石、原油、棉花等大宗商品实施"先放后检""依企业申请"等检验措施，压缩通关时间70%以上，保障960余批大宗商品有效供给，满足企业生产生活所需。

（二）重大战略支撑力度显著增强

深入推动黄河流域生态保

护和高质量发展。建立黄河入海口区域病媒生物本底资料库、建成济南海关病媒生物监测实训基地，有效保障黄河三角洲生态安全；建成黄河流域农食产品技术性贸易措施研究中心，成功推动俄罗斯时隔 3 年重新准入我国苹果、梨等核果类水果，脱水蔬菜等产品成功输欧，建成全国首个环氧乙烷官方实验室，助力山东特色农食产品优进优出。

主动融入"一带一路"建设。指导淄博、聊城铁路监管作业场地高标准建设并顺利通过验收，加快关键物流节点建设；优化升级"铁海 E 通"系统，落实铁路快速通关作业模式，畅通山东内陆货物东西双向通道；创新实施"敞车监管""跨网监管"等监管措施，满足不同货物运输需求。

助力山东新旧动能转换。稳妥推进高新技术货物布控查验协同作业试点，将进口查验作业调整至属地开展，减少口岸等待时间，助力 400 余批芯片、集成电路等高新技术货物快速通关。

（三）政务服务智慧化水平显著提升

大力推广国际贸易"单一窗口"。研发"电子口岸情景式在线交互平台"并上线运行特色功能应用，推广电子口岸移动客户端，实现海关业务"指尖轻松办"，持续提升企业使用体验。深化行政审批改革。下放 D 级低风险特殊物品审批权限，加快 2021 批次特殊物品检疫审批；优化动植物及其产品检疫审批流程，进一步压缩检疫审批时长，将受理时长压减至 3 个工作日。践行新时代"枫桥经验"。落实"主动披露、依法从轻"等政策，引导 42 家企业自查自纠主动披露违规事项，为稳外贸创造良好法治环境。

（四）高能级平台拉动作用显著增强

支持自贸区建设。大力探索创新海关监管制度，"基于 5G 物联网技术的保税展销辅助监管系统"获评 2021 年山东省优化营商环境创新案例；"智慧旅检智能一体机"创新举措获得海关总署备案，有效提升口岸疫情防控检疫效能；"企业认证智慧培育系统"创新举措获得海关总署备案并推广至全关区，每年可助企节省成本数百万元。

推动综合保税区高质量发展。牵头建立促进关区综合保税区高质量发展联席会议机制，及时会商解决各类发展问题；大力支持保税研发、保税维修等新业态在综合保税区集聚发展，落实落细综合保税区"21 条"改革措施，充分释放改革红利，全年关区 5 个综合保税区进出口值达 1540.3 亿元，同比增长 29.4%。

支持跨境电商综合试验区建设。支持传统企业转型跨境电商，综合实施"简化申报""汇总统计""优先安排查验"等便利化举措，参与企业数、申报单量保持快速增长势头；支持"海外仓"模式发展，全面落地海外仓一地备案、全国通用等措施，实施海外仓备案当日提交、当日办结，新增备案海外仓 16 家，助力山东加快海外仓国际布局。

（五）助企纾困政策扶持力显著增强

助力企业降本增效。实施 RCEP"攻坚"，研发"RCEP 享惠智选助手"，为 2000 余家企业实现最优税率智能选择，每年可助企减负增效上亿元；推广原产地签证自助打印和智能审核等便利化措施，签发 RCEP 原产地证书 3.2 万份，助力企业享受贸易伙伴税款减让 1.1 亿元；开展"春风送惠"专项行动，指导企业用足用好减免税政策，支持科创单位应享尽享进口税收优惠，助力企业降本增效 6.04 亿元。

强化企业信用管理。围绕"专精特新"、国家产业链供应链"白名单"企业等 336 家重点对象，实施精准信用培育；自主开发全国首个企业认证智慧培育系统，打造山东首个"AEO 孵化中心"，坚持应认尽认原则，支持符合条件的企业申请成为 AEO 高级认证企业，新增 AEO 企业 16 家。

支持农食产品扩大出口。开设属地查检"绿色通道"，100% 实施优先查验和按照企业需求的预约查验，助力 264 家企业享惠，有效保障 584 批次、1.09 亿元的鲜活果蔬"零延时"快速出口。

撰稿单位

法规和综合业务处

第三篇

大事记

2022 年济南海关大事记

1 月

1 日 淄博海关签发对日 RCEP 原产地证书,为关区首份 RCEP 原产地证书。

潍坊海关签发关区首份"中国—柬埔寨"自由贸易协定原产地证书。

10 日 口岸外来有害生物联合监测与预警防控研究应用启动及座谈会在青岛召开,副关长王丽参会。

11 日 济南海关 2021 年度党组织书记述责述廉述党建视频会议召开。

济南海关首届"模拟法庭"展示活动在莱芜海关举行。

17 日 济南海关捍卫"两个确立"、做到"两个维护"、强化政治机关建设专项教育活动动员会召开,关长赵儒霞主持会议。

东营海关技术中心开展关区进口原油硫化氢、硫醇首次检测业务。

20 日 济南海关技术中心"1+5"实验室体系管理评审会议召开,副关长张艺兵参加会议。

25 日 政治部主任王忠亮赴济南机场海关慰问空港口岸疫情防控封闭管理人员。

副关长张艺兵带队走访慰问空港口岸疫情防控封闭管理人员家属代表。

26 日 2022 年济南海关关区工作会议、全面从严治党工作会议在济南召开。

27 日 2022 年关区纪检监察工作会议召开,党委纪检组组长张秉龙主持会议。

29 日 山东纽澜地商河进境种牛隔离场通过海关总署远程验收考核。

30 日 山东寿光越海牧歌进境种牛隔离检疫场通过海关总署远程验收考核。

2 月

1 日 济南海关被山东省禁毒委评为 2021 年度禁毒工作成效突出单位。

聊城海关签发关区首份对韩 RCEP 原产地证书。

7 日 关领导赵儒霞、王丽、王忠亮以视频会议形式参加山东省 2022 年工作动员大会。

16 日 副关长王丽参加山东省政府办公厅国际贸易"单一窗口"运营主体组建专题会议。

21 日 2022 年济南关区缉私工作会议召开,关长赵儒霞出席会议并讲话。

22 日 党委书记、关长赵儒霞在济南海关技术中心调研。

3月

1—3日 海关总署党委委员、副署长孙玉宁在济南海关调研。

3日 关长赵儒霞陪同海关总署调研组在潍坊调研。

4日 济南海关"海关重点项目和财物管理以权谋私"专项整治动员部署会召开。

6日 济南机场海关全力保障我国接返自乌克兰撤离中国公民临时航班安全顺利通关。

8日 济南海关开展"海关的巾帼 生活的玫瑰"三八国际妇女节纪念活动。关长赵儒霞为泉城海关特殊区域监管二科颁发山东省女职工建功立业标兵岗奖牌。

13日 关长赵儒霞在济南海关监控指挥中心视频督导检查进境航班检疫监管工作。

14日 济南海关首部年鉴编纂启动会召开，政治部主任、《济南海关年鉴》编辑部主编王忠亮主持会议。

15日 济南海关机关及11个隶属海关被山东省精神文明建设委员会命名表彰为2021年度省级文明单位。

16日 关长赵儒霞主持召开关区部分海关疫情内部防控工作调度会。淄博、潍坊、德州、滨州、聊城海关分别汇报辖区本土疫情形势、采取的内部防控措施以及存在的问题和困难，赵关长对5个隶属海关疫情内部防控工作提出要求。

18日 淄博海关签发全省首票出口马来西亚RCEP原产地证书。

22日 关长赵儒霞陪同山东省委书记李干杰督导口岸疫情防控工作。视频查看入境货机检疫监管操作和防疫工作情况，实地调研进口

国际邮件静置区疫情防控工作。

23日 开展关区工作人员新冠感染第三次内部应急演练。演练以不打招呼的方式，选取潍坊、东营两个海关与济南海关同时开展两种不同发现途径的全流程实战演练。

副关长王丽参加山东省2022年疫情防控新闻发布会并回答记者提问。

28日 济南海关首次通过视频形式开展进境饲料原料加工存放企业现场考核。

4月

1日 关长赵儒霞主持召开2022年度关区督察审计自查动员部署会。

济南海关保密委员会会议召开。

7日 济南海关承办中国海关与哥斯达黎加海关AEO国际互认合作线上认证观摩。

济南海关在2021年度省直机关服务高质量发展绩效考核中被评为"优秀"等次。

8日 关区促进综合保税区高质量发展联席会议召开，副关长姜铭出席会议。

13日 济南海关与山东农业大学签署"关学"合作备忘录，副关长王丽代表济南海关进行线上"云"签约。

22日 济南海关安全生产领导小组会议暨关区安全生产工作会议召开。

27日 中国电子口岸数据中心济南分中心李德阔获评"2021年度山东省改革尖兵"称号。

5月

8日 中央驻鲁事业单位专业考核委员会印发通知反馈2021年度中央驻鲁事业单位服务高质量发展绩效考核结果，济南海关技术中

心获评"优秀"等次，济南海关后勤管理中心、中国电子口岸数据中心济南分中心、济南国际旅行卫生保健中心（济南海关口岸门诊部）获评"良好"等次。

11 日　海关总署署长俞建华通过视频形式听取赵儒霞关长工作汇报，并从加强政治建设、加强队伍建设、要有"时时放心不下"的责任感、统筹抓好疫情防控和经济社会发展、做好一线人员关心关爱 5 个方面提出工作要求。

18 日　山东省政协委员、关长赵儒霞参加山东省政协 12 届常委会第 22 次会议，并做大会发言。

济南海关批复同意设立潍坊港联化公用型保税仓库。

25 日　2022 年济南海关科普讲解比赛决赛在济南举办，副关长张艺兵出席并为获奖选手颁奖。

26 日　潍坊海关主持的科研项目"真菌毒素及其次级代谢物检测方法和防治技术的研究"获评 2021 年度海关科技成果评定三级成果。

21—28 日　举办济南海关科技活动周系列活动。

6月

6 日　济南海关批复德州明希公用型保税仓库通过验收。

8 日　济南关区首票旅检渠道行邮税"财关库银"线上缴税成功入库。

9 日　关长赵儒霞与山东省税务局局长胡苏华签署《济南海关 山东省税务局促进外贸保稳提质合作备忘录》。

5 月 16 日—6 月 12 日　副关长王丽在济南机场海关参加口岸疫情防控"14+7+7"封闭管理。

14 日　关长赵儒霞带队在济南市开展促进外贸保稳提质调研活动。实地调研国贸电商产业园、浪潮集团、齐鲁制药集团，召开关地企座谈会，广泛听取地方政府和企业的意见建议，当场解答相关诉求。

14 日　法规和综合业务处联合济南机场海关、济南邮局海关、泉城海关、莱芜海关举办"精准惠·泉服务"促进外贸保稳提质政策宣讲会。

15 日　济南海关批复同意设立淄博倍森公用型保税仓库。

16 日　关长赵儒霞拜会济南市委副书记、市长于海田。

关长赵儒霞在济南参加 2022 山东跨境电商生态大会并致辞。

17 日　副关长张艺兵参加山东省政府推进外贸固稳提质情况新闻发布会并回答记者提问。

副关长姜铭参加《青岛海关 济南海关 山东省市场监管局加强重点领域战略合作协议》签署仪式。

23 日　潍坊海关、聊城海关举办离退休干部"光荣在党 50 年"纪念章颁发仪式。

24—26 日　济南海关技术中心"1+5"实验室顺利通过 CMA（中国计量认证）和 CNAS（中国合格评定国家认可委员会）资质认定"二合一"复评审及扩项评审。

28 日　关长、国家安全人民防线建设领导小组组长赵儒霞主持召开 2022 年上半年国家安全工作例会。

济南海关"企业认证智慧培育系统"配套设施"一种数字展厅"获国家知识产权局实用新型专利登记。

30 日 淄博海关保障首列"淄博—蒙古国"中欧班列开行。

7 月

6 日 济南海关 2022 年年中工作会议在济南召开，关长、党委书记赵儒霞作讲话。会议强调把思想和行动统一到海关总署新一届党委部署要求上来，把准方位，提高站位，找准定位，当好"三个环境"的营造者、建设者、责任方。扎实做好下半年各项工作，以实际行动走好"两个维护"第一方阵，以优异成绩迎接党的二十大胜利召开。

14 日 关长赵儒霞在济南机场海关调研，与该关党委委员集体谈话，了解该关落实两级年中工作会议精神工作情况，提出工作要求。

18 日 济南海关批复同意潍坊港联化公用型保税仓库通过验收。

19 日 关长赵儒霞在德州海关调研。慰问现场关员，召开科以上领导干部座谈会，了解德州海关落实两级海关年中工作会议精神工作情况，对其工作给予肯定，提出工作要求。

济南海关、青岛海关联合召开新闻发布会，副关长张艺兵出席，发布山东省 2022 年上半年对 RCEP 成员进出口情况并回答记者提问。

20 日 政治部主任、直属机关党委书记王忠亮主持召开直属机关党委会，讨论做出召开中国共产党济南海关第二次党员代表大会的决议，研究关区党建示范（培育）品牌、"四强"党支部评定工作。

21 日 济南海关举办关区首次 AEO 信用培育线上直播活动。关区 500 余家"专精特新"中小企业、供应链产业链重点企业参加培育，直播活动由数十家媒体平台同步转载，总上线人数突破 15 万人次。

25 日 关长赵儒霞主持召开关区全员打私推进会。

关长赵儒霞主持召开口岸危险品综合治理百日专项行动动员会。

27 日 副关长王丽在济南机场海关督导调研封闭管理人员行政办公区域改造情况，在济南邮局海关调研寄递渠道疫情防控工作。

28 日 关长赵儒霞受邀出席 2022 跨国公司（济南）高层对话会暨第二届中日产业创新发展交流大会。

28—29 日 党委纪检组组长张秉龙在聊城海关调研，参加监察室党支部、聊城海关党总支"求实、扎实、朴实"主题党日活动。

8 月

2 日 关区首家企业集团加工贸易监管改革模式下跨关区成员企业获批。

3—4 日 副关长王丽先后在滨州海关、德州海关调研发挥科技引领支撑作用相关工作。

5 日 副关长姜铭参加海关总署国际合作司农食产品国外技术性贸易措施交涉应对工作线上推进会，代表农食产品国外技术性贸易措施交涉应对工作组作工作报告。

11 日 关长赵儒霞在济南邮局海关调研。慰问一线关员，了解落实海关总署年中会议情况，对下一步工作提出要求。

济南海关自主设计开发的"铁海 E 通"内陆港海关监管作业信息化系统 1.2 版本正式上

线运行。

11—12日 副关长张艺兵、姜铭分别在滨州海关、淄博海关开展"口岸危险品综合治理"百日专项行动督导检查。

13日 济南海关组织参加"走进科技 你我同行"2022年山东省科普讲解大赛并取得优异成绩。获评"优秀组织奖"荣誉称号，吴旭东获得"兼职科普讲解人员组二等奖"及"山东省科普讲解团成员"称号，刘梦佳获得"科普工作者组三等奖"及"山东省科普讲解团成员"称号，张慧妍获得"兼职科普讲解人员组优胜奖"。

15日 副关长姜铭在青岛参加海关服务黄河流域生态保护和高质量发展联席会议，出席2022青岛·陆海联动研讨会，联合黄河流域12个直属海关发布"服务黄河流域生态保护和高质量发展"关港铁区大协作机制（青岛）倡议书。

16日 关长、党委书记赵儒霞主持召开海关总署经济责任审计见面会。

济南海关批复同意淄博倍森公用型保税仓库通过验收。

16—17日 驻署纪检监察组组长、海关总署党委委员王林在济南海关调研。听取关党委全面从严治党和党委纪检组党风廉政建设、反腐败工作情况汇报，与党委班子成员"一对一"谈话，对下一步工作提出要求。

23日 关长赵儒霞应邀参加黄河流域自贸区联盟启动暨对外开放高质量发展大会。

10—26日 政治部主任王忠亮在济南机场海关参加口岸疫情防控封闭管理。

25—26日 副关长张艺兵在青岛参加2022年黄河流域跨境电商博览会。

26日 副关长夏阳参加"链动齐鲁·流通未来"济南贸易物流产业发展峰会暨海向班列开通活动。

29日 济南海关"职能部门政治机关建设专项教育活动"专项巡察工作动员部署会召开。

30日 海关总署正式批复淄博保税物流中心（B型）注销。

济南海关进境邮件税款信息联网系统正式上线。省内首票通过该系统缴纳的行邮税成功入库。

30—31日 中国共产党济南海关直属机关第二次代表大会在济南召开。

31日 第二届直属机关党委第一次全体会议在济南召开。选举产生书记、专职副书记、副书记，表决通过第二届直属机关纪委书记、副书记选举结果。

9月

2日 济南海关"海关重点项目和财物管理以权谋私"专项整治整改工作部署会议召开。

济南海关召开加强新时代廉洁文化建设、警示教育大会暨党风廉政建设工作例会、党委中心组学习研讨会。

6日 副关长夏阳在济南综合保税区、济南章锦综合保税区调研。

8日 关长赵儒霞在淄博海关调研，慰问现场关员，召开科以上领导干部座谈会，提出工作要求。

商品检验处牵头立项的"进出口危险品智慧监管体系建立研究"通过海关总署科技委进出口商品检验专业技术委员会验收。

10 日 关长赵儒霞代表关党委慰问节日期间坚守岗位工作人员。

13 日 济南海关 2022 年食品安全宣传周启动，副关长王丽出席启动仪式。

15 日 开展济南海关工作人员新冠感染第四次内部应急演练。演练采取视频推演方式，模拟济南机场海关封闭管理人员在"应检尽检"中发现核酸检测阳性案例的应急处置。

16 日 济南海关承办中国海关与哥斯达黎加海关 AEO 国际互认合作工作组会议。哥斯达黎加海关总署 AEO 项目主任安娜，海关总署企业管理和稽查司副司长朱昉，济南海关副关长姜铭线上参会。

23 日 关长赵儒霞主持召开济南关区"防风险、保稳定、迎二十大"专题电视电话会议。

政治部主任王忠亮参加《中国海关年鉴（2022）》编纂总结暨 2023 年卷年鉴编纂启动部署视频会议。

26 日 退休干部辛安获评第四届省直机关道德模范。

27 日 副关长姜铭参加全国海关技术性贸易措施交涉应对工作视频会议，代表济南海关作经验交流发言。

28 日 党委纪检组组长张秉龙主持召开关区事业单位警示教育大会。

27—28 日 副关长张艺兵到聊城海关开展安全生产专项督导检查。

29 日 关领导赵儒霞、张秉龙以视频会议形式参加全省党风廉政警示教育大会。

30 日 政治部主任王忠亮在济南海关技术中心开展党建工作调研。

10 月

1 日 国庆假日期间，关领导赵儒霞、张秉龙、王丽、王忠亮、张艺兵、姜铭在岗带班值守，慰问值班关员，检查节日期间值班工作。

10 日 举办济南海关"走好第一方阵 我为二十大做贡献"主题演讲比赛"云"决赛。

11 日 关长赵儒霞主持召开济南海关"跨境电商寄递'异宠'综合治理"专项行动领导小组会议。

12—13 日 副关长张艺兵到德州海关开展安全生产专项督导检查。

14 日 党委书记、关长赵儒霞在聊城海关调研，与聊城市委副书记、市长张百顺共同签署《济南海关 聊城市人民政府战略合作备忘录》。

18 日 副关长张艺兵参加全国海关办公室系统青年理论学习小组视频联学活动。

鲁西国际陆港海关监管作业场所通过验收。

20 日 泉城海关保障首列"济南—阿塞拜疆"中欧班列顺利开行，该班列自济南始发，经霍尔果斯口岸出境至阿塞拜疆首都巴库。

25 日 济南海关"AEO 企业认证智慧培育系统"获国家版权局计算机软件著作权登记。

26 日 泉城海关完成关区首票原产地调查结果互认。

27 日 关区首次稽查查发出口含两用物项成分商品逃漏许可证件情事。

11 月

2 日 滨州海关为辖区企业出口 RCEP 项下冷冻绿菜花制发关区首份原产地预裁定决定书。

7日 副关长张艺兵受邀参加亚欧会议"智慧海关、智能边境、智享联通"线上国际研讨会。

8日 德州海关吴旭东在2022年全国海关科普讲解比赛决赛中取得优异成绩，获得"2022年全国海关十佳科普讲解员"荣誉称号。

9日 济南海关进入全国海关稽查岗位练兵技能比武团体决赛。

10日 副关长夏阳在济南邮局海关调研"跨境电商寄递'异宠'综合治理"专项行动开展情况和行邮税征管工作。

14日 济南海关党委理论学习中心组（扩大）党的二十大精神专题学习暨各部门单位主要负责同志读书班开班动员视频会议召开，党委书记、关长赵儒霞作开班动员讲话。

济南海关组织开展党委理论学习中心组（扩大）党的二十大精神专题学习"重走习近平总书记的山东足迹"主题活动。

17日 聊城鲁西国际陆港监管作业场所首票"铁海E通"模式通关货物在青岛港顺利抵港装船。

17—18日 副关长张艺兵在济南机场海关参加"关长走进口岸封管区"工作。

24日 济南海关关长任职仪式举行。海关总署人事教育司副司长王晓红主持任职仪式，海关总署政治部主任、海关总署党委委员许大纯在北京以视频形式出席任职仪式。关长刘卫高度评价、诚挚感谢以赵儒霞同志为班长的上届班子为济南海关事业发展做出的突出贡献。赵儒霞同志参加会议并作表态发言，感谢关区全体同志给予的支持帮助，表达对济南海关事业发展的美好祝愿。

山东高速鲁中物流发展有限公司海关监管作业场所通过验收。

28日 济南海关技术中心完成关区首批动物源性食品硝呋索尔代谢物检测。

29日 副关长张艺兵参加海关总署进出口食品安全局和马来西亚兽医服务局开展的出口禽肉动物疫病控制技术交流视频会。

12月

9日 组织济南海关机电轻纺产品检验岗位线上练兵，关区55人参加。

12日 济南海关技术中心、潍坊食品农产品技术性贸易措施研究评议基地、东营轮胎研究评议基地通过山东省2022年度考核。潍坊食品农产品技术性贸易措施研究评议基地获得"优秀"等次，济南海关技术中心、东营轮胎研究评议基地获得"合格"等次。

14日 济南海关安全生产工作领导小组会议暨关区安全生产工作会议通过腾讯视频会议形式召开。

15日 关长刘卫在济南出席山东省政协主题为"融入双循环，推进山东港口高质量发展"的月度协商会。

20日 济南机场海关首次使用"闭环泡泡"方式保障国家游泳队51人高效通关。

26日 滨州海关正式启用无人机辅助敞车出口货物监管模式。

30日 关长刘卫在泉城海关调研，其间到济南章锦综合保税区考察。

阳信进境肉类指定监管场地正式通过海关总署验收。

泉城海关第一青年理论学习小组和督审处李媛分别获评第二届省直机关青年理论学习标兵集体、学习标兵。

第四篇

政治建设

党建工作

【概况】2022 年，济南海关突出学习宣传贯彻党的二十大精神主线、突出夯基筑实与提质增效一体推进原则，深入贯彻新时代党的建设总要求和全面从严治党战略方针，坚持以党的政治建设为统领，坚持求实、扎实、朴实，聚力守正创新、强基提质，统筹推进关区党的政治、思想、组织、作风、纪律建设和反腐败工作，紧紧聚焦推动关区党建工作走在全国海关前列这一目标，持续坚持以"项目化运作"特色方式抓党建、促党建，准确把握基础、机制、质效等关键点和发力点，深化运用更加注重统筹兼顾、更加注重综合施策、更加注重质量导向、更加注重细节管理等"四个注重"科学方法路径，推动党建工作高质量发展，为关区中心工作高质量发展提供了有力有效政治保障。在年度"党的建设"量化考核中排名全国海关第七、平衡型海关第一。

【宣传思想文化】2022 年，济南海关全面学习、全面把握、全面落实党的二十大精神，坚持将其作为当前和今后一个时期的首要政治任务抓紧抓实，有序推进 45 项学习宣传贯彻重点措施落实，及时有效把关区队伍的思想和行动统一到党的二十大做出的各项决策部署上来，在全国海关作"铸忠诚"主题交流发言。深入开展"两个专项"，建立健全"领导、调度、督导、联动"四项抓落实机制，开辟"自主学、集中学、比促学、创新学"四项强思想路径，创新"项目化运作、融合式推进、清单化管理"3 种促整改模式，28 个关级重点问题全部整改落实到位，关区队伍"政治强业务"的意识和能力明显增强。加强典型培树和示范引领，培树全国海关先进集体和先进工作者、全省女职工建功立业标兵岗、省直机关最美家庭和道德模范等一批先进典型，营造了学先进、赶先进、争当先进的浓厚氛围。深入落实意识形态工作责任制，关党委 2 次组织专题研究，开展关区干部职工思想状况问卷调研，聚力抓思想、抓站位、抓履责、抓引领、抓管控、抓"双线"、抓关怀，持续巩固发展关区意识形态领域良好态势，意识形态领域不良情事零发生。

【基层组织建设】2022 年，济南海关坚持强基提质，着力推动党建工作"双提升"。严格按程序组织召开济南海关直属机关第二次党员代表大会，完成直属机关党委换届。

▲2022年8月30—31日，中国共产党济南海关直属机关第二次代表大会在济南召开

编制年度重点落实工作事项，以清单模式强化责任落实。制定基层党建系列工作指引，运用"五维报表"督促抓好日常基础工作。精准开展事业单位党建"双提升"强化月，定期开展党建督查，推动关区基层党建强基提质。大力实施"推进党建业务一体化"关级重点项目，深入推进两级海关联动创建模范机关主题实践活动，落细组织生活规范月要求，结合直属机关党委等百余个基层党组织换届，开展制度落实实训，持续优化"大火种"党建品牌体系，孵化"党员服务站""信'芯'团队"等一批特色业务服务品牌，关

区全国海关党建品牌累计达到5个。深化党建带团建，建成包括61个品牌的"砺新"团建品牌体系。

2022年，济南海关连续4年获评省直机关党内统计优

秀报表单位，人事教育处获评省直机关模范机关建设表现突出单位，刘伟获省直机关党内统计先进个人，"我和我的支部"微视频《向党而生的种子》被省直机关党的建设成果展采播。淄博海关人事政工科党支部"红帆"复核认定为全国海关党建示范品牌，泰安海关党总支"泰山挑山工"新晋为全国海关党建示范品牌，潍坊海关特殊区域监管科党支部"桥头堡"和政工办党支部"五彩政工"复核认定为全国海关党建培育品牌，东营海关查检二科党支部"犇牛先锋"新晋为全国海关培育品牌等（详见表4-1）。战凯获评全

▲2022年9月，济南海关开展事业单位党建"双提升"强化月活动。图为9月30日，党委委员、政治部主任王忠亮在技术中心开展党建督查

国海关"党务之星"。7 项基层党建"双提升"成果在全国海关推广，《济南海关四个"聚焦"不断深化模范机关创建》被海关总署相关刊物采用。

表 4-1　2022 年度济南关区党建示范（培育）品牌一览表

一、2022 年度新评全国海关党建示范（培育）品牌	
示范品牌	泰山挑山工（济南海关所属泰安海关党总支）
培育品牌	犇牛先锋（济南海关所属东营海关查检二科党支部）
二、2022 年度复核认定的全国海关党建示范（培育）品牌	
示范品牌	红帆（济南海关所属淄博海关人事政工科党支部）
培育品牌	桥头堡（济南海关所属潍坊海关特殊区域监管科党支部）
	五彩政工（济南海关政工办党支部）
三、关区党建示范品牌	
嘉谋善政（办公室党支部）	
创新先锋（法规和综合业务处党支部）	
国门智慧树（动植物检疫处党支部）	
商海卫（商品检验处党支部）	
金雀尖兵（泉城海关综合业务科党支部）	
护农"防火墙"（潍坊海关查检二科党支部）	
金扁担（滨州海关综合业务一科党支部）	
风控之盾（风险防控分局党支部）	
四、关区党建培育品牌	
食安守护先锋（进出口食品安全处党支部）	
观海止澜（口岸监管处支部）	
数海匠心（统计分析处党支部）	
护航快舰（财务处党支部）	
敢督善审　弘毅笃行（督察内审处党支部）	
坚梯（人事教育处党支部）	
泰山石敢当（监察室党支部）	
国门守护者（济南机场海关旅检一科党支部）	
前哨尖兵（济南邮局海关邮件监管党支部）	
狙击手（淄博海关稽查科党支部）	
烽火台（淄博海关特殊区域监管科党支部）	
海上党旗红（潍坊海关口岸监管二科党支部）	
雄鹰战队（德州海关综合业务科党支部）	
新速度　心服务（聊城海关综合业务科党支部）	
国门卫士（莱芜海关查检党支部）	
e 路同行（数据分中心党支部）	

【党风廉政工作】2022年，济南海关管党治党责任压紧压实。坚持全周期闭环管理，对照清单扛起主责，逐项推进落实52项全面从严治党年度重点任务。党委书记专题听取党委委员履行"一岗双责"情况汇报，党委委员直抵基层开展"四不两直"监督检查。持续强化对"关键少数"监督管理，落实季度重点事项监督自查报告制度，开展"述责述廉述党建"评议考核，有力促进党员领导干部廉洁自律。坚持失责必问、问责必严，对1个党组织、2名党员领导干部予以通报。

权力监督制约持续加强。制修订内部管理制度32项，权力归属更加清晰、运行流程更加规范。建立政治生态、信访举报定期分析研判制度，开展廉政形势综合分析研判，不断完善廉政风险点和防控措施。坚定不移遏制增量、削减存量，查办案件6件，组织处理8人次，给予党政纪处分4人次。制定落实"现场监管与外勤执法权力寻租"常态化整治二十条措施。组织以案促改3次，强化案件查处成果运用。开展警示教育月活动，召开关区警示教育大会，打造"济关清风"廉洁文化品牌。

【准军建设】2022年，济南海关纪律作风严明向好。开展内务规范强化月活动，创新"云"队列会操、"云"考评准军示范队列，开展飞行检查、窗口抽查、视频检查等60余次，研究课题入选全国海关纪律作风体系研究总课题。大力推进窗口作风提升行动，政务服务"好差评"评价满意率100%，在2022年济南市党风政风行风民主评议中位列21家垂管单位第3位。岗位练兵助推业务能力提升，进入全国海关稽查岗位练兵技能比武团体决赛，淄博海关孟琦、吴国瑞、唐震3名同志进入全国百强。落实关心关爱疫情防控一线人员措施。文明创建再上新台阶，培树全国海关先进集体和先进工作者等一批先进典型。

【群团工作】2022年，济南海关着力把关党委关心关爱做到干部职工"心坎"上，开展"夏送清凉"、"冬送温暖"、春秋游等关怀慰问活动，高质量建设"职工之家"，增设"全民阅读 书香海关 学习书吧"。组织慈善救助活动，救助慰问困难职工11人次。全力保障9个文体协会正常运行，组织参加山东省直机关各项活动，游泳、网球比赛获4金1银13铜，均获团体总分第5名，充分展现济南海关准军建设精神风貌，擦亮海关文化品牌，树立良好社会形象。注重引导女职工发挥"半边天"作用，组织传承好家风好家训、四德工程、道德讲堂等活动，开展女职工健康体检，组织纪念"三八"国际劳动妇女节、手工剪纸、采摘、趣味运动会等各种纪念活动，让女职工感受到工会的温暖和关怀。

深入实施青年理论学习提升工程，创建"济关青年讲习所"特色平台，成为在全国海关有影响力闪亮名片。开展庆祝中国共产主义青年团成立100周年活动，精心组织关区青年座谈会，评选表彰十佳团建品牌（见表4-2）和十佳主题征文，20余篇理论文章获省部级以上载体刊发。

表 4-2 济南海关十佳团建品牌

序号	名称
1	办公室"号角"理论学习品牌
2	企业管理和稽查处"信'芯'团队"工作创新品牌
3	科技处"'沙洲'科创队"工作创新品牌
4	人事教育处"红石"工作创新品牌
5	济南机场海关"天高海阔"青年团建品牌
6	泉城海关"新泉志愿服务队"志愿服务品牌
7	淄博海关"青团"青年团建品牌
8	潍坊海关"枝叶鸢关情"青年团建品牌
9	泰安海关"望岳"青年团建品牌
10	滨州海关"缤纷满天星"青年团建品牌

【关史研究工作】2022年，济南海关关史研究工作开局起步。搭建关史研究工作框架，建立关史研究工作机制，制发加强海关史研究工作的行动方案，成立海关史研究工作领导小组，设立关史研究办公室。参与海关总署关史研究课题和海关口述史料抢救征集专项工作。参与"中国海关史"署级课题"中国海关特殊监管区域发展沿革与管理制度研究"。编纂济南海关首部年鉴，全书50.2万字，收录图片277幅、图表40个、2021年度重大专题深度调研报告和研究成果10篇。

【定点帮扶及推动乡村振兴】2022年，济南海关支持第五批省派"第一书记"——泉城海关曹普同志驻村帮扶泰安市东平县彭集街道龙崮村，帮助驻村成功创建2022年度市级美丽乡村示范村。与潍坊市峡山区岞山村开展"双联共建"，支持1000余亩（1亩≈666.67平方米）出口洋葱基地建设，实现村集体年增收50万余元。

撰稿人

于 鹏 于 源 马金刚 王换新 左新洋 刘 伟
张艺凡 张 旭 赵 淼 战 凯 臧传省

巡视巡察

【概况】2022 年，济南海关党委认真学习贯彻习近平总书记关于巡视工作重要论述和党中央关于巡视巡察工作新精神新部署，坚持政治监督定位，聚焦"两个维护"根本任务，着力纠正政治偏差，强化巡视巡察整改及成果运用，在 2018—2022 年五年规划的收官之年，完成关区党的十九大以来巡视整改和巡察整改集中清查，巡视发现共性问题自查自改，"职能部门政治机关建设专项教育活动"专项巡察全覆盖等重点工作。

【巡视工作】2022 年，济南海关党委始终高度重视巡视整改和成果转化工作，坚持"四个融入"、标本兼治，加强源头防范、动态防范、以巡促防，一以贯之完善机制、成果转化、以巡促治。扎实组织开展巡视整改集中清查工作，关区巡视整改满意度调查中满意度 99.2%。针对 2020 年海关总署党委第四巡视组巡视反馈意见的 4 个方面 11 个问题，研究制定了 105 项具体整改措施，截至 2022 年年底，已整改完成 102 项，完成率 97%。海关总署党委第四巡视组向济南海关党委纪检组移交信访举报和问题线索 26 件，其中"参考类"问题线索 2 件，信访举报 24 件。党委纪检组把巡视移交信访举报和问题线索优先办理、快查快办，严格落实"三为主一报告"和问题线索集体排查制度，均已办理完毕。海关总署巡视办对济南海关党委巡视整改集中清查工作"政治建设""党建质量""业务建设"等方面给予了高度评价。

组织开展党的十九大以来巡视发现共性问题自查自改工作。关区各单位、部门对照 46 项共性问题开展自查自改，将巡视发现共性问题整改工作与"职能部门政治机关建设专项教育活动"专项巡察相结合，参考国家审计和海关总署内部审计报告发现和整改问题。在 14 类 46 项巡视发现共性问题中，举一反三、深挖细查、主动认领，查摆出 5 类 8 项共性问题，制订了 28 项整改措施；对其中的 7 项共性问题，已制订整改措施立行立改。

【巡察工作】2022 年，济南海关党委开展 3 轮常规巡察和 1 轮专项巡察，涉及 2 个隶属海关单位、18 个职能处室和 2 个直属事业单位领导班子。巡察发现各类问题 165 个，巡察报告中提出整改建议 51 条，向相关职能部门制发巡察意见告知函 16 份，合计制订整改措施 322 项。多种形式推进巡察监督与其他监督贯通融合。强化关区巡视巡察干部队伍建设。参与多项海关总署巡察专项工作。承办两项业务制度规范制定工作，收集梳理各直属海关报送的典型材料，起草编撰全国海关巡察工作典型案例，经海关总署巡视工作领导小组审核后报中央巡视办收编成册，作为全国巡视巡察干部培训教材使用。

【巡察整改集中清查工作】

2022 年，济南海关党委认真对照各轮巡察制订的整改方案，集中清查整改落实情况。关区单位部门深入开展学习研讨、对照自查、专项整改工作；相关职能部门完成审核反馈工作；党委巡察工作领导小组派出督导组采取"四不两直"方式对泉城、潍坊等 4 个隶属海关党委和技术中心、数据分中心等 2 个直属事业单位开展现场督导检查。关区单位部门逐一对照党的十九大以来各类巡察反馈报告、整改方案和整改报告，全面梳理整改台账所列事项，集中清查整改落实情况，推动既定整改事项落地、落实。已完成整改问题 287 个，整改完成率为

▲2022 年 10 月 18 日，党委巡察工作领导小组副组长、党委纪检组组长张秉龙参加济南海关"职能部门政治机关建设专项教育活动"专项巡察反馈会

99.3%。关区干部群众对所在单位、部门巡察整改工作的总体评价满意率为 99.28%。

【"职能部门政治机关建设专项教育活动"专项巡察】

2022 年，为了检验"两个专项"工作开展成效，济南海关党委组建 6 个党委巡察组，对所有 19 个职能部门开展了"政治机关建设专项教育活动"专项巡察全覆盖，重点对各职能部门在"两个专项"工作中贯彻落实"规定动作"、整改任务完成情况及克服"形式主义、官僚主义"

作风等方面的内容进行政治监督，从业务看政治、从现象看本质、从问题看责任，深入查找职能部门在"两个专项"工作中存在各类问题 101 个，向各职能部门提出巡察整改建议 33 条，合计制定整改措施 205 项，向巡察整改日常监督部门制发巡察意见告知函 3 份。巡察期间，召开 18 次组办联席会议，发布 17 期巡察工作提醒，就具体巡察操作流程等细节进行规范、指导和答疑。

撰稿人

宋　彬

纪检监察

【概况】2022年，济南海关纪检机构深入学习贯彻党的二十大和二十届中央纪委二次全会精神，对习近平总书记重要指示批示精神和党中央重大决策部署落实情况开展监督检查，压紧压实各级党组织全面从严治党主体责任，毫不松懈开展疫情防控监督检查，扎实开展"海关重点项目和财物管理以权谋私"专项整治，自主开展6个重点领域专项监督，坚持"三不腐"一体推进，持续正风肃纪反腐，依规依纪处置信访举报和问题线索，用好监督执纪"四种形态"精准处置违纪问题，监督保障执行、促进完善发展作用有效发挥，关区政治生态不断净化，全面从严治党、党风廉政建设和反腐败工作取得新成效。

【监督检查】2022年，济南海关纪检机构持续发挥监督保障执行作用。突出强化政治监督，加强对学习宣传贯彻党的二十大精神监督检查，督促各级党组织积极开展多层次学习宣传，认真贯彻落实海关总署党委"15字"工作要求和"12个必"重点工作，确保中央学习宣传贯彻要求在基层落地见效；聚焦习近平总书记重要指示批示精神和党中央重大决策部署，围绕"防风险、保稳定、迎二十大"、口岸疫情防控、促进外贸保稳提质、落实安全生产责任制等开展常态化监督检查480次，制发监督建议书18份，发现并督促整改问题341个。压紧压实全面从严治党主体责任，制订"两个专项"监督任务清单，督促各级党组织全面落实政治责任，做实做好政治机关建设专项教育和"学查改"专项工作；加强对"一把手"和领导班子监督，监督协助各级党组织落实清廉海关建设任务，修订完善主体责任"三张清单"，严格履行"三重一大"等制度要求，有效防范化解重大、系统性风险。在政府采购、物业管理、内部维修以及加工贸易管理、特殊监管区域管理、税收征管等6个领域开展自主专项监督，撰写并上报驻署纪检监察组关于防范转基因大豆监管区域性执法风险建议1篇。毫不松懈开展疫情防控监督检查，紧盯口岸疫情防控和内部安全防护各项工作，综合运用视频监督、参会监督、专项检查、跟班作业等多种形式，组织关区纪检机构赴现场一线监督284次，视频监督493次，发现问题347个，制发监督建议书18份。

【执纪问责】2022年，济南海关严肃执纪问责，注重自主查发，坚持问题导向，紧盯新型腐败、隐性腐败，严肃查处利用影响力或职权谋私贪腐等行为。全年处置问题线索25件，开展党内问责1次，准确把握政策策略，正确适用转化条件，给予组织处理15人，给予党纪处分3人次、政纪处分1人次，综合运用监督执纪"四种形态"分类处置，不断提升严管厚爱、防微杜渐效果。督促纪律处分决定执行到位，确保案件处理综合效果，监察、人教、政工部门联合对2022年度办结案件的党纪政纪处分决定执行情况开展专项检查1次，开展回访教育1次，全面了解受处分党员干部知错改错、工作表现、思想汇报等情况。

【以案促改】2022年，济南海关坚持做好以案促改"后半篇文章"。落实新时代廉洁文化建设意见，制发加强新时代海关廉洁文化建设实施意见的任务分解表，分解5个方面42项具体任务，明确主协办部门及完成时限。扎实开展警示教育，落实"一案一警示、一案一剖析"，通过通报案情、配发案例读本等开展常态化廉洁教育，引导党员干部知敬畏、存戒惧、守底线，召开警示教育大会2次，制发违纪案件及问责事项情况通报3份。做实以案促改、以案促建、以案促治，印发做实以案促改推进清廉海关建设工作办法责任分工方案，明确5个方面35项具体任务。坚持一案一总结，督促3起违纪案件案发部门单位认真开展以案促改工作，深入剖析问题产生的原因，查找漏洞，补齐短板。用好纪律检查建议，制发纪律检查建议书2份，督促有关部门单位举一反三、追根溯源、找准症结，查补漏洞、完善制度、整改治理。

【派驻纪检监察】2022年，济南海关纪检机构不断提升派驻监督效能。建立"每周纪检讲堂"，加强政治学习及研讨交流，提升派驻纪检组干部政治判断力、政治领悟力、政治执行力。制定33项派驻纪检工作要点，细化169项工作落实措施并定期调度。扎实开展办案安全大检查，建立新制度新要求学研机制，持续推进纪检工作制度化、规范化、法治化。用好派驻纪检组工作指引，规范派驻监督工作，召开纪检监察工作例会4次，明确工作重点，推动派驻纪检组抓好工作任务落实，发布月度工作重点12次，在监督执纪月报和季报中重点反映问题和推动整改情况，提升派驻监督质效。持续优化队伍结构，通过选调优秀年轻干部充实纪检岗位，选派驻纪检组业务骨干到驻署纪检监察组、监察室跟班作业，派员参与疫情防控封闭管理等措施提升监督能力，队伍整体素质不断提升。

撰稿人

刘洪龙　宋海英

干部队伍管理

【概况】2022年，济南海关认真践行新时代党的组织路线，以政治建设为统领，围绕"铸忠诚、担使命、守国门、促发展、齐奋斗"总体要求，扎实推进人才育选管用全链条机制建设，队伍综合管理持续加强。深化干部调研，加强优秀年轻干部培养，建成分级分类优秀干部库。选优配强处级班子，加强执法一线科长队伍建设。规范做好职称评审，完成高级职称人员推荐申报和中级、初级专业技术职务资格确认工作。完成年度培训计划执行工作。

【机构编制管理】2022年，济南海关推动山东开放型经济社会建设，支持山东自贸区建设，根据海关总署批复设立自贸区和特殊区域发展处，合并设立法规和综合业务处，优化管理职责和事权。贯彻提升稽查效能部署，优化整合稽查人力资源，潍坊海关稽查一科与稽查二科合并为稽查科。开展关区单位部门对海关总署、本关机构改革以来"三定"规定执行情况综合评估，优化"三定"促进深度融合调研报告获署领导批示。开展机构编制及人员实名制统计工作，完成2021年度机构编制工作情况报告。

【干部人事管理】2022年，济南海关开展多批次领导干部选任提任和职级晋升，积极推进干部交流，全年开展5批次干部交流，交流处级干部21人、科级干部58人。大力选用优秀年轻干部，新提任领导干部中45岁以下的副处级领导干部和35岁以下的正科级领导干部占大多数，领导干部平均年龄呈现下降趋势。截至2022年年底，正处级、副处级领导干部平均年龄分别为52.6岁和46.6岁，35岁左右科长在同级别领导干部中的占比提高到36.7%。规范和加强公务员职级晋升、日常管理和使用及考核等工作，制定济南海关职级公务员管理办法，着力解决重选任轻管用问题。

【教育培训】2022年，济南海关顺利完成年度干部培训计划，举办集中调训8期、专项业务培训31期、济关大讲堂5期、网络课堂11期，组织参加重点班次4个，累计培训9878人次。探索创办"实训课堂"，采取"1+N"模式推进关区实训体系建设，建成AEO企业认证、国门生物安全教育、病媒生物安全监测、进境棉花检测监管4个特色业务实训基地。开办"云课堂"，依托科技手段打通系统壁垒，实现培训课程在"钉钉"、海关内部视频会议系统等多平台同步直播，提升教培赋能质效。

【构建选人用人胜任力模型】 2022年，济南海关构建处级领导干部、执法一线科长、专业人才胜任力模型，科学设定统一评价标准，以干部能力标准化提升选人用人质量。构建处级领导干部"七种能力"模型，确定班子和干部胜任力两个维度23项评价内容，开展专题调研，形成班子和班子成员个人画像；构建执法一线科长量化绩效模型，出台济南海关执法一线科长业绩能力综合评定指标，建立执法一线科长一人一册实绩档案，开展业绩能力年度综合评定，量化排名、末位约谈，激励执法一线科长担当作为、创先争优；构建专业人才专长评价模型，建成28个关区专业人才库，入库人才259人、占关区总人数的31.5%，对入库人才实施ABC细分管理，署级专家、关级专家、潜力骨干渐进补充、梯次培养。

撰稿人

于文杰　王　涛

离退休干部管理

【概况】截至 2022 年年底，济南海关有离退休干部职工 268 人，其中济南海关机关 116 人，隶属海关、直属事业单位 152 人；离退休干部职工党员 229 人，其中济南海关机关 98 人，隶属海关、直属事业单位 131 人；离退休干部职工党总支 1 个、党支部 15 个。

2022 年，济南海关深入学习贯彻习近平总书记关于老干部工作的重要指示批示精神，认真贯彻落实两级海关工作会议、全面从严治党会议精神和海关总署关于老干部工作的要求，带着感情和责任做好新时代海关老干部工作，聚焦政治上尊重、思想上关心、生活上关怀，积极引导广大老干部为党和国家事业发展做出新贡献。济南海关获评山东省老干部工作部门调研信息宣传工作先进单位和"喜迎党的二十大"全省离退休干部合唱比赛、"我们的新时代"全省离退休干部摄影大赛"优秀组织奖"，杨俊卿在山东省委老干部局组织的"我心中的老干部工作"主题演讲中获评"优秀选手"。

【离退休干部党建工作】2022 年，济南海关深入贯彻落实党中央关于加强新时代离退休干部党的建设工作的意见及海关总署党委实施意见，以高质量党建引领推动新时代海关离退休干部工作高质量发展。组织离退休干部开展"学习贯彻二十大济关银发再出发"主题活动，通过"三会一课"、联学共建、主题党日等活动，引导老同志深入学习宣传贯彻习近平新时代中国特色社会主义思想和党的二十大精神，开展"建言二十大""我看中国特色社会主义新时代"主题调研，引导老同志讲好海关红色故事，为海关事业做出新贡献。创建"银发先锋""水城晚晴""桑榆霞光"等 15 个离退休干部党建品牌，实现"一支部一品牌"，以品牌建设引领老干部积极发挥银龄作用。辛安获评第四届省直机关道德模范。丰富活动形式，组织离退休干部参观焦裕禄纪念馆，在淄博海关党性体检中心参加党性体检，在泰安海关讲习所重温入党誓词，举办"光荣在党 50 年"纪念章颁发仪式，建立干部荣誉退休工作制度，为新退休干部举办荣誉退休仪式。在组织的感召下，关区 1 名 73 岁老干部主动申请入党，并被确定为入党积极分子。

【老同志服务管理】2022 年，济南海关认真落实离退休干部政治待遇和生活待遇，努力做到服务更优、标准更高、体验更好。坚持"五必访"原则，关领导在春节、国庆、重阳等重要节日带头走访慰问老党员、老干部，走访慰问118人次；切实为老同志办实事、解难题，解决老干部集中居住宿舍漏水等实际困难；与青岛海关签署合作协议，着力解决省内异地居住老干部学习和服务难题。用好"智慧银海"平台，建立健康和困难档案，为患病、生活困难老同志申请慈善救助、慰问金10人次，有效解除燃眉之急；主动对接社会化养老服务体系，为3名退休干部申报办理省直长期护理保险失能评定，解决长期卧床护理费用报销难题。组建离退休干部宣讲团，在关区开展各类宣讲20余次，选推1人入选"山东省离退休党组织书记宣讲团"，在社区、院校开展外部宣讲8次，受众逾千人。举办"薪火"讲坛，邀请老干部为新关员讲授海关优良革命传统和海关发展史，赓续红色血脉。鼓励老同志参与社区治理，发挥专业特长在社区开展心理咨询、义务教授书法、乐器、太极拳等丰富多彩的服务活动，受到广泛好评。

▲2022年1月21日，济南海关老干部乒乓球协会举办迎新春快乐乒乓友谊赛

【老年文化教育】2022年，济南海关重点关注离退休干部身心健康和精神需求，让老同志安心舒心暖心。成立合唱、乒乓球、棋牌等文体爱好协会，定期开展文体活动。组织老干部排练情景剧、朗诵等节目，在全国海关老同志春节线上文艺汇演以及"喜迎二十大奋进新征程"线上文艺汇演中演出，组织老干部参加"喜迎党的二十大"全省离退休干部合唱比赛并获金奖、组织奖，参加"我们的新时代"全省离退休干部和老干部工作者主题摄影大赛获优秀奖，参加山东省艺术节文艺比赛获银奖、三等奖等奖项。加大纵向宣传，2篇经验交流被海关总署相关刊物采用，13期新媒体作品被海关总署离退局"鑫海桑榆"微信公众号发布，5期新媒体作品在济南海关"荷语泉声"微信公众号发布。3人先进事迹在全国海关及关区宣传，相关文章被人民网采用1篇，《中国老年报》采用1篇，《中国国门时报》采用1篇，《新京报》《大众日报》《齐鲁晚报》等媒体采用7篇。

撰稿人

尹德宝　卢　军

第五篇

业务建设

口岸开放与运行管理

【概况】2022年，济南海关坚持统筹发展和安全，加强业务运行监控，规范现场作业标准，织密织牢口岸安全防线，全力保障口岸安全顺畅通关；落实优化口岸营商环境各项举措，持续提升跨境贸易便利化水平；坚决落实海关通关制度改革，持续巩固压缩整体通关时间工作成效。关区有济南国际机场航空口岸、潍坊港海运口岸、东营港海运口岸和滨州港海运口岸4个口岸。年内，监管进出口货运量14638.83万吨，同比下降2.6%。其中，进口12668.03万吨，同比下降4.4%；出口1970.80万吨，同比增长10.4%。监管进出口货值5944.48亿元，同比增长14.6%。其中，进口2666.93亿元，同比增长6.5%；出口3277.55亿元，同比增长22.1%。审结报关单81.49万份，同比下降1.7%。检验检疫出境货物253393批次，同比增长3.2%；货值1003.89亿元，同比增长38.1%。

【通关业务运行管理】2022年，济南海关强化业务运行监控体系建设，压实基层"哨点"责任，擦亮风险防控"探头"，对重点敏感业务、事项、环节交叉监控、联防联控，实现对疫情防控、通关业务、税收征管、货物检验检疫等6大业务领域"精准画像"，由处置一个问题升华到防范一类风险。建立77项职能监控项目清单，提前防范许可证件超期超数量核销等具体风险问题85个，保持业务运行领域在历次审计中"零问题"反馈。完善禁限管理证件事后核查机制。建立禁限管理证件隶属海关与职能部门两级核查机制，加大对货物逃漏证、证件异常等情况的监管力度，保障贸易领域禁限管控措施100%落实。通过"云擎"系统开发相关事后核查功能8个，依托上述功能，结合海关内部控制与监督子系统，定期对涉证报关单验放情况进行全面自查，防范重大执法风险隐患。

【优化口岸营商环境】济南海关持续巩固压缩整体通关时间工作成效。以提高"两步申报""提前申报"应用率为抓手，坚持行之有效的工作机制。2022年，关区进口、出口整体通关时间分别为22.2小时、0.97小时，较2017年分别压缩86.5%、96.1%，全部优于全国平均水平，稳定企业通关预期。联合山东省口岸管理办公室等12个单位共同制发《关于深化跨境贸易便利化改革优化

▲2022 年 6 月 16 日，济南海关关长赵儒霞带队在济南市开展促进外贸保稳提质调研

▲2022 年 6 月 14 日，济南海关主办济南市"精准惠·泉服务"促进外贸保稳提质政策宣讲会

口岸营商环境的通知》。配合山东省口岸管理办公室开展优化营商环境创新提升行动，完成 7 项重点工作任务。联合青岛海关、山东报关协会开展 2022 年促进跨境贸易便利化优秀案例评选活动，评选优秀案例 40 个。

【促进外贸保稳提质 19 条措施】2022 年，济南海关联合青岛海关出台促进山东省外贸保稳提质 19 条措施。结合关区实际细化 54 项任务、100 条落实标准。对 784 家供应链产业链"白名单"企业、1374 家山东外贸骨干企业等重点对象实现关企联络员全覆盖，实施首问负责、"7×24 小时"服务机制，保障重点对象进出货物得到优先核验放行；两级海关关领导深入 300 余家企业现场办公，100%解决企业问题 325 个；打造"精准惠·泉服务"宣讲品牌，开展系列宣讲活动 80 余次；联合山东省口岸办公室、山东省商务厅、山东省林业产业联合会等部门单位开展助企惠企政策宣讲活动近 40 次。面向 468 家企业开展措施落地评估问卷调查，企业获得感、满意度达到 100%。

撰稿人

李 璇 陈厚良 周立敏

法治建设

【概况】2022年，济南海关深入学习宣传贯彻党的二十大精神和习近平法治思想，统筹法治和业务改革发展，成立法规和综合业务处，召开近三年首次关区法治工作会议；加强法治队伍建设，持续推动制度体系建设，服务依法行政，持续规范行政执法行为，全面落实"谁执法谁普法"普法责任制，法治文化建设成效明显。

【法治保障】2022年，济南海关根据海关总署批复，将法规处、综合业务处合并为法规和综合业务处。

召开近三年来关区首次法治工作会议，全面部署法治工作。开展关区法治队伍专题调研，编制中长期法律人才培养计划；组织开展法治工作专题培训；加强公职律师管理和考核，公职律师队伍扩容到24人。持续推进

▲2022年5月19日，济南海关法治工作会议召开

关区制度建设，制修订制度36项，开展"海关重点项目和财物管理以权谋私"专项整治专题制度清理，废止和修改制度6项。向海关总署提报立法建议19条，对43部海关规章提出立法评估意见，牵头完成《中华人民共和国海关行政裁定管理暂行办法》立法后评估，编发关区法律普及刊物11期，解读与海关执法相关法律法规123部。严格实施法制审核，审核对外

合作协议2份；审核民事合同170份，提出法律意见101条。落实行政许可清单式管理改革，规范关区9项行政许可事项。保障关区重大税收风险处置，出具法律意见3份；参与进境粮食加工重大专项稽查，研判并指导法律适用问题；开展出口冷冻水果注册果园管理等执法疑难问题专题研究，提出法律意见。深化法治理论研究。5篇文章在海关总署相关刊物刊

载；受邀参加上海市法学会海关法研究会 2022 年学术年会暨第十五届海关法论坛，并作主题发言；在关区开展法治主题征文，征集论文 30 篇，评选出获奖论文 10 篇。

【行政案件】2022 年，济南海关进一步规范行政处罚案件办理和检验检疫行政处罚管理。深入贯彻落实新修订的《中华人民共和国行政处罚法》，修订印发济南海关案件审理委员会工作规程，进一步完善济南海关行政处罚案件审议机制，更好地发挥济南海关案件审理委员会对关区行政处罚案件的审核把关和监督指导作用。开展检验检疫行政处罚案件检查，实现三年行政处罚案件全覆盖；按海关总署统一部署，职能管理调整至稽查部门；完成"海关检验检疫行政处罚案件办理规范与提升对策研究"关级课题。践行新时代"枫桥经验"，妥善解决山东某文化传播有限公司不服济南海关行政处罚引发的复议、诉讼案件，化解持续 4 年的复杂行政争议，被海关总署评为海关行政执法典型案例。

【法治宣传教育】2022 年，济南海关深入学习宣传贯彻党

▲2022 年 10 月 21 日，潍坊海关上线潍坊人民广播电台"谁执法谁普法"机关普法进行时栏目

的二十大关于全面依法治国的重大部署和习近平法治思想，党委理论中心组开展专题学法 4 次，邀请山东省委党校专家开展专题讲座。

严格落实"谁执法谁普法"普法责任制，制订济南海关第八个五年（2021—2025 年）时期法治宣传教育工作方案，制定济南海关 2022 年普法责任清单，明确 28 项全员普法工作任务；开展"8·8"海关法治宣传日、"12·4"宪法宣传周等专项普法宣传，关区普法工作情况和普法作品先后在《中国国门时报》《大众日报》及"海关发布""12360 海关热线"微信公众号等多家媒体

宣传报道；2 部微动漫作品获评海关总署优秀法治微动漫作品，并被推荐至司法部参评第十八届全国法治动漫微视频；高标准设计关区法治宣传教育中心，编制完成整体规划和展示内容方案。组织新任职处科级领导干部任前法律知识考试 8 批次。

【公职律师管理】2022 年，济南海关有 24 名公职律师，其中 9 名公职律师为 2022 年取得执业资格。1 名公职律师退休并办理公职律师资格注销手续。修订济南海关公职律师管理办法，在选任条件中增加考察期的内容，进一步完善公职律师管理机制。

2022 年，公职律师在济

南海关业务改革、执法等各项工作中充分履行法律服务和保障职能。建立关区公职律师定期轮值制度，开放公职律师联系方式，接受法律疑难问题咨询；选派公职律师董亚南参加海关总署重大法治专项集中工作，得到海关总署政策法规司肯定；公职律师多方面参与关区各项法治工作，参与处置涉法疑难问题 50 余件、提报立法建议 8 条、普法宣传工作 40 余次。经济南海关公职律师办公室考核认定，2022 年，22 名公职律师考核"称职"，2 名公职律师考核"优秀"。法规与综合业务处孙晓晖、东营海关陈帅帅被评为 2022 年度济南海关优秀公职律师。

撰稿人

孙晓晖 李 涛 黄 娟

业务改革与发展

【概况】2022年，济南海关深入贯彻落实海关总署关于深化关检业务融合各项工作部署，积极研究探索，有效防范化解业务流程响应、呼应、反应失灵风险；牵头海关总署国际合作司农食产品国外技术性贸易措施交涉应对工作，加强黄河流域农食产品技术性贸易措施协作；优化对企知识产权服务，保持打击侵权高压态势，为企业"走出去"参与国际竞争保驾护航，全力推动关区业务改革与发展。

【深化业务融合】2022年，济南海关进一步深化业务融合工作，充分发动全业务、全条线开展调查研究，有效凝聚思想共识，确定以课题研究为突破、以建立全业务领域监控机制为探索的"双驱"工作思路，实现理论研讨与实践探索的一体推进、双轮驱动，不断开创深化业务融合新局面。加强"业务改革问题收集反馈信息化系统"推广和应用，指导现场灵活使用系统，及时通过系统反映"三应"失灵问题；充分发挥基层直报点、企业联系点作用，结合促进外贸保稳提质工作要求，面向1200余家企业开展问题征集，坚持"问题清零"，100%解决企业问题325个，实现涉企问题件件有落实。围绕进口危化品检验模式改革，综合、商品检验、监管、稽查、风险防控等业务条线密切协作、严格履职，合力保障进口危化品检验模式改革的顺利实行。围绕进出口商品检验、属地查检、综合保税区管理、风险防控等业务，全面梳理存在的"三应"失灵问题，深挖问题存在根源，提出优化完善建议，形成详细调研报告上报海关总署。其中，关于属地查检业务的课题调研报告得到多位署领导批示肯定。参与多项海关总署调研工作。参与"如何进一步深化改革融合"课题书面调研。参与信息系统互联互通专项调研，结合"百名优秀执法一线科长"岗位实际，充分梳理研究空运渠道使用系统现状，提出优化整合建议。参与空运货物课题研究专班，抽调职能和现场业务专家组织课题攻关小组，深入论证研究"中心—现场"模式和空运业务流程等内容，提供详细论证报告。

【全业务领域监控机制】2022年，济南海关创新实施全业务领域监控机制。制定全业务领域运行监控工作细则，明确各部门单位的职责分工及相关要求。制定济南海关业务运行监控项目清单，明确监控范围和内容，为现场海关开展日常业务运行监控提供有效参照标准。研发上线"全业务领域问题收集反馈模块"，便利现场及时上报执法作业中发现的问题。建立月调度机制，每月形成关区业务运行及监控分析报告。

【技术性贸易措施】2022年，济南海关牵头海关总署国际合作司农食产品国外技术性贸易措施交涉应对工作，协助审核109个贸易关注议题，审定21个议题发起贸易磋商；上报输摩洛哥氯化胆碱等8个贸易关注议题。对14项国外通报提报评议意见49条；推动欧盟启动对中国产方便面调料包中芝麻食源性风险评估及中国产以软壳类动物为原料制作的蚝油市场准入；推动越南恢复我国杂交鲟鱼市场准入；推动俄罗斯时隔3年重新准入中国苹果、梨等核果类水果；协助海关总署进出口食品安全局出台3条输东盟禽肉支持举措。联合山东省肉类协会、山东省林业产业联合会等开展5次技术性贸易措施专项培训。

【知识产权海关保护】2022年，济南海关保持打击进出口侵权高压态势。开展"龙腾行动2022""蓝网行动2022"等知识产权海关保护专项行动，严厉打击货运、邮递等进出口渠道侵权违法行为，查获侵犯知识产权商品302批次、34.5万件，查获数量同比增长11倍，有效打击并震慑了辖区进出口侵权行为。潍坊海关参与制作的知识产权协同保护案例"维权无界"获第三届全国知识产权维权案件模拟演示活动"最佳展示案例奖"。联合青岛海关与山东省市场监督管理局签署加强重点领域战略合作协议，将严格知识产权保护列入合作重点事项，共同加强货物进出口环节与国内流通环节的知识产权协同保护，优化对企知识产权服务，保持打击侵权高压态势，为企业"走出去"参与国际竞争保驾护航。与青岛海关开展跨关区执法协作，在青岛口岸连续查获侵权瓷砖500余件。举办各类面向企业的知识产权海关保护政策宣讲培训12次，在各级各类媒体发布知识产权海关保护宣传稿17篇。《济南海关2021年查获侵权商品2.9万件》被《中国国门时报》刊载，《海关如何保护商标专用权》《世界杯狂欢季 小心侵权惹尴尬》被"12360海关热线"微信公众号刊载。

【查发侵权货物典型案例】2022年1月，济南机场海关对江苏省南京市某公司以一

▲2022年1月10日，济南机场海关关员查获商标侵权游戏卡片32万张

般贸易方式申报出口的服装、游戏卡片等货物进行现场查验，发现实际货物中有使用某品牌商标的游戏卡片32万张，货值60万余元。经调查，当事人出口上述货物的行为构成出口侵犯他人商标权货物的行为，经研判涉嫌刑事犯罪，海关依法将案件移交至地方公安部门侦办。该案为济南海关建关以来查发侵权货物数量最大的案件。

撰稿人

庄勇振　李　丹　李　丽　李洪林

自贸区和特殊监管区域管理

【概况】2022年，济南海关坚持与时俱进、传承创新，助力山东自贸区改革创新发展。强化监管、优化服务，开展关区综合保税区发展调研，探索新时期综合保税区贸易便利化问题解决对策，推动关区综合保税区高质量发展。防范风险、促进发展，严密风险防控链条，完善关区自贸和保税条线执法检查工作机制，对重点敏感行业和商品实行风险参数管理，承接海关总署橡胶轮胎、铜精矿行业单耗管理等加工贸易改革试点，不断提升加工贸易监管效能。

【自贸区海关监管创新】2022年，济南海关深度参与山东自贸区深化改革创新方案研究制订，联合相关部门研究制订易货贸易、药食同源商品进口通关便利化等企业需求强烈的改革事项试点方案。

印发自贸区监管制度创新、复制推广2项工作细则，关区自贸工作机制进一步完善。"智慧旅检智能一体机"创新举措通过海关总署备案，累计备案数量5项，居全国海关第4位；"企业认证智慧培育系统"创新举措获海关总署相关司局认可，同意上升为创新制度在关区内复制推广；"铁海E通"等3项创新成果被山东省政府复制推广，累计全省复制推广项目8项，位居省直部门及中央驻鲁单位前列。

【推动两区统筹发展】2022年，济南海关积极推动自贸区与海关特殊监管区域统筹发展。支持综合保税区发展新兴业态，支持浪潮集团在济南章锦综合保税区内打造服务器维修中心，全年实现维修货值1.38亿美元，同比增长254.7%。组织开展济南

自贸片区保税维修业务调研，向海关总署上报片区企业需求迫切的柴油发动机、汽车发动机等12类商品维修需求，申请纳入第三批"综合保税区维修产品目录"；发挥济南地区综合保税区与济南自贸片区两区叠加优势和跨境电商综合试验区优势，推进保税跨境电商和保税研发先行先试。2022年，济南综合保税区、济南章锦综合保税区内8家企业开展保税跨境电商业务，进出口货值1.52亿元，同比增长16.2倍；保税研发货值38.5万元，同比增长228.7%。

【药食同源商品进口通关便利化改革】2022年，济南海关在得到海关总署相关司局支持的基础上，与山东省商务厅、山东省市场监管局、山东省药品监督管理局联合建立山东自贸区济南片区及联

动创新区药食同源商品进口通关便利化改革试点协作机制，联合制订印发试点方案，统筹推进试点工作，试点企业无须办理"进口药品通关单"，凭商务、市场监管、药监部门出具的"药食同源商品进口用途证明"，向海关办理进口通关手续。截至 2022 年年底，3 家企业完成试点备案工作，涉及小茴香、肉豆蔻等 7 种试点商品，备案年进口总量 7380 吨。

【特殊监管区域管理】2022 年，济南海关强化综合保税区发展绩效评估指挥棒作用，进一步压紧压实地方政府主体责任，推动关区综合保税区高质量发展。济南关区有综合保税区 5 个，分别为济南综合保税区、济南章锦综合保税区、潍坊综合保税区、东营综合保税区、淄博综合保税区。关区综合保税区年度进出口总值 1540.3 亿元，同比增长 29.4%，创历史最好水平；区内活跃企业数达 572 家，同比增长 30.6%；保税维修、保税跨境电商等新兴业态发展全面起势，进出口值实现倍增。在 2021 年度全国综合保税区发展绩效评估工作中，潍坊综合保税区

▲2022 年 9 月 6 日，济南海关副关长夏阳带队到济南章锦综合保税区调研

排名全省第 3、全国第 15 位，进入 A 类；济南、东营综合保税区全国排名分别大幅前进 29、34 名，位列第 36、38 位。

济南海关作为全国 4 个参与"新时期海关特殊监管区域高质量发展"重大改革研究工作的海关之一，参与全国综合保税区发展绩效评估、综合保税区监管改革研究等多项署级重点工作。对关区综合保税区开展全覆盖调研，主动探索新时期综合保税区贸易便利化问题解决对策，向海关总署报送调研成果。

【保税场所监管】截至 2022 年年底，济南关区有保税物流中心（B 型）2 个，分别为鲁中运达保税物流中心、青岛保税港区诸城功能区保税物流中心。淄博保税物流中

心整合纳入淄博综合保税区，2022 年 8 月办理注销手续。保税物流中心年度进出口值 2.92 亿元，同比下降 23.4%。

截至 2022 年年底，关区在运营保税仓库 28 家（见表 5-1）。其中油库 9 个，累计入出库货值 1585.3 亿元，同比增长 98.6%；在运营出口监管仓库 2 家，累计入出库货值 78.6 亿元。结合内外审计、业务自查、海关总署检查发现的问题及风险，进一步加强"两仓"实货监管，规范仓库到货确认管理，除大宗散货仓库外，原则上实行核放单人工审核。推动山东太古飞机保税仓库规范入出库流程，严密"分送集报"业务海关监管流程。强化账册审核和监控分析，对保税核注清单长期未正式核扣、

保税核注清单与报关单未同步修改等 200 余条异常数据进行处置清理。加强长期无经营业务仓库运行监控，对其中 2 家仓库暂停账册运行，责令 3 家仓库限期整改。

表 5-1 济南关区保税仓库和出口监管仓库列表（截至 2022 年年底）

序号	主管海关	仓库名称	主要商品	库容（面积）
1	泉城海关	济南西城艺术品公用型保税仓库	艺术品	5000 平方米
2		山东太古飞机公用型保税仓库	飞机零配件	2191.56 平方米
3		山东斯伯特公用型保税仓库	乳清蛋白粉	4300 平方米
4	淄博海关	正本物流公用型保税仓库	原油	25 万立方米
5		鲁泰纺织备料型保税仓库	棉花	13318.2 平方米
6		淄博倍森公用型保税仓库	盐湿生牛皮	3291.56 平方米
7	潍坊海关	潍坊申易物流有限公司公用型保税仓库	棉花、纸浆	10375 平方米
8		中化弘润石油储运（潍坊）公用型保税仓库	原油	955 万立方米
9		中棉滨海棉花公用型保税仓库	棉花	5987.9 平方米
10		山东港储国际物流公用型保税仓库	皮革、棉花	13512 平方米
11		山东港天物流公用型保税仓库	红酒，面粉	2993 平方米
12		潍坊港公用型保税仓库	散杂货	25689 平方米
13		潍坊中友公用型保税仓库	电子产品	4728 平方米
14		潍坊港联化公用型保税仓库	原油	60 万立方米
15		潍坊中友出口配送型出口监管仓库	电子产品	2322 平方米
16	东营海关	中国外运东营公用型保税仓库	铜矿砂及其精矿、未精炼铜	30428.92 平方米
17		东营海欣仓储公用型保税仓库	原油	30 万立方米
18		东营通和物流公用型保税仓库	天然橡胶、木薯淀粉	3720 平方米
19		齐成（山东）石化集团公用型保税仓库	原油	10 万立方米
20		山东宝港国际公用型保税仓库	原油	80 万立方米
21		亚通石化公用型保税仓库	原油	27 万立方米
22		尚能公用型保税仓库	原油	20 万立方米
23		山东寰芯公用型保税仓库	芯片设备	13014 平方米
24		东营通和物流出口配送型出口监管仓库	轮胎、铜版纸	2350 平方米
25	德州海关	山东德龙保税仓储公用型保税仓库	葡萄酒	2058 平方米
26		山东中谷淀粉糖公用型保税仓库	原糖	44384.8 平方米
27		德州明希公用型保税仓库	聚乙烯颗粒	3407.5 平方米
28	滨州海关	山东京博物流公用型保税仓库	原油、沥青	10 万立方米
29		滨州万国公用型保税仓库	塑料颗粒	3500 平方米
30	聊城海关	山东宝信物流园公用型保税仓库	棉花	20500 平方米

【加工贸易监管】2022年，济南关区加工贸易进出口值（含二线进出口）1700.2亿元，同比增长8.5%。深化企业集团加工贸易监管改革试点，不断扩大改革覆盖面，截至2022年年底，关区4个集团、15家企业参与改革，其中3家企业实现了跨直属关区的新突破，累计为企业减免保证金（保函）880万余元。积极响应海关总署单耗改革部署，推进实施行业单耗定额参数管理，承接橡胶轮胎、铜精矿行业单耗管理改革试点，不断提升加工贸易监管效能。深度参与加工贸易"提档升级"重大课题研究工作，参与起草海关总署促进加工贸易保稳提质改革方案。完成加工贸易禁限制类商品目录转换专项工作，涉及1752项禁止类商品及367项限制类商品。牵头承担加工贸易领域法规清理工作，对1980年以来海关加工贸易监管领域制发的1207份文件进行梳理，经多轮次筛选和研讨，最终确定废止文件25份。

【防范化解自贸和保税领域风险】2022年，济南海关保税领域安全生产工作长抓不懈。开展危化品保税仓库安全生产督导全覆盖，对综合保税区、保税监管场所开展月度视频检查12次，及时排除风险隐患16个。完善关区自贸和保税条线执法检查工作机制，实现业务检查全覆盖，及时纠正各类执法问题30余个，关区执法规范性进一步提高。严密风险防控链条，聚焦重点敏感行业和商品、综合保税区红酒委内加工、保税仓库监管等重点领域和关键环节，加载风险参数19项，发布预警信息3期，下发规范性通知2个。指导隶属海关及时采取税收保全措施，妥善化解2.09亿元加工贸易货物税收风险。

撰稿人

丁　睿　王　燕

风险管理

【概况】2022年，济南海关深入贯彻落实总体国家安全观，坚持稳中求进工作总基调，持续强化监管优化服务，持续深化全风险要素防控，持续提升队伍风险防控能力，推动关区风险管理高质量发展。坚持强化监管，稳步提升人工分析布控查获率，强化后续风险分析处置，深化邮快跨旅一体化防控，深化大数据应用，持续提升风险防控效能。建设关区风险信息情报网络，深化协同联动，统筹推进各业务部门全员打私工作，完善山东省口岸安全风险联合防控机制，打造多元共治风险管理格局。

【风险信息情报和预警】2022年，济南海关围绕发挥信息情报先导、制导、主导作用，建设风险信息情报网络，制发风险信息情报网络建设工作方案，组建风险信息情报联络员队伍，制定常规信息情报收集、专项情报收集、情报工作小组和情报产品输出等4项工作机制，确定6种信息情报产品，发布监控分析通报12期。广泛收集开源风险信息和全国海关查发情事，为事前、事中、事后风险防控提供信息支持。根据阶段性风险防控重点，汇编发布风险情报专报4期。围绕毒品、濒危物种及其产品、反宣品、枪爆物品、危化品、食品、知识产权保护等重点防控领域，收集整理发布风险信息情报综报、周报、汇编近400期，报送海关总署国内外贸易措施、出口化肥等专项信息251条，被全国风险信息周报、专项行动信息专报采用60余条。加强信息情报理论研究，《基于大数据的海关国门安全防护开源情报工作探究》获海关总署风险管理司与上海海关学院联合举办的第二届"海关国门安全与风险防控"主题征文一等奖，《"双循环"格局下对海关风险信息情报网络建设的认识与思考》获中国海关学会天津分会优秀论文奖。

年内，济南海关落实全风险要素防控要求，推动风险信息、态势分析向风险预警转化，强化风险预警转化布控、移交处置，有效预防和化解风险，跟踪督办预警处置和成效反馈，形成闭环管理，最大限度发挥预警效果。发布风险预警150余条，报送全国预警建议被采纳发布2条。制定业务风险预警"吹哨人"机制，鼓励全员参与。

【重点领域专项工作】2022年，济南海关加强濒危物种、

"异宠"、枪爆物品、毒品等重点领域安全准入情事风险防控，依托情报信息网络，强化与兄弟海关、外部禁毒、国安等部门协作，通过布控查获象牙等濒危物种情事37起，"异宠"1起，枪支配件14起156件；毒品及新精神活性物质38起，涉及冰毒27.84克；水客走私案件2起；及时开展输入病例的境外密接流调，并依程序向海关总署报告。严厉打击固体废物走私，发挥情报和大数据驱动作用，查获进口旧轮胎4398条、207.1吨，刑事立案5起；查发"干磨浆"涉嫌固体废物情事6票、3394.9吨；2篇固体废物风险防控相关综合信息呈报被海关总署采用。济南海关被海关总署指定为出口化肥伪瞒报风险防控工作专班成员，完成8期全国出口钾肥风险评估报告，查发伪瞒报用途逃避监管刑事立案3起，开展跨关区处置行政立案2起，涉及货值超3亿元。为严厉打击危险品伪瞒报违法行为，济南海关建立涵盖52家企业和15项危险品的"两单一库一账"，突出重点开展风险分析。成立分管关领导任组长

的打击政治类有害信息载体专项行动领导小组，加强现场督办，强化数据分析和情报共享，推动布控查缉，查获反动书籍、报纸等反动宣传品122起。成立"清邮"专项查缉小组，开展线上线下专项分析研判和专项查缉行动20次，针对"清邮"重点查缉的枪爆物品、禁限类印刷品、毒品、有害外来生物及疫情疫病载体、濒危物种和侵犯知识产权等风险，截获各类夹藏违禁物品的邮包176件。

【风险分析处置】2022年，济南海关加强布控指令运行监控，及时评估布控指令效能，提高布控的针对性、有效性。关区人工分析布控查获率高出全国平均水平12.29个百分点，居全国海关第5位。查发案件8起。自发编写海关风险布控处置常见问答，在全国海关推广。设立布控处置热线，"7×24小时"处置各类布控问题，协助处置现场问题680余个，优化调整布控规则30余条次。积极推进真空包装等高新技术货物布控查验协同试点，3家企业31类商品、1400余票真空包装等高新技术货物参与布控查

验模式改革试点推广。充分发挥分析和数据优势，深度参与"口岸危险品综合治理"百日专项、进口转基因大豆、加工贸易领域专项稽查等行动，积极开展风险分析，提供高风险指向和数据支持。对两用物项商品无证进出口和陶瓷墨水出口骗退税风险开展自主分析并下达稽查指令，查实无证出口含监控化学品三乙醇胺免洗凝胶8.5吨、含易制毒物质丁内酯喷绘墨水110.89吨，向海关总署风险防控局提交一级布控规则建议11条并被采纳。进一步健全完善全员打私工作机制，各业务条线全员打私意识明显增强。关区风险处置类稽核查有效率达到82.16%，较2021年提升13.41个百分点。

【非贸一体化风险防控】2022年，济南海关以非货物贸易（简称"非贸"）进出境安全风险统一防控为重点，发挥"先期筛查"和"关、局、警、邮"四方联动合作机制作用，开展跨渠道风险分析处置。非贸邮递渠道人工分析布控查获率同比增长8.1%；人工分析布控查获安全准入情事373起，同比增长

24.75%；人工分析布控查验占比高于全国平均占比 17.87 个百分点，居全国海关第 4 位。

【风险联防联控】2022 年，济南海关建立完善"一会两机制"，推进业务风险联防联控。成立济南海关风险管理委员会，建立业务风险跨部门联合研判机制、风险防控部门与业务现场联动工作机制，关区 11 个隶属海关实现风险管理委员会设立全覆盖，组建 32 人关区业务风险专家组建立创新性风险防控制度 34 项。风险管理委员会办公室定期召开会议，每月至少组织一次跨部门联合研判，把"排查、排序、排除"要求落实到制度层面。组织跨部门风险联合研判会议 16 次，议题涵盖化肥、危化品、涉税风险等多个重点领域，各业务条线风险防控协作配合更加紧密。

▲2022 年 9 月 28 日，济南海关风险管理委员会办公室工作会议召开

【口岸安全风险联合防控机制】2022 年，济南海关贯彻落实联合防控顶层设计要求，大力推进口岸安全风险联合防控机制建设。建立与口岸联合防控各参与部门沟通配合渠道，与山东省国家安全厅、工业和信息化厅、公安厅、烟草专卖局等部门加强信息共享和联合研判，联合开展专项行动，实施现场执法互助，开展交流 50 余次，布控查获政治类有害信息载体情事 106 起 376 件。

撰稿人

孔令虎　刘玉祥　杨肖肖　李学友　陈文钊　郑绪广
赵妍妍

关税征管

【概况】2022 年，济南海关依法科学征管、综合治税，持续深化税收征管改革，多措并举促进外贸保稳提质，有效防范重大税收风险。税收入库 544.8 亿元，同比增长 42.6%，创历史新高。自主开发税收征管业务运行监控平台。关税保证保险担保额居全国首位。税政调研建议采纳率居全国海关前列。组织开展阿曼原油低报贴水专项核查并实现补税，是全国首批阿曼原油低报贴水补税案例，价格补税策略被全国复制推广。妥善应对企业债务危机，确保海关税收安全。

【税收征管】2022 年，济南海关关税入库 27.0 亿元，进口环节代征税入库 517.8 亿元，连续跨越 400 亿、500 亿关口，列全国第 12 位，连续 8 年正增长（见表 5-2），创历史新高。深入推进综合治税工作在全国海关年中工作会议上获通报表扬。

表 5-2　济南海关 2015—2022 年税收入库一览表

年份	税收入库（亿元）	税收入库同比（%）	关税（亿元）	进口环节代征税（亿元）
2015	166.5	4.9	13.0	153.5
2016	179.8	8.0	12.4	167.4
2017	273.5	52.1	14.4	259.1
2018	344.0	25.8	15.3	328.7
2019	345.4	0.4	14.2	331.2
2020	346.0	0.2	18.3	327.7
2021	382.0	10.4	22.2	359.8
2022	544.8	42.6	27.0	517.8

规范申报稳步提升。组织 12 次自主抽样考核，自评规范申报率 99.4%，同比提高 2.5 个百分点。组织关区线上数据自查集中工作 1 次，制发 12 份"跨关区联系单"联系 22 个异地海关改单。编写的《关税聚焦 | 我为群众办实事——铜矿砂及其精矿

进口规范申报的那些事》被海关总署"12360海关热线"微信公众号刊发；做好"企业涉税申报错误通报平台"客户端的安装及使用，为关区企业规范申报扩大数据采集渠道；关区各现场更新主要进口商品规范申报模板2872个。

涉税化验管理有效。累计涉税化验144宗，同比增长47倍，涵盖特殊监管区域内粮食、食糖等敏感商品的生产加工，命中纠正归类申报错误12个，涉税化验总量位居全国海关第8位、平衡型海关第1名。加强事中监管，保持抽样化验强度，对通过涉税化验查发的伪报情事，对相关企业加强实货监管，有针对性地加强抽核比例，对相同货物按照法定程序开展风险排查。

积极参与课题研究工作。开展"关于满足消费升级、医疗卫生等涉及民生相关税收政策研究"课题研究，参与"关于中日韩集成电路行业相关政策对比研究""关于数字产品关税、碳关税等问题对进口税收优惠政策影响研究"2项课题。

【非贸渠道税收】2022年，济南海关聚焦行邮渠道涉税风险防控，积极采取有效措施，不断推进税收征管质量提升，征收进境个人物品行邮税4.8万票，税额892万元。通过邮递渠道征税843.5万元，征税率45.7%，较2021年征税率提升12.3个百分点，全国排名前进7个名次；旅检渠道征税46.3万元，B类快件渠道征税1.1万元，征税率分别为4.2‰和14%。全面启动"进境邮件税款信息联网项目"试点，实现海关与邮政系统之间税款信息互联互通，大幅提升邮件通关效率和缴税便利化水平。提炼优化行邮税征管经验，向全国推广济南海关特色做法，被海关总署行邮物品归类审价工作动态刊物采用5篇次，采用数量创历年新高。

【多元化担保改革】2022年，济南海关积极推广以企业为单元的多元化税款担保。关税保证保险方面，为30家企业备案"关税保"担保金额68.1亿元，同比增长9%，继续保持"零出险、零赔付"。探索建立"关区属地纳税人管理数据采集传递分析技术服务"（以下简称"技术服务"）为企业增信，扩大"关税保"优惠政策覆盖面；把企业实时库存、用电量等动态数据反映到"技术服务"中，为担保机构综合评估企业实力提供支持；将"技术服务"提供的指标与属地纳税人管理结合，实现科学管理；对"关税保"备案、缴款等进行数据监控，为零出险提供数据保障。企业财务公司担保方面，为5家企业集团财务公司备案6.8亿元额度的"企财保"保函，通过"企财保"模式担保放行报关单1912票。通过全面科学预判，冻结2家高风险财务公司在用保函，将缴税风险降到最低。

【税则税政】2022年，济南海关深入开展税政调研，高质量完成年度常规调研、跨境电商专项调研建议提报工作，征集建议242项，提报55项，29项建议被海关总署采纳，采纳率居全国前列，10项被国务院关税税则委员会（以下简称"税则委"）采纳（全国海关共被采纳81项），海关总署关税征管司发函提出表扬。

牵头开展化工原料、集成电路封装测试两项专项行业调研，5项建议被税则委采纳实施。参与生物医药、医疗器械、新能源等 7 项专业行业调研，完成相关问卷和报告撰写，积极反映济南海关建议诉求。加强与地方财政部门联合提报，推动硼酸新增暂税建议被税则委采纳实施。协助税管局（上海）开展专家审核，对全国海关建议开展两轮政策性、规范性、技术性审核，形成审核意见和详述理由。

被税则委采纳前三位的隶属海关分别为淄博海关、德州海关、莱芜海关。淄博海关使用第一手贸易数据，综合比对税则税率和进出口情况，建立税政调研选题库，推动 4 项建议被税则委采纳，居关区第 1 位。德州海关"德昌数据分析工作室"为关区提供数据支持，调整 6-氨基青霉烷酸本国子目建议被税则委采纳。莱芜海关发挥

辖区农产品资源丰富特点，开展农产品行业调研，新增姜制品子目被税则委采纳。泰安海关使用"云擎"系统，分析跨境电商进口数据，提出允许部分干鲜水果跨境直购进口 3 项建议，围绕重点产业开展年度常规税政调研工作，提报建议数同比增加 15%。滨州海关调研关区烃基生物柴油出口企业，提出监管条件调整建议被海关总署税管局采纳。

【估价管理】2022 年，济南海关紧盯公式定价商品审价重点，形成公式定价货物管理"3+6+9"工作机制，逐单核查 3 个月内未结算货物、从严审核 6 个月内不能结算货物、提前监控 9 个月到期货物，严把公式定价货物结算期关键节点审核，加强系统监控和风险排查，有效防控

涉税风险。全面排查企业"隐藏性"价格低报风险，组织开展阿曼原油低报贴水专项核查并实现补税，是全国首批阿曼原油低报贴水补税案例，价格补税策略被全国复制推广。强化公式定价货物计税价格政策解读，指导企业规范填报货物品牌、计价公式、结算周期等涉价要素，引导企业主动履行结算价格二次申报义务，对公式定价货物价格结算审核延续性征税列全国第 2 位。

【原产地管理】2022 年，济南海关签发各类出口货物原产地证书 26.5 万份，签证金额 188.9 亿美元，同比分别增长 9.31% 和 23.4%（详见表 5-3）。优惠贸易协定项下享惠进口 3336 批，税款优惠 5.3 亿元，货值 87.6 亿元（详见表 5-4）。

表 5-3　济南海关 2022 年出口原产地证书签发一览表

证书类型	签证份数	同比（%）	签证金额（万美元）	同比（%）
中国—秘鲁自贸协定原产地证书	1934	2.17	10101	7.3
普惠制原产地证书	783	-97.39	9452	-95.22
非优惠原产地证书	77456	24.4	709909	65.37
亚太贸易协定原产地证书	6365	-12.76	46219	11.55
中国—东盟自贸协定原产地证书	72018	6.84	534424	9.37
输欧盟非优惠进口特别安排项下产品原产地证书	595	24.48	5182	46.55
中国—巴基斯坦自贸协定原产地证书	8922	-11.29	48333	-16.34

续表

证书类型	签证份数	同比（%）	签证金额（万美元）	同比（%）
中国—智利自贸协定原产地证书	5521	−20.74	41272	−0.21
中国—新西兰自贸协定原产地证书	476	31.49	2387	59.56
中国—新加坡自贸协定原产地证书	184	26.9	640	85.8
海峡两岸经济合作框架协议原产地证书	1533	−6.12	9436	−16.18
中国—哥斯达黎加自贸协定原产地证书	637	14.98	4661	−27.96
中国—瑞士自贸协定原产地证书	1541	−3.45	8036	3.4
中国—冰岛自贸协定原产地证书	9	−10	2577	436.88
中国—澳大利亚自贸协定原产地证书	18441	2.07	90541	16.22
中国—韩国自贸协定原产地证书	32897	−2.12	187390	20.7
输墨西哥瓷砖价格承诺原产地证书	8	−42.86	47	113.64
中国—格鲁吉亚自贸协定原产地证书	125	11.61	724	48.06
中国—毛里求斯自贸协定原产地证书	28	21.74	45	21.62
中国—柬埔寨自贸协定原产地证书	148	—	1672	—
RCEP 原产地证书	35315	—	175435	—
RCPE 原产地声明	67	—	370	—
合计	265003	9.31	1888853	23.4

表 5-4　济南海关 2022 年进口优惠贸易协定享惠统计表

协定类型	报关单票数	统计货值（万元）	税款优惠金额（万元）
中国—东盟自由贸易协定	1613	374684	30175
中国—韩国自由贸易协定	716	324370	11140
中国—新西兰自由贸易协定	75	27988	1904
中国—巴基斯坦自由贸易协定	78	11819	668
亚太贸易协定	17	1351	43
中国—瑞士自由贸易协定	319	49591	2844
海峡两岸经济合作框架协议	186	11652	771
中国—澳大利亚自由贸易协定	74	46356	3893
中国—新加坡自由贸易协定	60	6835	502
中国—智利自由贸易协定	96	1084	183
中国—秘鲁自由贸易协定	6	275	16
RCEP	96	19558	464
合计	3336	875563	52602

【RCEP 实施"攻坚年"活动】2022 年，济南海关组织 RCEP "千企万人"政策宣传，全面开展 RCEP 优惠政策靶向推介活动。联合青岛海关和省贸促会构建跨部门协同推进机制，推动海关与贸促会联合开展原产地调查，互认原产地调查结果，实现原产地签证"一次调查"。自主开发 RCEP 享惠智选助手助力企业"惠中选惠"，有效攻克减让模式复杂等应用难题。加强典型案例和示范企业引领作用，6 个案例入选山东省 RCEP 十佳最佳实践案例和十佳优秀实践案例。

【开展减免税业务】2022 年，济南海关为享惠主体减免税款 6.38 亿元，涉及货值 8.39 亿美元，同比分别增长 130.7% 和 191.7%（详见表 5-5）。开展"春风送惠"减免税政策宣传专项活动，举办"线上+线下"政策宣讲会 11 场，服务各类享惠主体 274 家，解决"急难盼愁"问题 89 个，切实提升享惠主体的获得感和满意度。支持山东深化新旧动能转换推动绿色低碳高质量发展，在关键核心技术攻关、"十强产业"集群建设等重点项目上发挥海关职能作用，细化出台减免税领域 4 项工作举措。精准助力特色产业发展，支持 18 家企业纳入国家制造业创新中心等享惠名单，推动"专精特新"制造迈向中高端；加强减免税政策对重点项目引进设备的扶持力度，支持全球技术领先的"水相悬浮聚合两步法干喷湿纺工艺和产能 3000 吨的碳纤维生产线"以及有色金属回收等项目建成投产；支持黄河入海口生态渔业养殖以及"作物遗传与种质创新平台建设"项目引进减免税设备。做好"我为群众办实事"常态化服务举措，建立减免税疑难问题双周汇总报送制，定期组织关区业务骨干对汇总问题予以分类指导，重大疑难问题适时上报请示海关总署关税征管司，解决商品归类、不免目录审核、功能机组判定等问题 11 个。

表 5-5　济南海关 2022 年各类征免性质一览表

征免性质	审批货值（万美元）	同比（%）	减免税款（万元）	同比（%）
901-911 支持科技创新	39677.5	1026.3	38587.3	1112.5
789 鼓励项目	28398.7	2.2	15389.0	8.0
408 重大技术装备	2652.7	25.3	4066.9	24.3
811 种子种源	5936.4	1048.4	3456.3	1059.4
888 航材减免	4462.2	343.6	1098.0	328.8
428 集成电路产业进口货物	2069.0	153.0	655.5	170.7
915 国家制造业创新中心	455.9	—	412.7	—
799 自有资金	234.7	-57.2	138.1	-55.8
930 疫情防控物资	1.7	—	2.1	—
合计	83889.2	130.7	63806.3	191.7

【减免税业务领域信息化建设】2022年，济南海关受海关总署关税征管司委托，作为牵头单位推进减免税业务领域信息化建设，打造集审核作业、风险监测、质量评估、智能辅助"四位一体"的全国海关减免税业务信息化支撑体系。牵头完成H2018减免税审核确认与监控分析系统的首次对接改造，实现了减免税审核确认智能辅助功能；调整完善报关单修撤和减免税申请数据反填功能，解决税则号列转版导致"征免税确认通知书"无法核销难题；完成对H2018减免税监控分析系统底层数据库和5个功能模块的升级改造以及减免税作业系统与"好差评"系统对接等工作。海关总署关税征管司来函对济南海关在全国减免税信息化方面做出的贡献予以表扬。署级"减免税专家团队"品牌持续擦亮。

【税收风险防控】2022年2月，济南海关启动关税业务监控分析平台建设工作，利用"制度+科技"手段，整合H2010、"新海廉"、"云擎"等系统监控功能，聚焦岗位执法的"关键点"、风险防范的"薄弱点"、审计问题的"多发点"及改革伴生的"风险点"，引入穿透式管理理念，探索构建集运行监控、预警提示、问题处置等一体化的新型业务运行监控体系。

验估作业管理。处置事中验估报关单2195票，同比增长2.3倍。办理事后验估指令406条，同比增长71.4%，风险排查处置率100%，风险排查有效率为96.1%。验估量位居前列的商品分别为木浆、原油、环保橡胶油、红酒、葡萄酒、硫酸。

撰稿人

王　珂　吕宏亮　贾　芳

减免税业务风险管理。开展"减免税业务质量巩固提升月"专项工作、关区减免税业务抽样复核等工作，对关区2019年以来特别是"十四五"以来办理的减免税业务"全面体检"。采取"自查自纠+交叉抽核+集中复核"的形式，对各类风险逐项"过筛子"，对减免税审核确认、税款担保、后续管理3个方面7大项风险进行重点排查，核查档案121份，发现问题13个。在海关总署年度减免税抽样复核中连续3年保持"零差错"。协助海关总署关税征管司开展综合保税区进口货物未加征对美关税风险、对美加征关税商品减免税风险、贸易救济措施商品减免税风险等多项专项风险排查工作，有效化解了少征、多征、漏征等税收风险。

卫生检疫

【概况】2022年，济南海关坚决贯彻习近平总书记重要指示批示精神，认真落实党中央"疫情要防住、经济要稳住、发展要安全"的要求，坚持口岸疫情防控海关必坚守，坚决守牢口岸外防输入第一道防线。全力做好北京冬奥会、冬残奥会，党的二十大等重大活动的卫生检疫保障工作，2名同志入选海关总署2022冬奥会风险评估专家组，济南海关移动方舱实验室支援石家庄海关保障冬（残）奥会工作。

【口岸疫情防控】2022年，济南海关按照"一口岸一方案"原则，持续做好"一机一策""一船一案"，构建立体化防控制度体系。全年检疫监管出入境航空器1582架次、船舶1965艘次，检出乙肝8例。着力加强一线人员安全防护，建立常态化督查反馈工作机制，定期开展口岸作业现场视频检查。加强对消毒处理工作和医疗废弃物处置的监督。各口岸第一时间坚决落实海关总署对封闭管理的各项要求，参与封闭管理104轮次、1131人次，两级关领导走进一线封管区14人次。严格"人、物、环境同防"，制订新冠病毒环境监测方案，科学设置监测点位和监测频次，严格污染控制和消毒工作。严格规范监管作业现场、封闭管理场所等环境监测，持续优化进口非冷链物品风险监测，检出货物外包装新冠病毒阳性，切实降低疫情传播风险。推进口岸疫情防控平稳转段。及时制修订口岸卫生检疫工作方案，成立转段工作专班，加强与地方联防联控机制协作配合，完善新形势下入境人员异常情况分类处置、人员转运、信息共享等协作机制，高效完成"外防输入"转段工作。

【境外疫情风险分析】2022年，济南海关组建关区境外疫情信息收集研判工作组，向海关总署报送境外疫情防控措施信息195篇；开展疫情信息收集和风险评估，完成风险评估报告32篇。

【口岸病媒生物监测】2022年，济南海关口岸病媒生物监测工作取得重大突破。各口岸监测捕获鼠6只、蚊1132只；口岸监测截获输入性蚊9只、蝇339只、蜚蠊237只。东营海关首次在本底监测捕获的褐家鼠中检出Ⅱ型汉坦病毒阳性，首次在截获的德国小蠊中检出蟑螂杆状体细菌、大肠埃希菌等多种条件致病菌；济南机场海关首次在本底监测中捕获黄胸鼠，并从送检活鼠的内脏中检出志贺氏菌和副溶血性弧菌等多种条件致病菌，作为全国海关口岸病媒监测典型案例受到海关总署卫生检疫司通报表扬。关区病媒生物安全监测实训基地建成并通过验收。

【国境口岸卫生监督】2022年，济南海关严格落实卫生监督"双随机"抽查计划，对饮用水及食品供应单位开展卫生监督18次；开展食品抽检4批次、食品快速检测30批次。对各类国境口岸卫生许可单位开展卫生监督590次，检出饮用水不合格2批次；全面实施特殊物品"互联网+监管"模式，积极参与"海关出入境特殊物品卫生检疫审批与分析系统"试运行工作；开展出入境特殊物品单位备案及现场核查权限下放，开展D级低风险特殊物品卫生检疫审批权限下放泉城海关试点。2022年检疫审批出入境特殊物品2372批次，同比增长21%，其中高风险特殊物品卫生检疫审批7批次，寄递渠道查获并上报不合格特殊物品4批次，实现监管量、质双提升。

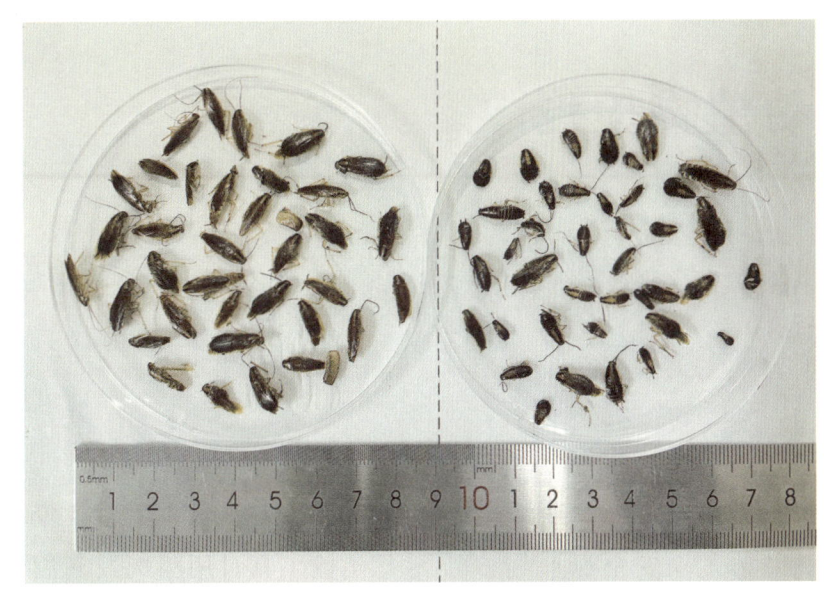

▲2022年7月11日，东营海关在进境船舶上截获活体德国小蠊200余只

【国门生物安全】2022年，济南海关组建生物安全工作领导小组，负责落实海关总署有关工作要求，研究解决关区海关生物安全重大问题，为生物安全相关工作提供支撑保障。对海关总署海关生物安全体系建设方案提出的7类93项举措明确责任、逐项分解，按分工提报各相关部门、单位具体细化落实，形成济南海关生物安全体系建设方案，协同防范济南海关国门生物安全风险。开展海关国门生物安全及"知疟防疟"、艾滋病日等主题宣传活动，发放宣传册5000余份，提供健康咨询600余人次。济南国际旅行卫生保健中心彭健获"全国消除疟疾工作先进个人"荣誉称号。

撰稿人

辛国辉　张春新　韩　晶

动植物检疫

【概况】2022 年，济南海关坚持总体国家安全观，严防重大动植物疫情跨境传播和外来物种入侵，监管进境种牛数量居全国前三位，检出有害生物 181 种次，收集报送全球动植物疫情信息和检疫政策 719 条，被海关总署采纳 268 条；主动发挥职能作用，切实服务地方高水平对外开放和高质量发展，办理进境动植物检疫审批 422 批，实现 100% 网上办理，助力多个农产品开拓海外市场；持续参与智慧动植检建设和专业人才梯队建设。

【进出境动植物疫情疫病防控】2022 年，济南海关持续加强口岸非洲猪瘟、高致病性禽流感、红火蚁、松材线虫等重大动植物疫情防控。严格风险布控查验，截获旅客携带及寄递渠道猪肉及其制品 17 批次；封存来自疫区运输工具自用猪肉及其制品 118 批次；检出有害生物 181 种次，其中检疫性有害生物 5 种次，其中白腹皮蠹和甘薯羽蛾均为济南关区首次检出。

全面开展年度国门生物安全风险监测和农产品安全风险监控工作。布置检疫性实蝇、舞毒蛾、番茄褐色皱果、马铃薯纺锤块茎类病毒和外来杂草等监测调查点，组织空港、海港口岸开展红火蚁、小火蚁监测。采集进境动物及动物产品样本 7.27 万个，监控样品 483 个，检出二类进境动物传染病 4 种 87 次。

【外来入侵物种防控】2022 年，济南海关扎实开展"国门绿盾 2022"专项行动，截

▲2022 年 10 月 26 日，济南邮局海关开展寄递"异宠"综合治理宣传活动

获外来物种 28 种次。开展济南海关外来物种普查工作，济南机场海关、济南邮局海关、泉城海关、淄博海关发现外来入侵物种 31 种。其中，杂草 22 种，昆虫 9 种。狠抓落实"跨境电商寄递'异宠'综合治理"专项行动，强化跟班作业、提升查验能力，截获"异宠"珍珠龟 4 只，龟标本 10 只，15 条经验做法被海关总署相关刊物刊发。加强国门生物安全宣传。开展"4·15"全民国家安全教育日国门生物安全宣传教育，6 篇新媒体作品被"海关发布"和"12360 海关热线"微信公众号采用，营造了"全民共治"良好氛围。

【服务农产品进出口】2022年，济南海关持续擦亮进境动物检疫监管"济南名片"，在全国海关动植检工作会上作典型发言，安全引进种牛 5.96 万头、种鸡 1.29 万只、种虾 2800 尾，其中进境种牛数量连年居全国前三位。参与俄罗斯输华马铃薯、水果等检疫事宜谈判，潍坊海关、淄博海关派员参与完成对波兰蓝莓、巴基斯坦干辣椒准入风险评估。帮扶特色农产品出口，关区鲜梨首次出口巴林等 6 个国家；鲜枣首次出口新加坡、肯尼亚；食用菌菌棒首次出口瑞士、英国；中药材首次出口澳大利亚；鲜山楂首次出口日本等。其中，出口宠物食品、蘑菇菌棒、冬枣货值均居全国首位。

【智慧动植检建设】2022年，济南海关持续完善"进境动物在线检疫监管智慧平台"项目应用。打造"1+5"智慧检疫监管模式，该项目被纳入海关总署"智慧动植检试点工程"建设项目升级改造内容，相关设备入选"全国海关动植检能力提升项目库"。5 人承担海关总署"智慧动植检""海关知识体系"等信息化建设，加速智慧动植检项目落地。充分发挥动植物保护能力提升工程项目作用。购置 36 台（套）监管设备，推动口岸初筛设备配置和能力提升。与山东农业大学签署"关学"合作备忘录，在深化科研、人才培养等 4 个方面开展合作。

【专业人才梯队建设】2022年，济南海关坚决贯彻落实海关总署"人才建设"要求，加强动植检专业人才梯队建设。组织动植检岗位资质考试 4 场次，新增资质 95 人次。依托进境种牛隔离场打造实训基地，创建"济关牛师傅"实训品牌，开展实训 2 次，20 余人次参加；探索研发"教、学、练、战"一体化虚拟仿真实训平台，建设关区国门生物安全实训基地。48 人次参加海关总署动植物检疫司各类专项和集中工作，获得多平台实践锻炼提升。

撰稿人

毛雪燕　刘梦佳

进出口食品安全监管

【概况】2022年，济南海关坚持总体国家安全观，严格落实食品安全"四个最严"要求，持续强化监管优化服务，严格进出口食品检验检疫监管。年内，监管进出口食品货值220.5亿元，同比下降3.7%。其中，进口食品11.8亿元，同比增长2.6%，主要进口乳品、植物油等；出口食品208.7亿元，同比下降4.1%，主要出口蔬菜、肉类和乳清蛋白等。关区出口蔬菜约占全国的1/6，出口肉类约占全国的1/8。济南海关连续3年获山东省食品药品安全委员会食品安全监督管理工作评议A级等次。

【进口食品安全监管】2022年，济南海关落实食品安全"四个最严"要求，严守食品安全底线。完善进出口食品安全工作领导机制，成立由分管副关长任组长的进出口食品安全工作领导小组，成员包括20个部门单位。持续开展进口食品"国门守护"行动，严厉打击非法渠道食品化妆品进口和走私行为，查发跨境电商渠道申报的进口日本清酒中含有金银箔粉并进行封存，查获2批进口食品不合格并退运。开展进出口食品化妆品监督抽检和风险监测，检测样品1309份、11469项次，检出不合格样品6份；从4批进口蜂蜜中检出二类传染病蜜蜂美洲幼虫腐臭病，为关区首次检出。

【进口冷链食品疫情防控】2022年，济南海关不折不扣落实海关总署新冠疫情防控要求，做好关区进口冷链食品疫情防控工作。强化应急演练和安全防护，修订进口冷链食品安全监管工作人员封闭管理实施方案，组织开展进口冷链食品疫情防控和安全防护模拟演练18次，确保安全防护措施落实落细。开展进口冷链食品疫情防控专项培训，关区104人参训；以"四不两直"方式开展专项督导检查9次，发现问题25项，均按要求整改。落实进口冷链食品防控措施，对1批进口冷链食品进行预防性消毒监督、查验作业及人员封闭管理。作为山东省进口集装箱疫情防控专班成员单位，主动对接地方联防联控机构，积极协助市场监管部门做好阳性货物追溯；带队对青岛、烟台等5个地市进口冷链食品疫情防控现场督导，在疫情防控工作中积极发挥海关作用。

【出口食品安全监管】2022年，济南海关做好出口食品监管服务工作，促进外贸保稳提质。主动对接黄河流域生态保护和高质量发展重大国家战略，发挥黄河流域农食产品评议基地联盟作用，继续牵头做好对日本食品安全法律法规的跟踪研究，扩大济南海关食品安全法规工作站效能，发布 2 期济南海关食品安全信息专刊，有效应对韩国对中国产大豆蛋白管控措施。新增对欧盟、新加坡、韩国等国家（地区）的禽肉、蛋制品、水产品注册企业 6 家。支持潍坊国家农综区打造特色高水平对外开放平台，培育出口农产品竞争新优势，指导其 30 余种农产品出口至 50 多个国家（地区），受益企业近 900 家。开展专项调研，收集地方政府及进出口企业意见困难问题 43 条，建立"问题清零"台账，逐一建账销号；设立进出口鲜活易腐农食产品属地查检"绿色通道"，实施优先查检和"5+2"预约查检、快速通关。

▲2022 年 6 月 20 日，潍坊海关关员依企业提前预约快速查验出口保鲜蔬菜

【食品安全风险管控】2022 年，济南海关细化食品安全风险防控措施，防范安全风险，首次构建关区进出口食品安全风险控制体系。强化食品安全业务基础，发布济南海关"出口食品安全教学实训点"管理办法，公布关区第一批"出口食品安全教学培训点"，强化培训实战性；梳理关区主要食品业务规范、依据标准和证书用语，编制关区出口食品证书汇编、进出口食品抽采样标准汇编，统一执法尺度，业务基础进一步夯实。处置食品安全风险，实施进出口食品安全情况通报 22 次，压紧压实食品安全企业主体责任、地方政府属地管理责任和海关监管责任，对 31 批出口食品境外通报情况开展核查处置。防范食品安全风险，梳理关区食品条线重大系统性风险 2 项，制定 7 条防范措施。在风险评估基础上，把各级巡察、审计、督审及自查中发现的问题纳入风险点，梳理监督抽检、检疫审批和人员资质等 45 项一般性业务风险点和 24 项廉政风险点，逐一制订监控方案。

【承担署级工作项目】2022 年，济南海关突出专家作用，承担多项海关总署食品安全监管工作任务。

严防新冠病毒污染商品输入。牵头制定工作规程和检查要点，将世界粮农组织和世界卫生组织相关指南要求转化为进口食品境外国家（地区）食品安全管理体系主管部门防控新冠病毒对照检查表和进口食品境外生产企业防控新冠病毒对照检查表，制订境外输华肉类、水产等企业远程视频检查工作方案。选派专家 15 人次参加海关总署对德国、巴西、阿根廷、西班牙、泰国等国家（地区）25 家输华猪肉、禽肉、牛肉和水产企业远程视频检查，发现问题 90 项，通过视频检查，促使境外相关主管机构和企业接受中方加强新冠疫情防控的倡议，从源头降低新冠病毒污染的风险。

把好注册准入关口。审核 54 个国家（地区）994 家境外生产企业注册评审文件，防止未获准入食品生产企业和不符合我国食品安全国家标准企业获得我国注册资格。对照"符合评估审查要求及有传统贸易的国家或地区输华食品目录"，修订水产品准入规则 351 条，核定中药材准入规则 343 条。牵头核对全国海关每月未准入境水产品化妆品信息，协助海关总署审核 500 批境外食品未准入境信息，推动 465 批境外不合格食品信息在海关总署门户网站对外公布。

撰稿人

王晓文　卢钰茜

商品检验

【概况】2022 年，济南海关商品检验工作坚持总体国家安全观，以"时时放心不下"的责任感，加强进出口危化品检验监管，持续推进进出口商品质量安全风险监管体系建设，强化重点敏感商品检验监管，深化检验监管模式改革，防范化解重大风险，促进外贸保稳提质。检验出口危化品 40930 批，检验批次居全国第 1 位；检验进口棉花 680 批、16.8 万吨，检验重量居全国第 3 位。

【质量安全风险监测】2022 年，济南海关持续推进质量安全监管体系建设。着力推进海关总署食品接触产品质量安全一级风险监测点建设，新开发 6 大类 42 项卫生用品检测项目，在东营海关、泰安海关布局建设原油、纺织服装二级风险监测点，在潍坊海关、滨州海关打造进出

▲2022 年 8 月 24 日，济南海关开展进口食品接触产品质量安全专项风险监测

口危险品检验监管风险监测研判中心、进口棉花贸易和质量安全信息研究中心。开展进口消费品风险监测 120 批次，检出不合格 19 批次；开展进口原油质量监测 37 批次，检出不合格 19 批次；开展出口危险货物及其包装风险监测 98 批次（其中危险货物 28 批次，危险货物包装 70 批次），检出不合格 14 批；

对 6 家企业下达目录外抽查核查指令，检出不合格 1 批；完成境外通报调查 3 批；开展退运调查 35 批；进出口商品质量安全信息被海关总署商品检验司相关刊物采用 9 篇；完成"进出口商品质量安全风险管理系统"风险信息录入 1393 条。做好质量强省考核工作，完成对关区 8 个市 2021 年度涉及风险监测

工作的质量评议，牵头制定涉及海关工作的 2023 年市级政府质量工作评分标准。

【危险品检验监管】2022 年，济南海关推进进出口危险品及包装"筑基扎笼"工程。建设济南海关进出口危险品及包装检验监管实训基地，提升实操水平。实施危险品标准化检验监管工作流程，申报差错率由 2020 年的 10.01% 下降至 0.35%。打造关区涉危重大风险"人形"防控体系，利用"云擎"系统开发 8 个涉危业务运行监控统计模型，加强涉危态势分析和风险监控，制定下发济南海关出口危险品及包装全流程监管作业程序、进口危化品全流程监管作业程序，建立关区进出口危险品及包装检验数据库，加强对"高危低报""涉危不报""多危少报"等违法违规情况的精准分析，及时进行风险提示和预警通报。与山东省应急部门建立合作机制，研究解决涉危安全监管问题，形成监管合力。年内，检验出口危险品 40930 批，检出不合格 480 批，不合格率 1.17%；检验进口危化品 427 批，检出不合格 61 批，不合格率

▲2022 年 2 月 9 日，滨州海关关员对出口危化品及其包装实施检验监管

14.29%。9 个不合格典型案例被海关总署商品检验司采用并转发。"济南海关出口危险化学品检验监管情况执法评估"入选海关总署 2022 年度直属海关自选专题执法评估项目清单。

【重点敏感商品检验监管】2022 年，济南海关严厉打击以次充好、短重等贸易欺诈行为。检验进口原油、液化石油气等 344 批，检出短重

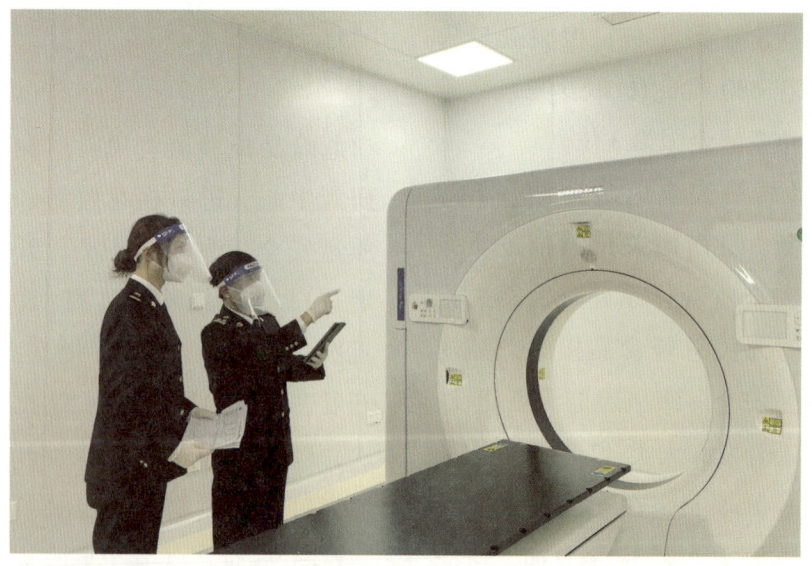

▲2022 年 6 月 16 日，泉城海关关员对进口医用血管造影 X 射线系统实施检验

59批，短重0.36万吨，助企索赔293.9万美元。检验进口棉花680批，重量16.8万吨，检出不合格489批。其中重量不合格387批，品质不合格318批，助企索赔338.7万美元。严把出口化肥和初级钢铁产品检验关，检验出口化肥1373批，36.75万吨，检出不合格47批；检验初级钢铁产品3214批，9.87万吨。建立进口旧机电"实时报告"制度和"专家会诊检验"工作模式，发挥关区机电检验专家作用，提升检验把关有效性。与山东省药品监督管理局、青岛海关召开落实加强进口医疗器械监管合作备忘录联席会议。检验进口旧机电275批，检出不合格13批；检验进口医疗器械538批，检出不合格13批，1个不合格典型案例被海关总署商品检验司采用并转发。

【打击"洋垃圾"入境】 2022年，济南海关加强进口矿产品、再生原料、旧机电、维修/再制造料件检验监管，严格实施进口固体废物排查，规范固体废物属性鉴别，严防固体废物闯关入境，维护生态安全。通过属性鉴别查发进境固体废物107批、

2975.46吨。

【促进外贸保稳提质】 2022年，济南海关严格落实简化优化商品检验最新要求，促进外贸保稳提质。简化进口涂料检验要求；降低进口原油、煤炭取样送检比例；对进口铁矿、棉花等大宗商品实行依企业申请实施重量鉴定、品质检测；对进口原油、部分矿产品实施"先放后检"检验监管方式；对涉及CCC认证的部分进口汽车零部件产品，在检验时采信经认可的第三方认证机构出具的认证证书；针对海关总署公告范围内进口商品，企业提交"企业质量安全自我声明"，按规定实施合格评定；对科研机构开展科研、测试、认证检查所需的产品和样品，

涉及CCC认证的产品，凭市场监管部门出具的"免予办理强制性产品认证证明"加快验放；优化进口医疗器械检验监管，对境外已上市但境内未注册的研发用医疗器械，在企业强化自主管理、确保安全和研发用途的前提下，不再验核药监部门出具的相关证明文件，加快验放。

【"口岸危险品综合治理"百日专项行动】 2022年，济南海关开展"口岸危险品综合治理"百日专项行动，梳理发布3批56种"高危"进出口危险品清单，指导企业及监管人员明确包装、存放及运输等注意事项；编写3类常见包装性能检验结果单及使用鉴定结果单的6项填制样本及47项填制说明，

▲2022年6月16日，青岛海关、济南海关、山东省药品监督管理局开展"进企业纾困解难，促外贸保稳提质"联合主题党日活动

规范拟制证稿，提升检验证单拟制质量。21 篇信息被海关总署"口岸危险品综合治理"百日专项行动工作简报采用。

【科研创新】2022 年，济南海关完成商品检验领域署级科研课题 2 项，出版著作《海关进出口商品检验创新发展研究》，研制的"进出口口罩过滤效率和呼吸阻力快速筛查仪"获国家实用新型专利，专利号：202123285202.X。完成关级科研课题 5 项，申报的"食品接触材料及制品纸、纸板和纸制品中荧光增白剂的测定液相色谱法"（2022B222）和"进出口纺织品洗后微纤维脱落量检测及评价方法"（2022B233）两个项目被列入"2022 年海关技术规范制（修）订计划"。

撰稿人

冯　勇　赵明晓

口岸监管

【概况】2022 年，济南海关坚决贯彻落实总体国家安全观，坚持统筹发展和安全，筑牢口岸疫情防线，推动中欧班列、跨境电商等快速健康发展，不断提升口岸监管能力和水平。监管进出境运输工具 3380 架/艘次，其中进境 1786 架/艘次，出境 1594 架/艘次；监管进出口货物 1.46 亿吨，进出口货值 5953.4 亿元；监管进出境邮件 105.2 万件，其中进境 70.3 万件，出境 34.9 万件。

【货物监管】2022 年，济南海关认真落实稳外贸措施，在辖区查验现场推行预约查验、免陪同查验，开展非侵入式机检作业，最大限度减少货物搬倒和企业等待时间，提升查验监管效能。监管进出口货物 1.46 亿吨，同比减少 2.6%；进出口货值 5953.4 亿元，同比增长 14.7%。

稳妥应对新冠疫情发展变化。济南海关认真贯彻落实国务院联防联控机制要求，积极配合地方联防联控和非冷链专班工作部署，细化责任分工，扎实推进进口非冷链物品口岸环节新冠疫情防控工作。对进口非冷链商品采样 281 批次，采集样本 2195 个，实施预防性消毒监督 247 批次。实施入境客运航空器终末消毒监督 88 次。

在潍坊港实现进出口集装箱"抵港直装"和"船边直提"常态化运行。加强信息联通，提升口岸监管信息化水平；收集企业诉求，梳理监管作业流程，优化企业作业体验；强化联动机制，畅通沟通渠道，会同港口部门、码头及相关企业共同落实支持措施。2022 年，潍坊港口岸开展"直装直提"作业 255 批次，企业进口提货用时由 3 天压缩至最短 2 小时，出口整体通关时间压缩 15%以上。

【行李物品监管】2022 年，济南关区有 1 个空运旅检现场，位于济南遥墙国际机场，2022 年主要监管往返韩国、日本、德国、中国香港地区的客运航线，以及不定期的客运包机。辖区对外开放的潍坊港、东营港、滨州港均为货运监管业务，无客运旅检业务。年内，监管进出境航班 1595 架次，其中进境 820 架次，出境 775 架次；查获禁止携带动植物产品 71 批次、79.8 千克；查获"水客"走私案件 3 起，来自韩国，涉及包、手表、鞋、衣服等物品，案值 52.1 万元。

【邮件快件监管】2022 年，济南海关监管进出境邮件 105.2 万件，同比下降 27.78%。其中进境 70.3 万件、同比下降

30.49%；出境 34.9 万件、同比下降 21.62%。监管进出境快件 1183 件，货值 10.5 万元，同比下降 85%。在邮件渠道查获濒危野生动植物制品 54 起 236 件（重 51.9 千克），其中象牙饰品 2 起 3 件（重 0.3 千克）；查获国家禁止进出境的印音制品 1617 件；查获各类管制刀具 76 件，枪支配件 162 件；查获国家管制精神药品 2.7 万粒；查获进境虚拟货币冷钱包 17 起 23 件，银行密码器 9 起 9 件，境外电话卡 3 起 347 件，境外银行 POS 机 2 起 3 件，外国货币 1 起 8 张；查获活体动物 1 起 4 只，水生动物标本 1 起 10 件；查获禁止进境的检疫物及其制品 84 起 760 件，特殊物品 21 起 830 件。

【跨境电商监管】 2022 年，济南海关辖区淄博、泰安、德州、聊城、滨州 5 个地市获批"跨境电子商务综合试验区"（以下简称"跨境电商综合试验区"），辖区 8 地市全部获批跨境电商综合试验区。济南海关通过持续复制推广跨境电商综合试验区优惠政策，积极开展跨境电商政策宣讲，在隶属海关指定专人负责海外仓模式备案，大力推动辖区跨境电商 B2B 出口快速发展，大力推动辖区跨境电商健康快速发展。办理海外仓模式备案企业 95 家，所备案海外仓主要分布在欧美、东南亚。跨境电商 B2B 参与企业数、申报货值保持快速增长势头。

【监管场地建设】 2022 年，济南海关落实"六稳六保"，以支持地方政府监管作业场所（场地）建设助推外向经济发展。通过现场和视频调研方式，指导淄博桓台、聊城临清铁路运输类监管作业场所建设。鲁西国际陆港海关监管作业场所、山东高速鲁中物流发展有限公司海关监管作业场所通过验收。滨州市阳信县进境肉类指定监管场地通过海关总署验收。济南海关辖区有监管作业场所（场地）34 个（见表 5-6、表 5-7）。其中，水路运输类监管作业场所 9 个、公路运输类海关监管作业场所 4 个、航空运输类海关监管作业场所 1 个、铁路运输类海关监管作业场所 7 个、快递类海关监管作业场所 3 个；旅客通关作业场地 1 个、邮检作业场地 1 个、指定监管场地 8 个。

表 5-6　济南关区海关监管作业场所清单

所属海关	序号	场所名称	场所性质	场所类别
济南机场海关	1	济南国际机场股份有限公司监管仓库	海关监管作业场所	航空运输类
	2	济南机场海关快件监管仓库	海关监管作业场所	快递类
济南邮局海关	3	济南邮政速递商业快件海关监管场所	海关监管作业场所	快递类
泉城海关	4	济南（国储）铁路国际场站	海关监管作业场所	铁路运输类
	5	山东（济南）国际铁路货运中心监管作业场所	海关监管作业场所	铁路运输类
淄博海关	6	淄博保税物流有限公司监管场站	海关监管作业场所	铁路运输类
	7	山东高速鲁中物流发展有限公司海关监管作业场所	海关监管作业场所	铁路运输类
泰安海关	8	泰安陆港跨境电商监管仓库	海关监管作业场所	快递类

所属海关	序号	场所名称	场所性质	场所类别
潍坊海关	9	潍坊港监管场所	海关监管作业场所	水路运输类
	10	潍坊港通关服务有限公司海关监管作业场所	海关监管作业场所	水路运输类
	11	潍坊森达美液化品码头	海关监管作业场所	水路运输类
	12	山东省港口集团潍坊海关监管作业场所	海关监管作业场所	水路运输类
	13	青州国际陆港监管场站	海关监管作业场所	铁路运输类
	14	山东港储国际物流监管场站	海关监管作业场所	公路运输类
	15	潍坊申易物流有限公司集装箱场站	海关监管作业场所	公路运输类
东营海关	16	东营港东营港区海欣港务码头	海关监管作业场所	水路运输类
	17	东营港东营港区宝港码头	海关监管作业场所	水路运输类
	18	东营港东营港区海油码头	海关监管作业场所	水路运输类
	19	东营港东营港区顺鑫码头	海关监管作业场所	水路运输类
	20	山东科瑞国际物流监管场站	海关监管作业场所	公路运输类
滨州海关	21	滨州港散杂货码头	海关监管作业场所	水路运输类
	22	博兴县内陆港海关监管作业场所	海关监管作业场所	铁路运输类
德州海关	23	德州宏运监管场站	海关监管作业场所	公路运输类
聊城海关	24	鲁西国际陆港海关监管作业场所	海关监管作业场所	铁路运输类

表 5-7　济南关区集中作业场地、指定监管场地清单

所属海关	序号	场地名称	场地性质	场地类别
济南机场海关	1	济南机场旅客通关作业场地	集中作业场地	旅检通关
济南邮局海关	2	济南邮政速递邮检作业场地	集中作业场地	邮检
济南机场海关	3	山东机场有限公司监管仓库	指定监管场地	进境冰鲜水产品
	4	济南遥墙机场进境水果指定监管场地	指定监管场地	进境水果
	5	济南机场进境食用水生动物指定监管场地	指定监管场地	进境食用水生动物
泉城海关	6	济南维尔康进口肉类指定监管场地	指定监管场地	进境肉类
潍坊海关	7	潍坊综合保税区进口肉类指定监管场地	指定监管场地	进境肉类
	8	潍坊综合保税区进境粮食指定监管场地	指定监管场地	进境粮食
	9	潍坊港区散货码头进境原木指定监管场地	指定监管场地	进境原木
滨州海关	10	阳信进境肉类指定监管场地	指定监管场地	进境肉类

【支持中欧班列运营】2022年，济南海关持续支持中欧班列运营。中欧班列"齐鲁号"统筹规划运营北线、中线、南线3条主干线路，开行53条运营线路，可直达"一带一路"沿线24个国家55个城市，可提供由日韩主要港口至山东，到达中亚、俄罗斯、欧洲、东南亚和上海合作组织国家（地区）的全程物流服务。据"齐鲁号"班列运营公司统计，2022年济南海关辖区8地市开行801列，占全省开行数量的40%。

【关区内陆港铁海联动】2022年，济南海关支持关区内陆港建设，优化物流通道重要节点布局。截至12月31日，支持潍坊、淄博、滨州、聊城等地建设4个内陆港，推动鲁西国际陆港监管作业场所一次性通过验收并封关运作。监管内陆港出口转关业务304批次，货值2.4亿元。优化升级"铁海E通"铁海联运信息系统，完善物流监控平台功能。"铁海E通"铁海联运信息系统1.2版于8月11日正式运行，先后在淄博、滨州内陆港、济南董家和聊城鲁西监管作业场所上线运

▲2022年10月25日，在泉城海关监管下，自德国汉堡和杜伊斯堡发出的班列抵达济南董家镇场站，该班列所载物品为第五届中国国际进口博览会展出品

行；对关区所有监管作业场所（除航空运输类和寄递类）卡口系统进行升级，在关区内陆港监管作业场所和其他有进出口业务的监管作业场所卡口系统正式加载危化品拦截预警功能。加强关际合作，推广应用"铁海E通"铁海联运信息系统，与青岛海关信息系统无缝对接，进一步拓宽"东向出海"物流通道，拉动内陆港出口转关业务量增长。实现铁海联运"一单制"模式常态化运行。

【智能审图】2022年，济南海关强化智能审图应用，实施智能审图"双线双审"作业模式，实现CT设备和X光机"双重"智能审图功能全覆盖。关区货运渠道1台大型集装箱检查设备、寄递渠道3台CT设备全部部署智能审图系统，扫描图像38628幅，其中CT设备扫描图像34223幅，有效识别率达91%以上，查获案件12起，其中枪支配件7起，濒危动植物及其制品2起，生物制剂2起，管制类刀具1起。

【安全生产】2022年，济南海关充分发挥安全生产工作领导小组办公室作用，围绕海关系统安全生产工作要点，制定包含14项重点工作任务、53项具体工作措施的工作任务清单，综合运用"月调度、季督办、综合评价"工作机制，加强对安全生产

工作的统筹协调、督促落实。组织实施"安全生产月"活动，强化安全知识学习和宣传。扎实开展关区安全生产大检查，梳理形成单位自查、领域督查和综合督查 3 张问题清单，涉及 143 项问题及建议，明确整改责任人、制定整改期限，对标对表、挂账销号。

【口岸危险品综合治理】2022 年，济南海关落实"化解重大风险海关必上心"要求，强化"口岸危险品综合治理"各项措施落地执行，有效防范化解危险品口岸滞留风险隐患，进口危险品口岸作业时间压缩 66%，关区全部 6 家涉危监管作业场所实现危险品口岸零滞留。查发移交涉及危险品伪瞒报案件 7 起，案值 425 万元，涉及企业 7 家。加强经验做法和典型案例总结报送工作，向海关总署报送 65 篇，被海关总署专项行动工作简报采编 23 篇，采编量居全国海关第 8 位。顺利完成海关总署专项督导检查任务，获高度评价。初步建成危险品综合治理、齐抓共管的格局。

撰稿人

王卫宁　王垠昊　王　威　张　磊　赵　将　隋培华

政策研究与统计分析

【概况】2022年，济南海关切实发挥高质量服务领导决策、服务经济发展、服务海关管理的作用，完成统计分析及政策研究各项工作任务。参与撰写的20篇分析研究报告获中央领导同志批示。7篇报署调研成果获署领导批示，署领导批示率列全国第6名。条线10余人入选海关总署研条线各专业小组，3人入选海关总署统计分析司大数据应用研究团队，20余人次获海关总署统计分析司通报表扬。

【政策研究】2022年，济南海关制定报署调研报告工作管理机制，持续发掘关区研究潜力，围绕贯彻落实党的二十大精神，聚焦海关总署党委"12个必"的部署要求，立足全国海关年中工作会议上提出的6个题目，组织开展报署调研报告的推报工作，报送的7篇报告获署领导批示率超过80%。牵头和参与署级课题4项，确立15项关级课题，关区课题研究参与度和覆盖面达到历史最好水平。积极发挥海关服务地方效能，2项课题研究获山东省政府系统调研成果奖，2项课题入选2022年度山东省政府重点工作调研课题。2篇研究成果被海关总署相关刊物采用。

【群众性理论研究】2022年，济南海关持续激发关区群众性理论研究热情和活力，推动构建关区大研究工作格局。以"理论与实践"栏目为阵地，发布各类论文117篇。以专题征文为抓手，推动理论研究走深走实。济南海关学会与风险防控分局联合开展"在新发展格局下加强海关风险信息情报网络建设实践"专题征文，与法规和综合业务处联合开展"新时代新海关法"专题征文活动。在2022年中国海关学会"服务新发展格局，更好发挥海关在国内国际双循环交汇枢纽作用"主题征文活动中，征集论文180篇、筛选上报40篇，征集和上报论文数量再创历史新高。10篇论文获得中国海关学会和天津分会奖项。其中1篇获中国海关学会特别奖、1篇获中国海关学会入选论文、2篇获天津分会优秀论文、6篇获天津分会入选论文（详见表5-8），获奖数量和等次创历年新高。

表5-8 2022年海关学会征文济南海关获奖一览表

	中国海关学会奖项	
特别奖	牢记"国之大者" 在推动黄河流域生态保护和高质量发展上走在前	赵儒霞
入选论文	双循环新发展格局下提升海关口岸监管工作的思考	郭建飞、王永钢（东营海关）
	中国海关学会天津分会奖项	
优秀论文	"双循环"格局下国内产业过快转移的探索性思考	杨青、刘子健、翟晓婵（聊城海关）
	"双循环"格局下对海关风险信息情报网络建设的认识与思考	赵妍妍（风险防控分局）、王丛、贾思思（泰安海关）
入选论文	新发展阶段构建综合保税区高质量发展路径探析	杨炳文、姜伟、潘潇、高璐（泉城海关）
	新发展格局视阈下海关助推产业链安全建设路径探究	葛广辉（统计分析处）、郭宝强（聊城海关）
	聚焦核心能力建设 提升开放口岸"双循环"枢纽优势	蔡龙、张海婷（机场海关）
	基于蒙代尔三角模型的海关进出口商品检验监管模式研究	姜铭、王克刚、郭炳辉、赵明晓（商品检验处）
	促进RCEP争端解决，提升海关参与国际事务协调治理能力	李洪林（法规和综合业务处）白鹤（聊城海关）李丹（法规和综合业务处）
	对接高标准规则 提高创新策源力 推动自贸试验区高质量发展	赵儒霞、姜铭、刘禄玲（统计分析处）、张启隆（办公室）、丁睿（自贸区和特殊区域发展处）、王光学（统计分析处）、孙振海（聊城海关）

【统计调查】2022年，济南海关充分发挥统计调查的决策辅助作用。完成关区2022年外贸出口先导指数样本企业轮换，确保新旧企业并行期间问卷填报及时率保持在100%，参与全国外贸出口先导指数月度集中工作获得海关总署通报表扬。参与中国海关贸易景气指数编制专项工作，关区样本企业填报及时率保持100%。开展外贸企业出口订单情况专项调研、跨境电商年度试点调查、"关键小事"强化海关统计线上服务能力研究调研等调查工作。聚焦种业振兴重大战略，对部分蔬菜种子进口依赖度高的问题开展调查研究，形成关于为蔬菜种子细化海关税则号列和统计商品编码的调研报告，建议增列的5个税号全部被税则委采纳。

【贸易统计与业务统计】2022年，济南海关统计数据规范性建设日益完善，质量管控成效明显。发布2022版海关数据管理制度汇编和海关统计数据岗位操作手册。完善统计数据全生命周期综合管控和两级数据管控机制，落实"日监控、月审核、季通报"制度，优化数据审核模式，关区贸易统计数据隶属海关初审准确率明显提升。完成统计监督制度方法和实践探索课题研究，提高不实贸易整体防控和综合治理效能。发现、处理问题738起，同比增加62.9%。持续关注辖区贸易统计数据异常变化，加强对不实贸易的综合管控。

【统计数据管理】2022年，济南海关数据安全管理更加严密。开展关区业务数据资产梳理和分类分级，形成涉及8887个字段的关级业务数据应用系统数据资产，完成关区重要、核心数据的梳理识别。加强数据安全指导监督，建立海关数据对外发布监控机制和数据资产清单动态调整机制。进一步拓宽统计数据应用范围，推进统计信息化系统建设，提高统计数据可视化水平和应用支撑能力。

【统计数据服务】2022年，济南海关作为海关总署数据新闻发布工作组4个组长单位之一，常态化参与海关总署新闻发布会专项工作。在全国海关政策研究与统计分析工作会议上围绕外贸数据发布工作作典型发言。定期通过新闻发布会、主流媒体发布解读山东省进出口数据，为外贸量稳质升提供有力预期引导。及时在济南海关门户网站发布山东省主要进出口数据，积极回应其他政府部门及社会公众的数据需求，对内外部提供统计数据服务260余次。

【监测分析】2022年，济南关区"形势分析研判小组"持续发挥重要作用。常态化练兵提升能力，动态化实战磨炼队伍，通过以干带训实现条线全覆盖指导，提升整体业务水平。聚集关注宏观经济运行、国家战略实施和外贸领域焦点问题，组织小组成员开展多角度、多层次的分析研究。聚焦党中央关注、各级领导关切和人民群众关心的问题，发挥"数据+研究"的优势，服务外贸稳增长，分析研究文章被海关总署相关刊物采用24篇；密切与地方部门的联系配合，与山东省委财经办联合撰写的山东省外贸情况分析报告获省委主要领导批示。

完善外贸形势分析研判机制。建立济南海关外贸形势分析会议制度，高质量召开外贸形势分析会议5期。丰富完善会议模式，加强部门合作，提升研判的科学性和准确性。密切关注重点产业动向，牵头开展的全球铝价上涨调研报告等被海关总署形势分析研判工作专班采用，我国化工产业发展等分析报告被海关总署相关刊物采用。

撰稿人

文倩 刘赛 张威 陈晓

企业管理和稽查

【概况】截至 2022 年年底，济南关区累计有效注册备案报关单位 6.5 万家，其中高级认证企业 101 家，同比增长 14.8%；特定资质企业 6218 家，获境外注册企业 216 家次。全年办结稽查作业 186 起，查发问题 165 起；办结核查作业 722 起，查发问题 620 起，有效率 85.9%；进出口属地查检货物 108130 批，同比增长 15%；涉检验检疫查发问题 25 起，位列全国第 8 位。

【资质管理】2022 年，济南海关深化"放管服"改革，高标准做好企业资质管理。探索报关单位备案"多证合一"改革路径，"多证合一"申报应用率上升至 47.5%，位列全国第 7 位。做好外贸市场主体分析。实现出口食品生产企业备案"全程网办"，当日办结率达 98.4%。完成 13 家次出口食品生产企业对外推荐注册评审工作，指导 12 家企业迎接香港食物环境卫生署官方检查，关区获准对外推荐注册企业达到 216 家次。

【信用管理】2022 年，济南海关坚决贯彻习近平总书记关于"加快推广'经认证的经营者'国际互认合作"重要指示，深度参与 AEO 国际互认合作。积极承接与"一带一路"共建国家哥斯达黎加 AEO 国际互认合作专项任务，成功举办 AEO 线上认证观摩，配合海关总署推动与哥斯达黎加海关 AEO 互认协议正式签署。

加大信用培育力度，聚焦"专精特新"企业、"白名单"企业、大型外贸骨干企业等重点，依托智慧培育系统开展"线上"信用培育 1133 家。支持 20 家企业成为海关高级认证企业，新增高级认证企业数量同比实现倍增。发挥企业协调员作用，开展重点企业调研 3 轮次。严格失信企业监管，依法依规开展失信企业认定，认定失信企业 6 家，列入部门间联合惩戒名单 1 家。

深度参与海关信用管理改革。全程参与海关总署《中华人民共和国海关注册登记和备案企业信用管理办法》修订工作，牵头海关总署 AEO 互认合作专班、新版《海关高级认证企业标准》修订、海关总署"总分公司信用管理模式"改革、全国出口食品生产企业对日韩注册推荐工作，参与支持海南自由贸易港企业信用改革、海关总署信用管理作业系统等 3 项信息化项目建设。

【AEO 智慧培育模式应用】2022 年，济南海关落实海关总署"制度+科技"要求，构建新型 AEO 智慧培育模式。自主开发全国首个智慧培育系统，实现信用培育"进系统、标准化、留痕迹、可追溯"，企业"足不出户"即可享惠海关信用培育服务，审核效率提升 50%。该系统取得软件著作权、专利权两项知识产权，获自贸区创新举措备案，被南宁、青岛等 4 个海关推广应用，为支持海南自贸港建设提供智能化支持，作为中国海关数字化转型实践经验在"国际海关日"向世界海关推介。建成信用管理改革后全国首个 AEO "孵化中心"，打造智能化、国际化、标准化信用培育实训基地，对关区企业给予精准培育。与科研院所专家学者开展学术合作，开展两项"制度＋科技"理论课题研究。

【稽查业务】 2022 年，济南海关稽查作业有效率 95.6%，同比增长 35 个百分点；涉检验检疫查发问题 25 起，列全国第 8 位。释放主动披露政策红利，引导企业守法自律，稽查受理主动披露作业 56 起，涉案货值 1122.24 万元。

坚持"以查发为导向"，

▲2022 年 10 月 24 日，潍坊海关关员对企业免税进口的刨花板成套设备进行核查

以精准分析研判为抓手，针对重点行业领域开展联合分析；发挥贸易调查先导作用，梳理形成进口驴皮等调查报告 4 篇；聚焦精准作业模式，形成"集团作战"格局；通过大数据应用分析，查发 3 家企业擅自抵押减免税设备情况，案值 2.68 亿元。

岗位练兵成绩优异。在全国海关稽查岗位练兵活动中进入团体十强决赛。以岗位练兵为契机增强济南海关稽核查人才储备。

【稽查专项行动】 2022 年，济南海关打击"洋垃圾"走私取得实效，首次稽查查发进口固体废物刑事案件，涉及废旧轮胎约 64 吨、1460 条；

查获进口废纸 77 吨，全部退运出境。严厉打击危险品"伪瞒报"行为。查发各类出口危险品伪瞒报情事 27 起，相关经验做法被海关总署通报。牵头广州、青岛海关联合行动，组织开展打击化肥出口"伪瞒报"专项稽查行动，连续查发 8 起出口化肥（氯化铵）伪瞒报逃避海关检验情事，涉及出口化肥约 5900 吨、货值 760 万余元。推进重大专项稽核查行动，开展关区进口大豆、减免税设备、两用物项货物等专项稽核查行动，查发各类违法违规情事 132 起。

【核查业务】 2022 年，济南海关高质量推进核查工作，接收核查指令 722 个，办结核查作业 722 起，查发问题作业 620 起，核查作业有效率 85.9%。持续推进核查分类改革和"双随机、一公开"工作，加强与相关业务部门沟通协调，顺畅"选、查、处"衔接，深化核查分类改革，不断完善关区定期管理类核查业务内部协商工作机制，推进"互联网+"核查和"线上+线下"核查，与市场监管部门开展部门间联合抽查执法。开展网上核查作业 154 起，部门间联合抽查 69 起。

【审核监督】2022 年，济南海关提升执法监督新标准，推进涉检行政案件职能管理。完善执法监督机制，制发济南海关企业管理和稽查部门执法监督操作规范等工作制度，保障执法监督规范开展；发挥可视化监控平台预警监控作用，试点"网上电子审核"，持续开展年度执法检查，严密执法过程运行状况监督；推行重大、疑难、复杂作业复核制度，有效提升执法监督效能。成立涉检行政案件工作专班摸底调研，制定工作方案，顺利推动涉检行政处罚案件职能调整；参加海关总署企业管理和稽查司专班和执法检查；建立稽查、法规、缉私等多部门协作配合机制，确保执法专业性；密切与兄弟海关联系，借鉴好的做法和经验。

【属地查检】2022 年，济南海关稳步提升属地查检工作质效，检出不合格货物 2300 批次。强化目的地指令执行，发现未经查检擅自销售、使用等情事 11 批，涉及货值 300 万元。加大危险品违法违规查发力度，查发 7 起涉检违规案件，货值 1243 万元。打造属地查检绿色通道，释放政策红利。落实出口鲜活易腐农食产品"优先查检"和"5+2"预约查检等优惠措施，关区 264 家企业受益并快速通关保鲜蔬果 620 批次，货值 1.1 亿元。积极参与属地查检领域改革及署级工作任务，承接海关总署业务系统开发和课题研究 14 次，位居全国前列。

撰稿人

孙　昊　李　宁　苗庆刚　赵　勃　禹石磊　黄　甜

查缉走私

【概况】2022年，济南海关以维护国门安全为主线，扎实开展"国门利剑2022"联合行动，统筹推进"国门勇士""大地女神""蓝天""使命""护卫""雷电"等专项行动，努力克服疫情带来的不利影响，始终保持打私高压态势。全年刑事立案42起、案值1.03亿元，行政立案195起、案值4.46亿元，罚没入库1678万元，打私办案保持稳中有进的良好势头。

【打击走私】2022年，济南海关坚决将贯彻落实习近平总书记重要指示批示精神作为打私工作的"第一议题"和首要任务，持续高压严打"洋垃圾"走私，常态化打击"水客"走私，严厉打击濒危野生动植物及其制品走私。高效服务黄河流域生态保护和高质量发展国家战略，组织开展打击固体废物走私专

▲2022年，济南海关缉私局组织开展打击固体废物走私专项行动。图为5月20日，东营海关缉私分局民警清点查扣走私废轮胎

项行动，立案侦查"以废充旧"伪报走私进口案件5起，港口扣押、工厂追缴走私废轮胎411吨、查证1616吨；立案调查违规进口固体废物行政案件2起，积极协调有关部门开展退运工作，涉案2999吨废纸浆全部退运出境。准确把握疫情时期"水客"走私形势变化，开展打击雪

茄走私专案侦查，查获雪茄2088支、烟丝288包；对口岸现场查获的"水客"深挖扩线、以小见大，抓获境内外"代购"犯罪嫌疑人7名，查扣名牌包、化妆品、工艺品等高值商品393万元。严厉打击濒危物种走私，刑事立案1起、行政立案15起，查获象牙、海象牙、仙人球等

百余件，保持"露头就打"态势。

【守护国门安全】2022年，济南海关围绕"喜迎二十大、忠诚保平安"这一主题持续发力，严打枪支走私，查缴枪支52支、枪支零部件60余件，联合地方公安机关对一涉枪人员实施二次打击，彻底捣毁辖区一处制贩枪支窝点；严打涉毒犯罪，立足监管现场严查严管新型麻精药品，查扣三唑仑、莫达菲尼、羟基丁酸等一批；严打反宣品进境，在邮递渠道查获各类淫秽物品、非法出版物912件。以守卫国家财税安全为目标实施"以打促税"，在货运渠道查获低报价格、倒卖保税货物等走私犯罪案件4起。以维护国家战略物资安全为主线严打禁限货物走私，查证逃避许可证走私出口化学品310吨，逃避商品检验出口氯化铵2330吨、竹木草制品760万元。

【综合治理】2022年，济南海关依托海岸警察、海警等力量开展海上联合执法1次、港口码头巡察6次，细化筛查研判走私风险较高的3条内河入海口周边地理环境因素、停靠船只构成，逐处评

▲2022年8月26日，济南海关缉私局与海警、海岸警察、边检、海事等部门开展海上联合巡查

定走私风险隐患。与海岸警察建立"110"联合处警机制，破获海上偷运走私案件2起，查获涉案船舶3艘以及冻牛肚、松子、蘑菇等涉案货物约380吨，抓获犯罪嫌疑人25名，有效遏制海上偷运走私活动向关区沿海漂移的势头。密切与山东省打私办的沟通联系，参加山东省政府案件督导工作组实地调研重点渔港、停泊点及沿岸技防设施，推动重点岸线"回头看"，责令多个存在风险的停泊点限期整改，整治效果较为明显。

【全员打私】2022年，济南海关深入贯彻海关总署加强打击走私"1+6"文件精神，组织召开关区缉私工作会议和2

次全员打私推进会，健全完善全员打私工作机制，构建由缉私局牵头调动基层一线、风控分局牵头调动职能条线的全员打私体系。建立关区防范和化解特大走私风险工作机制，发挥业务风险跨部门联合研判会议优势，盯紧重点领域走私风险开展联合经营。密切关警员在口岸查控、后续处置等方面的协同配合，每月分析通报基层单位查办案件情况，每半年组织打私业务绩效评估，帮助指导现场开展查发查缉工作。全年海关部门查发刑事案件占比64.3%，创历史新高。

【法制建设】2022年，济南海关深入落实刑事执法"两统一"工作机制，加强刑事办

案全流程监督管控，组织 2 次刑事执法检查，无存疑不诉、绝对不诉案件；与山东省检察院建立加强走私犯罪办案联系协助工作机制，形成疑难案件处置共识，检察机关对一起复杂走私案件主动撤销不起诉决定，受到海关总署缉私局通报表扬。实时监控关区行政办案各环节，指导基层查办疑难案件，开展优秀行政法律文书评选、行政处罚决定书备案审核、案管系统巡查管控、年度行政执法质量考评等工作，1 起疑难案件海关总署维持行政处罚决定，1 起积案顺利结案、关区积案清零，1 篇前瞻性工作研究得到海关总署缉私局领导批示肯定。

【智慧缉私】2022 年，济南海关强化"智慧办案"建设，搭建扁平化视频网络和指挥平台，配备移动警务终端等装备，实现线上办案系统规范化移动应用。全力支撑"智慧研判"提质升级，搭建"智慧研判"系统，举办"智慧研判大讲堂"，建成"智慧研判工作室"，实战大练兵比武入围全国决赛。下好缉私执法"一盘棋"，及时向公安刑侦、禁毒、治安、森林、食药环侦等警种通报涉枪涉爆、反电诈、反洗钱等情况，保持与安全、税务、烟草、人民银行等部门的密切联系，与海警部门健全完善常态化信息交流机制，提升"合成作战"能力。

撰稿人

王国庆

科技发展

【概况】2022年，济南海关科技工作紧扣海关总署"铸忠诚、担使命、守国门、促发展、齐奋斗"总体要求，落实"12个必"和"1+1+6"重点工作，树立"大科技"工作理念、营造"大科技"发展格局，坚持以"数字化"引领"智慧化"，全面推进智慧海关建设，发挥科技引领支撑作用，提升科技治理精细化水平，加强科技发展顶层规划，理顺科技职能管理机制，构建科技创新生态体系，以高标准科技创新引领支撑关区事业高质量发展。

【信息化项目管理】2022年，智慧旅检智能一体机在济南机场海关旅检通关现场正式运行，疫情期间参与保障98架次进境航班，累计完成11987名旅客的健康申明卡核验，旅检一线上岗人员由30人压减至21人，整体通关效率提升20%。大数据平台初具规模，大数据资源池入池3900余张数据表、1.3TB（46.9亿条）数据，依托"云擎"系统为业务部门需求提供快速响应，建设涵盖关税、商品检验、监管、统计等业务领域的20余项大数据应用，新建、优化"云擎"模型140余个，辅助查发案件101起，其中5个模型在全国海关推广应用。联合信息中心、西安科技大学启动自研国产目录服务产品设计、研发与部署工作，承担海关总署国产目录服务项目和H4A融合认证试点验证工作。

【运维保障】2022年，济南海关完成1168台终端操作系统替换工作，替换率达60%，

▲2022年9月8日，济南海关组织参加"启明星辰·泰山杯"山东省网络安全大赛

位列全国海关第一。"云监控""云会议""云办公"常态化应用，会议、办公、协作和督导"随时、随地、随需"进行。关区接入各类摄像头1274路，研发"济南海关视频监控点位离线查询平台"，全年处理运维工单1625个，保障海关总署、关区视频会议、巡视等重要活动1020次。创新实验室建设有序开展。支撑信息化应用科研课题研究3项，推动论文、专利、实验装置等5项成果产出，在口岸一线推动5G、物联网、"云通信"等技术研究成果验证与应用，有力提升口岸现场智能化集成水平。开展北京冬奥会、冬残奥会，护网攻防演习，党的二十大等重要节点保障6次，处置高风险攻击事件230余次，抵御互联网攻击1.2万次，封禁恶意攻击IP地址4.1万个；完成42个关级应用项目安全性检测，整改高风险漏洞70余个，保持病毒"零感染"、安全事故"零发生"。组队参加"启明星辰·泰山杯"山东省网络安全大赛，获"优秀组织奖"、李钊获个人优胜奖。

【科研管理】2022年，济南海关申报的"柔性生物大分子SERS基底的制备及其在食源性危害因子检测方面的应用""基于云边端融合的口岸健康申报验核装备联网集成体系研究""全国海关新型域基础架构替代技术研究"3个项目获海关总署科研项目立项。"国产分布式数据库在海关业务系统中的应用研究"等7个项目顺利通过海关总署验收。"进出口动物及其产品中重要动物病原检测技术的研究及应用"等4项成果获中国商业联合会、山东省认证认可协会等组织颁发的科学技术奖。参与山东省第四届数据应用创新创业大赛，"济南遥墙国际机场'一脸通关'应用方案"获评山东省省级大数据创新应用典型场景。

【实验室管理】2022年，关区各技术中心完成检测业务17121批、541625项次，各保健中心完成体检30003人次、检测样品773314份。济南国际旅行卫生保健中心（济南海关口岸门诊部）"移动P2+实验室"完成北京冬奥会、冬残奥会新冠病毒检测保障任务，首次从口岸鼠类样本中检出志贺氏菌和Ⅱ型汉坦病毒阳性；济南海关技术中心首次在乌拉圭进境种牛血清样品中检出人畜共患病——布鲁氏菌病；潍坊海关综合技术服务中心与韩国化学融合试验研究院签订合作协议；莱芜实验室成为省内唯一具备污水水质分析能力

▲2022年1月25日，济南海关支援北京冬（残）奥会的"移动P2+实验室"抵达石家庄海关

的海关实验室；淄博海关综合技术服务中心完成首届黄河流域五省份纺织品检验检测机构能力验证。

【科普宣传】济南海关承办2022年全国海关科普讲解比赛初赛，2人入围全国海关科普讲解比赛决赛，吴旭东获评2022年"全国海关十佳科普讲解员"称号，并代表山东省参加第九届全国科普讲解大赛。济南海关首次组队参加山东省科普讲解大赛，获"优秀组织奖"，吴旭东获"兼职科普讲解人员组二等奖"及"山东省科普讲解团成员"称号，刘梦佳获"科普工作者组三等奖"及"山东省科普讲解团成员"称号，张慧妍获"兼职科普讲解人

▲2022年8月13日，济南海关派员参加2022年山东省科普讲解大赛

员组优胜奖"。举办科技活动周系列活动，社会各界代表200余人参加；举办济南海关第二届科普讲解大赛，编发"科普天地"新媒体作品12期。

撰稿人

王　冰　牛天飞　刘孟冬　李　钊　宋兆磊　高志国

第六篇

综合保障

政务管理

【概况】2022 年，济南海关政务运行效能持续提升。系统梳理办公综合领域可能出现的 9 大风险，妥善做好党的二十大等敏感节点安全工作。妥善应对多轮省内疫情，有效保证关区工作正常运转。常态化开展全覆盖式值班检查，全年无被海关总署通报问题。信息辅政水平显著增强，获评全国海关政务信息工作先进单位。各级媒体宣传力度不断增强，首次完成中央电视台《新闻联播》独立刊播任务；《保守》《在希望的田野上》2 部视频在"央视频"发布，数量居全国海关首位。政务公开工作高质量发展，获评全国海关政务公开评估优秀单位。严格会议管理，落实精文简会要求，切实为基层减负增效。机要档案工作更加规范，全年报署"零退文"，违规涉密

▲2022 年 8 月 10 日，济南海关办公室助力基层服务队走进泰安海关

信息全部"清零"。创设"学、思、行"移动讲堂，与山东省委财经办、山东省档案馆等单位深化学习交流。组建助力基层服务队，走进 4 个隶属海关进行政务办公"一对一"精准服务。

【应急值守】2022 年，济南海关搭建"班前向带班领导报备、班中主管部门检查、班后值班员及时总结"常态化机制，实现"三方"互促，

"三应"畅通，确保值班工作有序衔接。举办"值班应知应会知识和突发事件应急处置"专项培训，组织"一对一"辅导、录制设备操作教学视频，创新设立济南海关值班工作载体，定期分享交流经验做法，印发"一本通"值班工作明白纸，细化签到、签退等交接班手续，确保值班员应知应会事项全面掌握。优化值班保障，改造升级值

▲2022年9月26日，济南海关副关长张艺兵带队在监控指挥中心开展关区值班视频点名

班室，增配智慧会议系统、健身器材、应急药品、图书等设施物品，定期更新维护保养，确保关心关爱措施走心走实。全年开展视频检查2次、人工检查230余次、系统检查3100余次。

【政务信息】2022年，济南海关政务信息工作整体排名列全国海关第13位，4篇稿件入选全国海关优秀信息，互联网信息采编人员进入海关总署互联网信息核心团队。牵头撰写要情信息被海关总署采用10篇；围绕海关总署重点工作部署跟进报送信息，综合信息呈报、互联网信息摘编等获署领导批示12篇次，创历史最好水平；深入挖掘提炼关区特色亮点和经验成效，被海关总署相关刊物采用18篇，在249期署内相关刊物中刊发139篇。

【会议管理】2022年，济南海关按照海关总署狠抓机关效能建设、落实精文简会的部署要求，根据海关总署年度会议计划，结合关区工作实际，编制下发2022年关区二类以上会议计划11个，实际召开10个，确保了会议数量比2021年只减不增，持续提升会议质效，严格落实"过紧日子"要求，严格履行报批程序，严格落实疫情防控措施等要求。

【公文处理】2022年，济南海关收发文电11619份，纸质文件流转798份，确保安全无差错。严把发文质量关，开展收发文岗位业务培训，坚决整治文稿"硬差错"。使用科技手段提升公文办理质效，通过专业校对软件开展公文差错筛查。严格执行重要文稿双人复核和唱校制度，未出现被海关总署及地方退文情事。

【督查督办】2022年，济南海关建立督办检查考核项目年度管理机制，动态管理关区督办检查年度考核项目执行情况。针对贯彻落实习近平总书记重要指示批示精神、安全生产、疫情防控等重大决策部署，重要文件要求及重要会议议定事项等下发督办50个，具体事项407项，按时办结率100%，形成"部署—督办—落实—反馈—总结提升"的闭环。

【建议提案办理】2022年，济南海关办理山东省人大建议4项、省政协提案3项。提案建议答复反馈获代表委员及主办部门肯定。

【保密管理】2022年，济南海关召开党委会、保密委会议、关务扩大会专题研究部署保密工作。开展关区管理网、互联网、服务器、重要会议活动等专项检查4次，确保违规信息"清零"。顺利通过

▲2022年，济南海关制作的主题讲述视频《平凡的守密人》入选国家保密局优秀展播作品

山东省委保密办进驻式检查，相关工作经验在全省保密工作交流刊物刊发。扎实开展国家安全日和保密教育宣传月系列活动，200余人完成全国保密教育线上培训活动并获得证书，"保密故事大家讲"主题讲述视频《平凡的守密人》入选国家保密局优秀展播作品，在山东省安全保密知识竞赛中3人获一等奖。

【档案管理】2022年，济南海关深入学习贯彻落实加强重特大事件档案工作相关要求，整理汇编疫情防控文件资料1册，收集资料汇编13册、电子照片30件、视频录像3件、工作记录30盒。做好档案日常综合管理工作，多部门联动开展库房安全应急演练、档案安全专项检查4次，按时整理

完成2021年度文书档案，无差错报送统计年报。主动承接海关总署HB2020档案子系统测试工作。利用照片档案汇编直属10周年图片集，在《山东档案》杂志发表专业文章《守正创新　真抓实干　做好新时代海关档案工作》。

【政务公开】2022年，济南海关接收依申请公开事项30件，同比增长76.5%，未发生信息公开申请引发的行政复议或行政诉讼。组织发布各类主动公开信息1000余条；制发《济南海关关于推进落实〈海关领域基层政务公开标准指引〉的实施方案》《济南海关基层政务公开标准目录》，推动关区4个隶属海关完成《海关领域基层政务公开标准指引》对标任务；组织编制促进山东省外贸保稳

提质十九条措施问答口径；主动公开关区所辖事业单位机构职能信息、业务咨询电话。12360海关热线接听电话18886条，接通率98.93%，受理工单357件，均在规定时限内办理完毕；全年抽查答复准确率99.9%；在"12360海关热线"微信公众号、微博发布稿件124篇，居全国海关第2位。

【信访工作】2022年，济南海关办理信访事项10件，均转责任部门办理并按期答复。在关区发布加强和改进信访工作的通知，制定短期、长期任务分解表。运用"包案领导+责任专班+专岗专员+地方部门"工作模式，通过每月"关长接待日"、网络信访等拓宽信访渠道，实现重复信访事项全部清零，推动信访问题在基层预防化解。在信访接待场所、门户网站、"济南海关发布"微信公众号向社会公布关区网络信访、通信地址、咨询投诉电话等相关事项。不留死角开展信访风险排查治理工作，深入排查突出问题，建立重点信访事项台账。修订济南海关信访工作办法、依法分类处理信访诉求清单，制发济南

海关信访突发事件应急预案。加强与地方信访部门的沟通交流，参加全省信访工作专题研讨班。

【新闻宣传】2022年，济南海关刊发新闻宣传稿件1700余篇（期），其中省级以上媒体发稿436篇，排名列同类型海关第3位。开展2021年工作盘点、稳经济稳外贸、济南海关直属十周年3次集中宣传，记录济南海关直属十周年的《与新时代同行——济南海关十年服务对外开放纪实》在《中国国门时报》头版头条刊发，创造该报创刊以来刊载最大篇幅稿件。在"海关影像"发表视频5部。在"海关发布"微信公众号、微博平台发布新媒体作品99篇，同比增长2.1倍，全国海

关25%政策解读类新媒体作品出自济南海关。舆情监测工作推进有力，首次加入海关总署中央网评员核心队伍。

【疫情内部防控】2022年，济南海关妥善应对多轮省内新冠疫情。组织指挥部工作会议8次，完善济南海关疫情内部防控工作指南2版，修订济南海关工作人员感染新冠病毒内部应急处置预案1次，开展内部防控突发事件应急演练2次，适时调整各项内部防控通知要求50余则。开展紧急排查170余次，排查干部职工及家属90万余人次，排查出相关旅居史人员3000余人。开展专项督查4次，"四不两直"实地检查4次。

【基层减负】2022年，济南海关巩固深化基层减负成果。

▲2022年11月8日，济南海关报送的《山东省农产品出口创历史最高水平》在中央电视台《新闻联播》播出

深入开展指尖上的形式主义专项整治，解散、合并、撤销工作群298个，涉及人员6568人次。与基层减负监测点开展电话沟通82次，回收调查问卷184份，收集问题建议32条。印发济南海关机关对隶属海关单位反映请示问题推诿扯皮情况记录报告制度，转变作风、主动作为。下发隶属海关单位周期性报送数据表格材料正面清单，在海关总署正面清单的基础上，继续压减19项，严格动态管理。严控发文数量，全年以党委、机关、办公室名义制发的发往隶属海关单位的文件180份、同比压减25.3%，便函等非正式文件330份、同比压减51.4%。

【外事工作】2022年，济南海关服务"一带一路"建设高质量发展，6篇经验分享被海关总署相关刊物、"学习强国"平台等载体采纳。"基于5G物联网技术的保税展销辅助监管系统项目"等5个项目入选海关总署"三智"先行先试项目，被《科技日报》《中国国门时报》等载体采纳相关信息5篇次。积极推动和参与海关检验检疫国际合作，选派9人次参加境外食

品企业远程视频检查，选派 5 人次参加世界贸易组织（WTO）/SPS 协定①线上会议、世界海关组织（WCO）协调制度委员会审议分委会第 61 次会议等。开展国际动态采集和研判，牵头完成署级课题 1 项，参与署级课题 3 项。报送全球动植物疫情信息和食品安全信息日报，全年累计被采纳 244 条。

【网站管理】2022 年，济南海关丰富门户网站展示内容，强化网站规范化管理。每月通过"数说海关""图说图解"等可视化方式及时展现和解读数据，更新数据集并提供下载功能；答复门户网站业务咨询、微博留言咨询 294 条，均在办理时限内完成；在海关总署门户网站发布政策解读 16 篇；开展济南海关"12360 海关热线"满意度等调查问卷征集活动 6 次；制作"海关报关单位备案""出口货物原产地证书办理""出境水果果园及包装厂注册登记"3 个场景式服务；开设"济南海关国门生物安全展厅""AEO 企业智慧培育体验中心云展厅""济南海关科普天地"3 个专栏；在关区开展"我为门户网站找差错"活动，对全网信息进行拉网式排查，排查信息 6000 余条，主管部门发布差错提醒近百条次。发布济南海关门户网站信息维护分工表、门户网站后台"内容管理系统"操作指南，进一步规范门户网站管理工作。

撰稿人

丁　宁　王东东　王光辉　邱超超　张大鹏　张丽媛
张启隆　张　瑶　孟丹阳　赵彦鹏　赵　倩

---

① SPS 协定指《实施卫生与植物卫生措施协定》。

财务管理

【概况】2022 年，济南海关坚持系统观念，加强全面统筹，坚决落实"过紧日子"要求，集中有限财力优先保民生、重点保运转、精准保发展。持续完善财务管理制度，制定和修订济南海关重点项目绩效评价实施细则（试行）、项目支出绩效核心指标体系等 6 项制度，大力加强财务内控机制建设，切实防控非执法领域管理风险。年内，济南关区税收入库 544.8 亿元，同比增长 42.6%，其中关税 27.0 亿元，进口环节代征税 517.8 亿元。

【预算管理】2022 年，济南海关坚决落实"过紧日子"评估机制，持续严控一般性支出，规范会议费、培训费、"三公"经费支出管理成效明显。积极推进预算绩效管理提质增效，持续强化全过程监督评价，对绩效目标实现程度和预算执行进度实行"双监控"，实现绩效目标申报评审全覆盖、项目支出绩效自评全覆盖。引入第三方专业机构开展重点项目绩效评价工作，不断提升绩效管理水平。

【部门决算管理】2022 年，济南海关加强部门决算审核力度，下发济南海关部门决算审核要点与取值指引，统一关区审核规范和标准，有效提升决算数据质量。加强对决算数据的分析利用，组织开展决算公开工作。

【国库集中支付管理】2022 年，济南海关坚持"以查促改"，充分利用迎审自查、专项整治等契机，持续规范资金支付。落实实有资金动态监控试点及"双控"工作要求，定期发布国库集中支付疑点监控信息，组织开展资金支付自查自纠，通报资金支付检查结果并及时组织整改。进一步规范业务操作流程，研究制定国库集中支付操作指引，结合常见问题和监控重点问题发布资金支付注意事项。

【涉案财物管理】2022 年，济南海关启用新版涉案财物管理系统和智能仓储系统，进一步提升涉案财物精细化、科学化管理水平。

【企事业财务管理】2022 年，济南海关开展涉企违规收费专项整治，全面梳理关区涉企收费相关业务，推动关区涉企收费合法合规。

【基建管理】2022 年，济南海关严格履行基建日常监管职责，强化项目全过程管理，委托专业审计机构对重点项目实施跟踪审计。高度重视在建项目安全生产，制发系列通知，确保在建项目安全平稳有序推进。指导推进基建项目预算执行，连续两年实现基建项目预算执行进度100%。积极争取新增基建项目立项，年内获批供暖、消防类维修改造基建项目立项2个。

【资产管理】2022年，济南海关以关务保障管理系统为基础，不断提升固定资产管理水平。通过使用权调剂和内部功能调整方式完成房产处置利用工作。探索解决关区公务用车使用需求，完成2022年度11辆公务用车处置更新工作，进一步改善关区公务用车运行状况。

【节约型机关创建】2022年，济南海关根据《节约型公共机构示范单位及公共机构能效领跑者评价标准》和海关总署工作部署，科学制订节约型机关创建行动方案，督导关区各单位扎实做好节约型机关创建工作。组织开展节能培训，邀请专家现场授课，全面提升关区节能意识。济南海关机关和11个隶属海关全部获评节约型机关单位称号。

撰稿人

于佳娣　王　森　王叶飞　刘　艺　陈雪涵　姜　珊　黄　宁

督察内审

【概况】2022 年，济南海关督审条线始终将习近平总书记重要指示批示精神作为行动号令，把推动重大决策部署落实作为督审工作的重中之重，全面履行职责，全力做好统筹推进新冠疫情防控、进出口食品安全、进出口商品质量安全、口岸查验作业以及优化营商环境等方面的督察监督，充分发挥督察审计在服务海关改革发展中的保障作用。

【督察监督】2022 年，济南海关聚焦贯彻落实党中央、国务院重大决策部署情况，深化两级督察联动工作机制，整合内部审计、执法评估等督审监督手段，完成海关总署督察项目 2 个、机关督察项目 5 个、隶属海关督察项目 49 个，及时发现并纠正相关问题，推动重大决策部署落实到位。

【内部审计】2022 年，济南海关加强统筹协调，高质量完成配合国家审计及海关总署经济责任审计工作，提供审计需求 445 批次、核实反馈审计取证单 84 份。制定内部审计查出问题整改工作实施细则，修订接受国家审计联系配合机制，进一步完善审计制度基础。开展 2 个隶属单位主要负责同志经济责任审计，发现问题 28 个，提出审计建议 6 条；完成大金额差错报关单及贸易管制措施落实情况审计调研，审计监督服务保障作用进一步发挥。

【内控建设】2022 年，济南海关持续深化内控机制建设，筑牢基层自控、职能监控、专门监督"三道防线"。优化内控环境，召开内控工作会议 2 次，在海关总署相关刊物、"金钥匙"微信公众号等载体发布内控信息 30 余篇。强化内控前置审核，对 5 个署级、13 个关级项目提出建议 54 条。优化内控节点指标体系建设，梳理人教领域署级内控节点 39 个。创建 17 个"内控示范科室"（见表 6-1），东营海关运行监控科获评署级"内控示范科室"。

表 6-1 济南海关 2022 年度"内控示范科室"

一、精品"内控示范科室"
东营海关运行监控科
泰安海关办公室
二、"内控示范科室"
法规和综合业务处业务管理科
关税处税收征管科
口岸监管处查验管理科
统计分析处统计数据科
企业管理和稽查处审核监督科
科技处项目管理科
济南机场海关综合业务科
济南邮局海关快件监管科
泉城海关特殊区域监管二科
淄博海关综合业务二科
潍坊海关企业管理科
德州海关保税业务监管科
滨州海关综合业务一科
聊城海关企业管理科
莱芜海关查检二科

【执法评估】2022 年，济南海关持续开展三级专题执法评估。参与 2 个署级评估项目，建立评估指标及"云擎"模型 11 项；协助海关总署开展 5 个署级专题评估项目调研，涉及企业 422 家。统筹开展 11 个执法评估项目，提出问题 40 个、建议 40 条。

撰稿人

李 媛 徐岩磊 薄瑜琳

第七篇

隶属海关

济南机场海关

【概况】济南机场海关是济南关区唯一的空港口岸型海关，1993年正式对外开办业务，在2012年12月济南海关直属后调整为正处级机构（济南海关驻机场办事处），2018年12月24日更名为济南机场海关，负责济南机场口岸海关业务，下设9个科室。

2022年，济南机场海关坚持以习近平新时代中国特色社会主义思想和党的十九大、二十大精神为指导，落实济南海关"一张蓝图绘到底、一以贯之抓落实"工作要求，提出了"严格落实年"工作思路，顺利完成各项任务，税收入库6.3亿元，监管进出口货运量1.74万吨，监管进出境人员3.16万人次，监管进出境航空器1594架次。获评山东省"扫黄打非"先进基层示范点、济南市首批泉城反走私"五进"活动示范点，获评2022年度济南市电视广播现场问政第1名，2020—2022年济南市党风政风行风正风肃纪民主评议名列前茅。"鹰击长空"疫情防控突击队获海关总署2021年度工作表现突出集体。田伟获评海关总署首届"百名优秀执法一线科长"，洪楠、周乃义、王涛等13名同志被海关总署通报表扬。

【党的建设】2022年，济南机场海关坚持落实"第一议题"制度，以党委带头学、支部跟进学、三级联动学、青年集中学的方式，压紧压实责任，层层传导压力，激发学习内生动力；打造"书记讲台""青年讲习班""班车课堂"等宣传阵地，营造浓厚

▲2022年10月27日，济南机场海关党总支与济南邮局海关党总支联合开展"初心耀征程　建功二十大"主题党日活动

氛围；开展联合主题党日活动，双联共建进乡村，联系调研进企业，助力乡村振兴，促进外贸保稳提质；组织支部书记及青年党员谈体会悟心得，持续带动全员学习热潮。

扎实做好"两个专项"工作，坚持目标导向、问题导向、效果导向，将讲政治要求落实到工作各领域、全过程，坚决走好捍卫"两个确立"的第一方阵。主动梳理排查，党委带头认领21个岗位对应的41项政治要求，完善形成包含19项风险问题及43项整改措施的整改落实"一本账"，全关上下从政治上看待业务问题的意识提升。

坚持基层党建"双提升"，建立支部自查、总支抽查、定期评估、提醒纠正、巩固提升的链条式检视机制，开展模范机关建设暨党建基础大检查3次。强化阵地建设，丰富科室建设阵地浓厚党建氛围，建立以"鹰击长空"为核心的党建品牌体系，实施"一支部一品牌""一品牌一项目"助推品牌实体化运作。旅检一科党支部、口岸监管一科党支部被评为济南海关"四强"党支部，旅

检一科党支部党建品牌"国门守护者"被评为关区党建培育品牌。

2022年，济南机场海关夯实基层党组织和队伍建设基础，抓好常态化疫情防控、酒驾醉驾防控，针对封闭管理相关问题及时开展以案促改，10项整改措施均已执行到位。开展纪法教育、警示教育，通过短信提醒、谈心谈话等方式加强警示提醒，强化干部纪律意识，切实筑牢防线。运用监督执纪"第一种形态"开展提醒谈话4人次。

【队伍建设】2022年，济南机场海关以选育管用全链条培养为着力点，在集中培训、日常考核、谈话调研中摸清队伍底数，建立动态优秀人才储备库，着力打造高素质干部队伍。分层分级加强对年轻干部管理监督，教育引导青年关员扣好"第一粒扣子"，做忠诚、干净、担当的新时代好干部。关心关爱封闭管理人员，聘请高校心理学教授和专业机构开展"一对一"心理疏导220人次，科学配备中药饮、速干衣、健康手环等物资。建立封闭管理家庭点对点走访帮扶机

制，解决家人就医、教育等问题3个；对参加封闭管理6轮次以上的人员，增加健康体检。注重政治激励，优先推荐、提任、晋升参与疫情防控一线的同志，1名一线同志"火线入党"。深入挖掘、提炼防控一线干部先进事迹，在各类媒体发布典型事迹26人次。

【法治工作】2022年，济南机场海关持续开展习近平法治思想、宪法、重点法律法规等普法学习交流活动，党委成员带头讲法5次；充分利用"班车课堂"和"法治一刻堂"等形式开展全员学习，开展"8·8"海关法治宣传日、"12·4"宪法宣传周等集中普法宣传活动5次，发布《依法保护濒危野生动植物》等26部普法宣传作品。参与海关总署、济南海关机关立法后评估工作，对43部规章及行政解释提出4条废止及修改意见。

【口岸疫情防控】2022年，济南机场海关坚持做好"人、物、环境同防"，加强风险监测和航班评估，持续优化工作流程，补齐补强一线人员，压紧压实层级责任。创新事前风险评估和应急演练、事

中强化航班监控轮值、事后航班复盘的工作机制，确保指挥体系扁平化运行。分类制定济南海关和地方支援人员岗前培训计划，建立"满分上岗"模式，122名人员通过岗前考核上岗。全年货运渠道执行采样检测及监测指令265批次，采集样本2101个。成功保障乌克兰撤侨航班、央企接回海外滞留员工包机等11架次。

完善济南空港口岸"多病同防"防控措施，修订完善各类方案预案17个，开展猴痘、鼠疫、流感等其他传染病培训，购置猴痘采样设备，组织一线人员开展入境航班群体性诺如病毒感染、猴痘疫情等应急处置演练，

主动对接联防联控机制，做好信息通报、采样送检等业务准备。开展鼠类、蚊类专项监测9次，投放各类器械500余个；在捕获活鼠体内检出志贺氏菌和副溶血弧菌，其中副溶血弧菌为关区首次检出。承担海关总署境外传染病防控措施和输入风险研判工作组任务，定期收集埃及、突尼斯疫情信息上报海关总署。

建立省、市支援口岸"外防输入"工作机制，争取地方支援人员200余人次，形成固定人员长期支援机制。推动济南市疾病预防控制中心对机场北指廊空调运行、污水排放处理、出境动线流程进行风险评估，保证北指

廊公共卫生安全。协调市级联防联控机制明确终末消毒效果评价单位，推动完成检疫消毒设施升级、完善废弃物处置、污水排放处理、空调运行等改造，将口岸固液体废弃物纳入地方联防联控后续处置机制。助力济南市整体防控，为济南市口岸和物流办公室、济南市边防检查站、济南机场股份有限公司等口岸部门提供防护培训近300人次。派员参加山东省委统筹疫情防控和经济运行工作领导小组（指挥部）疫情防控系列培训课件录制，在"灯塔—党建在线"平台供山东省内相关单位学习。

【守护国门生物安全】2022年，济南机场海关积极服务黄河流域生态保护和高质量发展国家战略，邀请海关总署海科中心、滨州学院等专家学者进行业务指导，与济南机场股份有限公司建立关企一体化联动病媒生物监测、预警、防控体系，提升国门生物安全普查效能。完成踏查2次，面积约1.2平方千米，采集植物21种次，诱捕虫类45只，发现海关总署名录和国家目录中外来入侵植物4种，外来入侵昆虫3种，

▲2022年4月1日，济南机场海关开展防护用品穿脱实操培训

▲2022年10月13日，济南机场海关关员在济南机场周边进行外来入侵生物普查

均用时5.5个工作日，切实降低企业运营成本。实施监督抽检和安全风险监测抽检样品491批次，检测项目1060项，口岸食品快速检测164批次，安全风险监测12批次，监管发现2批次餐饮具大肠菌群不合格、1批次饮用水不合格；监督整改4次，出具"整改通知书"3份，全部监督整改落实完毕。

建立济南航空口岸外来入侵物种本底数据库，为济南空港口岸科学防控外来入侵物种入侵工作提供基础数据支撑。深入开展"国门绿盾2022"行动，持续做好非洲猪瘟、高致病性禽流感、红火蚁等重大动植物疫情链条防控，截获动植物产品71批次、79.795千克，检出一般有害性生物4种次。

【口岸食品安全监管】2022年，济南机场海关强化卫生许可办理"首问负责制"和"云上办理"，针对辖区食品生产经营企业特别是广大中小微企业受济南市疫情影响较大、更换较为频繁的问题，主动为口岸食品生产经营企业开辟口岸卫生许可证办理、注销"绿色通道"。为济南空港68家食品生产经营单位办理口岸卫生许可证业务，平

【监管业务】2022年，济南机场海关在做好疫情防控的同时，根据航班复航情况，及时调整监管思路，结合旅客进境隔离政策，深入分析旅客的行李特点，总结提炼风险特征，锁定重点人群；利用先期机检、人体毫米波等

▲2022年9月1日，济南海关卫生检疫处、济南机场海关、济南海关技术中心联合开展"护航中秋佳节，确保食品安全"专项活动

技术及设备，有效提升查验命中率，进境旅客征税率4.3‰，居全国第8位。

深化"简化申报"便利政策，提高企业申报效率，备案"简化申报"企业15家。指导新注册的2家企业顺利开展跨境电商出口业务，打通济南至比利时、墨西哥的出口通道。自主开展"出口跨境电商风险管控专项行动"，针对新兴业务急剧增长态势，与缉私部门开展联合风险研判，首次于出口跨境电商渠道查获《濒危野生动植物种国际贸易公约》（CITES）禁止出口濒危动物制品2件。2022年，监管跨境电商出口货物总值15.8亿元，同比增长140%。

推动进境食用水生动物、进境水果指定监管场地整改落实，健全完善查验平台、物流通道及各项设施设备迭代升级。对进口非冷链集装箱货物开展靶向监管，采用"双单元"工作法，优化非冷链集装箱货物采样作业流程，单人作业效率提高30%以上。建立跨关区实验室检验资源强化进出口商品质量安全风险监测机制，查发济南机场口岸首起进口商品检验不合格案例。

【知识产权保护】2022年，济南机场海关深入推进"龙腾行动2022"，运用联合风险研判等机制实现精准布控，查获知识产权侵权情事2起，查获涉及知名商标侵权货物34.5万件，同比增长50倍以上，其中"宝可梦"商标侵权案件是济南海关直属后单起最大数量侵权案件，查获数量达32万件。2021年查获关区首起跨境电商渠道侵犯知名动画电影形象著作权案件、2022年度查获"宝可梦"商标侵权案，入选"中国海关知识产权保护典型案例"。

【服务发展】2022年，济南机场海关将压缩出口货物整体通关时间作为进一步提升跨境贸易便利化水平的切入点和着力点，进一步压缩整体通关时间，加快货物通关速度，优化济南空港口岸营商环境。济南空港进口、出口通关时间分别压缩至26.33小时、1.05小时，较2017年分别压缩84%、95.8%，达历史最好水平。

针对山东太古飞机工程有限公司生产经营受疫情影响较大的情况，提供一对一政策指导，以帮扶企业节约运营资金、加快急需货物通关为重点，制订航材和维修工具即到即提、维修飞机检后即修方案，用足用好提前申报、汇总征税、航材减免等海关便利化政策。优化申

▲2022年5月1日，济南机场海关关员验放跨境电商货物

报监管模式，对符合条件的留租、留购飞机，支持由"两进两出"申报变为"一进一出"，缩短飞机调机周期。2022年，支持太古飞机维修进境飞机6640架、货值66.25亿元，保障山东航空98架租赁贸易进口飞机平稳有序运行。

持续优化完善空港口岸监管设施，对监管作业场所物流平台、卡口进行升级改造，提升货站处理国际货物的吞吐能力，继续支持济南机场拓宽货运航线。主动了解企业运力需求，解决外贸企业和航空公司信息不对称问题，畅通进出口物流通道。2022年，济南机场开通济南—乌兹别克斯坦、济南—安克雷奇国际货运航线，10条固定国际货运航线满负荷运转，济南空港国际货邮吞吐量达5.77万吨，进口国际货运航线平均载货率为86%，出口国际货运航线平均载货率为91%。

【查缉走私】2022年，济南机场海关紧扣"国门利剑2022"工作目标，确定打击进出境银行卡、濒危野生动植物、"水客"走私和春节、全国

▲2022年7月29日，济南机场海关关员对入境维修飞机实施监管

"两会"重点方向和时间节点，强化普法宣传，开展打击"水客"走私、"守国门、强规范、保安全"打击出口货物不合规申报等专项行动。立案办理缉私案件21起，案值60万余元，其中快速办理案件6起，一般案件15起；在旅检、货运、跨境电商多渠道持续开展濒危动植物及其制品走私防控，查获濒危野生动植物制品28件、4.01千克，查获违规携带电话卡144张。

▲2022年3月5日，济南机场海关派员参加泉城反走私志愿服务宣传活动

【科技发展】2022年，济南机场海关与济南海关科技处合作研发具备海关自主知识产权的"一站式"旅检信息智能采集技术。自主研发使用"智能一体机"，定制智能芯片，以旅客健康申报二维码作为全流程索引，实现旅客身份信息全环节共享，人均登记、健康申报核验、测温、流行病学调查等"一站式"完成，减少6个岗位16个环节人工操作，压缩旅客通关时间75%以上。优化行李查验措施，强化先期机检效率，确保旅客在"无感通关"条件下完成分类处置、旅检底数收集。通过"内网旅通助手"实现多个海关总署级别系统在济南海关的安全互通，形成口岸疫情防控数据池，一键生成4种表单，一次回填2个系统，实现数据统计报送的提质增效。

【政务管理】2022年，济南机场海关办理收文6169件。其中，办理济南市地方来文1179件，协调参与济南市各类会议49次，转办业务咨询1000多次；发文112件，发文准确率100%。处理机要收文252份，发文8份，未发生泄密安全事故。完成济南海关督办42次，自主制发督办132次，办结率100%。严格依规做好"双公示""双随机、一公开"信息发布，主动公开行政审批事项65起、行政处罚信息2起。106篇政务信息获上级机关采用。其中与济南海关卫生处联合提报的山东空港口岸航线分析要情获山东省政府主要领导批示。《聚焦核心能力建设 提升开放口岸"双循环枢纽优势"》获评中国海关学会天津分会入选论文。在《中国国门时报》《大众日报》等媒体发布新闻稿件42篇次，制作宣传新媒体作品28个，专题视频《国门防疫人》被新华社"新时代微视频·献礼二十大"栏目采用发布，点击量141万次。

【财务及后勤保障】2022年，济南机场海关规范涉案财物接收处置，依托第三方拍卖机构公开拍卖走私物品。开展精品库和社会租赁仓库安全巡查，实现涉案财物值班与监控指挥中心、24小时行政值班实时对接。节约型机关建设持续发力，连续5年开展夏季"节水节电月"活动，制发济南机场海关2022年度节约能源资源工作实施方案、节能减排管理工作规定，持续强化监督管理，积极开展节约型机关创建、申报工作，成功获评全国第二批节约型机关。

【督察内审】2022年，济南机场海关按时完成各层级督察项目11个，对发现问题均完成整改。对国家审计、海关总署经济责任审计涉及本关问题，挂图作战坚决整改，切实做到有认识、有机制、有行动、有效果。内控机制更加成熟，开展济南海关经营性租赁飞机执法评估，实施业务监控运行分析撰写报告5篇；综合业务科被评为济南海关"内控示范科室"，各科室形成案头有手册、心中有节点的内控意识，发现内控节点风险问题157项并全部整改到位。

【安全生产】2022年，济南机场海关建立安全生产重点工作任务清单，制订济南机场海关安全生产大检查方案，形成排查项目、问题隐患、整改措施和跟踪验证4张清单，开展拉网式排查4次，对检查中发现的 8 项安全隐患全部整改到位。聘请专业机构对办公区消防安全、水电安全等进行"安全体检"，出具专业检测报告。与济南国际机场股份有限公司签订国际货运现场安全生产联防联控配合机制，加强口岸监督运行合力，做好济南空港口岸安全生产各项工作。

撰稿人

王成良　张海婷　陈　重　黄　伟　曹凌阳　韩　晶　程圣哲

济南邮局海关

【概况】济南邮局海关为济南海关所属正处级隶属海关，前身为济南海关驻邮局办事处，1997年正式对外开办业务，2019年1月获批复成立济南邮局海关，负责济南、淄博、东营、滨州、泰安、枣庄、济宁、德州、聊城、菏泽10个地市的进出境邮件、快件和跨境电商业务，内设5个科室，拥有省级文明单位、山东省"扫黄打非"基层示范点、山东省"扫黄打非"先进集体、"济南市'攻坚克难'好团队"等荣誉称号。

2022年，济南邮局海关始终坚持正确政治方向，贯彻落实总体国家安全观要求，深入学习宣传贯彻党的二十大精神，立足服务济南市经济发展，促进外贸保稳提质，完成濒危物种及其制品查缉、打击走私等重点业务工作，

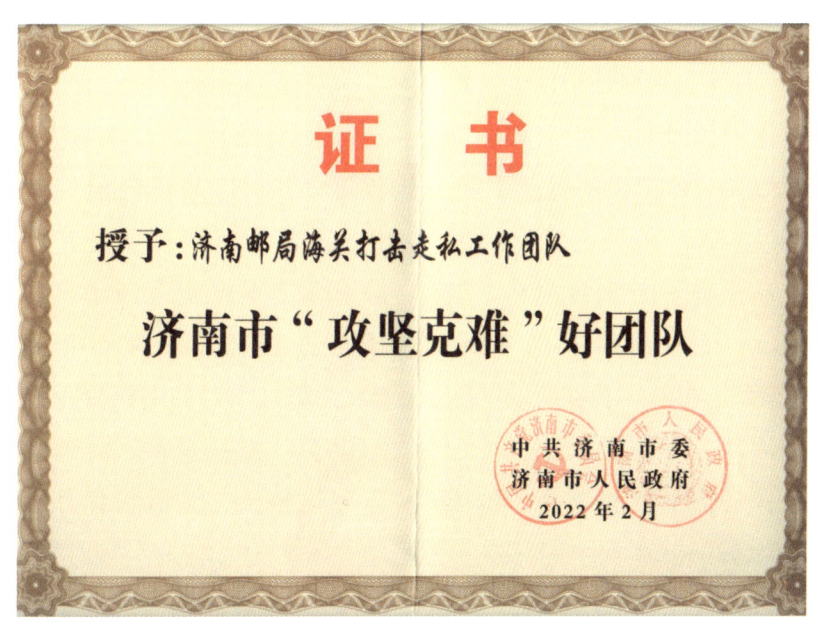

▲2022年2月28日，济南邮局海关打击走私工作团队被评为"济南市'攻坚克难'好团队"

保障进出境邮路畅通，筑牢国门安全防线，为中国特色社会主义现代化海关建设贡献邮局海关力量。全年监管进出境邮件105.2万件（进境70.3万件，出境34.9万件）。

【党的建设】2022年，济南邮局海关党委深入推进学习宣传贯彻党的二十大精神，制订学习宣传贯彻落实方案，成立主要负责同志任组长的领导小组，强化政治引领，带动基层党组织自学提升。党委班子及基层党组织负责人累计讲授专题党课8次，组织广大党员干部、群众代表分享学习体会30余人次，开展党的二十大精神专题研讨、理论宣讲、主题党课等

活动 12 次，多形式学深、学透、学以致用。设置党的二十大专题知识宣传展板，每周汇总发布各党支部学习宣传贯彻情况简报，全年发布 7 期。

强化基层党组织建设。下发党支部标准化规范化建设指标，组织各党支部开展自查打分，以"两个专项"工作为抓手，深刻认识习近平新时代中国特色社会主义思想对海关工作提出的更高要求，开设专题"邮关讲堂"5 期，推动党建业务深度融合。按照"'走在前列 全面开创' '三个走在前' 我在行动"主题活动方案推进模范机关建设，坚持丰富和擦亮"沙漠之舟"党建品牌，持续推进"强基提质工程"。综合业务科党支部和邮件监管科党支部获评 2022 年济南海关"四强"党支部。与市口岸物流办、国安部门（山东省邮路安全监管领导小组办公室）、邮政公司及济南海关动植处、技术中心、济南机场海关等部门开展联合共建活动。

全面加强廉政制度建设，制订廉政风险隐患"吹哨人"预警办法、廉政风险监控工作方案，明确岗位职责和风险，确定重点防范环节，形成全方位监督。深入开展"海关重点项目和财物管理以权谋私"专项整治、酒驾醉驾专项整治、警示教育月等工作，形成廉政风险防控清单，推进立行立改。注重纪法教育，组织"廉洁齐家"等廉政主题活动 4 次，对中央八项规定精神新部署深入学习。持之以恒正风肃纪，开展廉政谈话 10 次，引导党员干部树立正确价值观。开展领导干部配偶、子女相关情况自查抽查，未发现违规情事。

加强党建总结宣传。把查缉经验汇总成工作交流，梳理提炼《"三个聚焦"推动专项教育活动落地见效》专项教育活动简报，报送"攻坚克难勇担当 打击走私守国门""为民纾困解难题 推动行风热线工作质量显著提升"两个专项教育典型案例，上报《风控部门精准打击非贸渠道安全准入违法行为成效明显》《济南邮局海关突出"四个意识"，推动案件数量实现"双领先"》等 10 篇综合信息，推动关区工作交流经验共享。

【队伍建设】2022 年，济南邮局海关开展内务督查 12 次，明确"领导亲自抓、层层抓"的要求，关领导带队每周进行内务检查，针对不合格、不达标事项通报批评并限期

▲2022 年 11 月 17 日，济南邮局海关党总支书记讲授"新征程 新思想 新篇章"学习领会党的二十大精神专题党课

整改。开展准军建设精准单训"云"考核，在关区准军队列"云"考核评选中，王忠、王中获得"准军优秀标兵"称号。

发挥优秀同志"传帮带"作用，借助"邮关讲堂"等形式，加强党建、业务、写作等专项人才培养。加强青年干部队伍建设，为年轻干部创造外出学习交流机会。强化非在编人员成长引领，吸收纳入党小组、团小组，与在编人员共同学习成长。

【法治建设】2022年，济南邮局海关将学习习近平法治思想作为党委理论学习中心组、干部职工法治教育培训、支部党员学习的重要内容，重点加强对《习近平法治思想学习纲要》《习近平法治思想学习问答》等权威读本的学习，营造浓厚法治氛围。加强执法监督，严格贯彻落实行政执法"三项制度"。对日常事务提前介入，拟订民事合同法律审查管理办法，做好前置法治审核。对照行政检查随机抽查事项，就进出境寄递物品及跨境电商商品，严格落实"双随机、一公开"要求，进行系统随机派单，

使用音视频执法记录仪进行执法全过程记录，通过济南海关互联网门户网站及时公示。落实任前考法及宪法宣誓制度，对新提任领导干部组织任前考法、宪法宣誓。加强法治理论研究，强化业务调查及政策研究，在济南海关相关载体刊发理论文章4篇。擦亮"一关一品"法治文化品牌，建立"邮关讲堂"，以新法解读、执法疑难和薄弱环节为导向，开展精准普法5期。聚焦"4·15"全民国家安全教育日、"8·8"海关法治宣传日、"12·4"宪法宣传周等关键时间节点，开展法治专题宣传活动。落实"谁执法谁普法"普法责任制，召开关邮座谈会，畅通关企联系渠道，实施"点对点"普法。

【风险管理】2022年，济南邮局海关认真贯彻落实总体国家安全观，不断完善风险防控机制，成立风险防控领导小组，每季度召开一次业务风险分析例会，不定期召开跨科室风险研判会，制订"国门利剑""清邮"等专项行动方案，防控邮递渠道各类安全准入风险及涉税风险。

摸清风险底数，对以往查缉情事进行再分析，深挖风险点。借助海关总署平台，收集全国海关风险信息及案件线索，掌握监管风险态势。逐步形成以"前期情事查发、内部风险分析、外部信息情报"为抓手的风险收集体系。针对高风险邮件，采取重点判图和多次多维度过机查验等手段，加大人工开拆力度。加强同屏比对系统、CT机应用，丰富查缉图片资料库，扩大智能审图应用比例和范围，提高监管设备效能。同步改造查验区，充分利用电子显示屏、手持式读写器等，逐步形成集"数据分析—图像检查—实物查验"为一体的多维度监管模式。

【动植物检疫】2022年，济南邮局海关坚决落实"国门生物安全关口海关必把牢"的要求，升级有害生物远程鉴定设备，织密织牢安全防护网。查获活体动物1起4只，水生动物标本1起10件，禁止进境的检疫物及其制品84起760件。11月29日，在日本进境邮件中截获活体"异宠"珍珠龟4只，查获案例获得海关总署专项行动简报刊发。

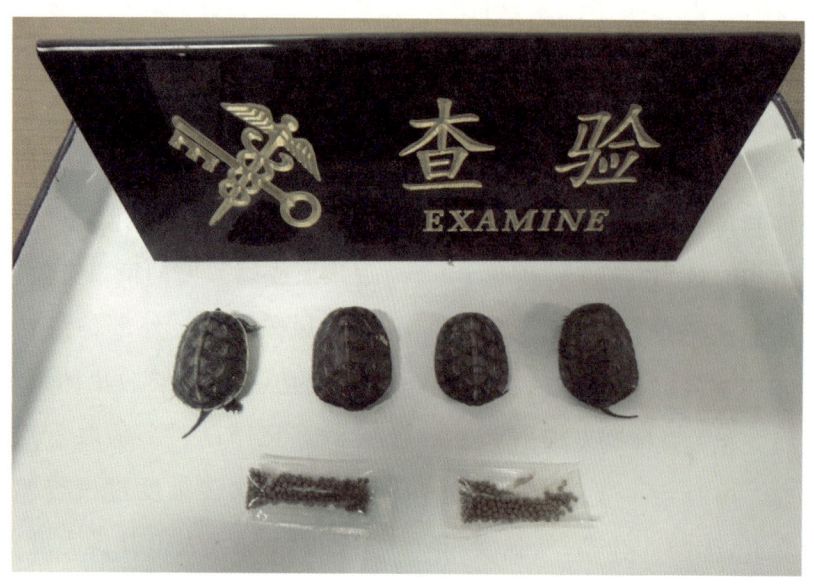

▲2022年11月29日，济南邮局海关在从日本进境的邮件内藏获活体"异宠"珍珠龟4只

【查缉走私】 2022年，济南邮局海关认真贯彻习近平总书记重要指示批示精神，加强各类走私物品查缉，严厉打击蚂蚁式搬家、口岸漂移等走私行为，加大毒品、非法印音制品的查缉力度。认真落实"全员打私"工作要求，明确主责科室，优化线索移交机制。立案65起，其中刑事案件7起，占关区各海关刑事案件数量的33%，案值161.4万元；行政案件58起，占关区行政案件数量的30%，同比增长66%，案值277.93万元。刑事案件数量及行政案件数量均居关区第1位。

【监管业务】 2022年，济南邮局海关通过实体监控和信息监控，将加强物流监控与促进邮政企业守法经营有机结合，规范企业在转关、运输及进出监管场所各环节操作，实现对进出境邮件连续、全环节闭环监控。理顺"前期审单—中期监管—后期处置"工作链条，强化邮件数据分析，重点加强过机检查及开拆力度，实现信息共享互通、深挖扩线，提升案件办理效能。持续强化关邮联系配合，督促邮政企业强化主体责任，明确物流各环节责任方。加强对寄递监管政策的宣介力度，特别针对涉濒危、涉检疫准入物品，维护国门安全，保障人民群众切身利益。持续加大对象牙、小叶紫檀等濒危物种及其制品走私的打击力度。查获象牙等濒危动植物制品55起357件，其中象牙及其制品2起3件，鳄鱼皮制品2起123件，红珊瑚制品、小叶紫檀、西洋参等其他濒危物种制品51起231件。

与地方公安、国安、口岸物流管理等部门探索建立

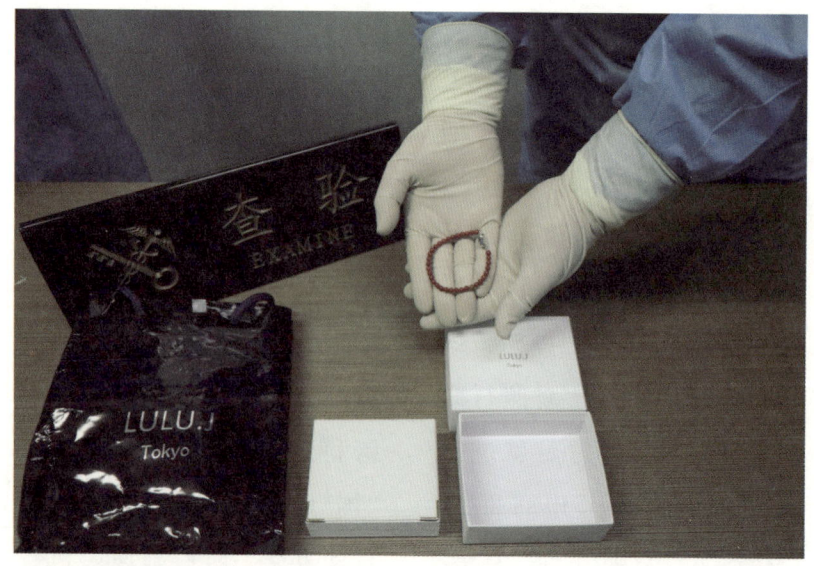

▲2022年7月15日，济南邮局海关在从德国进境的邮件内查获红珊瑚制品

▲2022年9月30日，济南邮局海关在从荷兰进境的邮件内查获新型毒品——LSD（麦角酸二乙基酰胺）致幻剂

口岸安全风险联合防控机制，推动"监管前伸"。查获枪支及其配件16起166件，管制刀具12起76件。

对高风险来源地寄递物品实施分类单独监管，及时分析上报问题线索，强化风险分析，联合地方公安拓展鉴定渠道，定期跟进案件办理进度，反哺提升毒品及非法印音制品查缉能力。查获LSD致幻邮票1起10张，国家管制类精神药品42起27754粒，反动印刷品219起747件，淫秽印刷品66起855件。

【服务外贸保稳提质】2022年，济南邮局海关第一时间落实海关总署、济南海关"保障进出境邮路通畅"等促外贸保稳提质部署要求，制定"保障企业货物通关需求"等8项措施。推动济南海关领导与省邮政企业负责同志开展专项座谈，宣介促进外贸保稳提质措施，与监管处共同回复邮政企业关于"开通铁路运邮、恢复B类商业快件进口、变更两类监管场所经营人"3项问题诉求。参加济南市稳外贸培训会，开展"通邮路 提效能 保清关"政策宣讲，制作"国际包裹通关规定知多少""邮寄食品进境""个人药品通关"等政策宣讲新媒体作品，获"海关发布""12360海关热线"等微信公众号发表7篇。

【政务管理】2022年，济南邮局海关落实主动公开责任，规范开展政府信息公开，保证履职信息透明，主动接受监督，公开发布海关监管场所（场地）检查结果公示单15份，查验、检疫、检验结果公开单9份，受理并办结信访事项1起。完善济南邮局海关安全生产工作机制，牢固树立"大安全"和"月月都是安全月"意识，按照"谁主管谁负责"原则，组织开展安全生产月活动，进行常态化安全检查和整改，严格落实安全生产工作职责，全年未发生安全生产事故。关领导分别牵头开展"防范化解重大风险""国门生物安全"专题研究，形成理论研究成果2份、理论研究成果文章5篇。

【业务运行体系建设】2022年，济南邮局海关组织编写邮局海关业务工作手册，对涉及业务进行划分，细化科室工作职责、岗位设置及分工、作业流程及要求等5个模块，从制度机制上保障一线执法需求。组织编写进出境邮件监管操作手册，明确现场作业及监管要求，理顺流程，明确职责，规范现场进出。组织编写运行监控项目清单，对6大业务条线的

32个项目进行监控，将实际工作中可能存在的风险点予以全面掌控，降低风险。

【督察内审】 2022年，济南邮局海关强化HLS2007平台应用，开展常态化提醒，用好"署级+关级+隶属"三级内控节点网络，结合邮快件监管工作重点关注署级、关级节点57个，动态维护隶属海关节点9个。强化审计整改，对照查摆的15项问题，逐项研究制定整改措施，确定分管领导和完成期限，全方位推进整改工作，切实解决工作中的短板和不足，有效防范风险，实现工作规范和工作质量双提升。

【科技发展】 2022年，济南邮局海关自主设计环节流程，布局通过与邮政企业作业系统、仓储系统对接，调取X光机图像库、CT职能审图等数据库，搭建进出境非贸物品全环节通关信息库，构建现场作业系统与通关信息的动态关联。实现利用RFID标签（电子标签），通过自动称重、自动拍照、自动扫码、电子栅栏等技术，实现对暂扣、查扣物品仓储的精准监管。建设远程审像中心，探索应用"先期过机，后期集中审像"的监管模式，利用网络技术、"云技术"减少现场作业风险，压缩作业时间，提高监管效率。在邮件监管现场完成济南海关首台X光机智能审图分析系统部署，顺利实施违禁品拦截测试，初步搭建寄递口岸智能审图"双线双审"作业模式，实现进出口寄递物品智能审图全覆盖，提升禁止寄递进境动植物及其产品和有害生物的截获率。

撰稿人

丁　斌　陈纳川

泉城海关

【概况】泉城海关于2019年1月11日正式挂牌，前身是济南海关现场业务处，负责济南市8区2县（除济南机场海关、济南邮局海关口岸现场业务及莱芜海关辖区外）海关业务，对外牵头负责驻济隶属海关对接济南市委市政府，内设11个科室。

2022年，泉城海关主动承担省市重大项目任务，协调驻济海关单位共同服务济南市经济发展，多项工作获省市政府领导批示认可，省会海关和济南海关驻地海关"首位度"提升明显。在2022年度济南市经济社会发展综合考核中获"优秀"等次。年内，监管货运量717.6万吨，同比增长106.2%；进出口值571.1亿元，同比增长18%；进出口报关单89385份，同比下降2.4%；税收入库17.1亿元，同比增长13.3%。辖区实有注册备案企业17208家，同比增长26.3%；签发原产地证书3.9万份，签证金额19.6亿美元，同比分别增长15.2%、54.9%，减免进口国（地区）关税9033.7万美元。

【学习宣传贯彻党的二十大精神】党的二十大召开后，泉城海关第一时间制订学习宣传贯彻党的二十大精神工作方案，细化13个方面37项具体工作。党委书记讲授党的二十大精神专题党课1次，党委委员开展宣讲活动5次，支部开展专题学习研讨及讲党课活动33次，党员干部学习体会在关区新媒体平台发

▲2022年10月，泉城海关采取多种形式集中开展党的二十大精神学习研讨活动

布。积极开展党的二十大金句经典诵读、应知应会测试、主题党日等丰富多彩的学习宣传贯彻活动，形成调研报告 11 篇，3 篇在关区发布。

【党的建设】2022 年，泉城海关坚持党委会"第一议题"制度，完善全面从严治党"三张清单"。开展党建"双提升"工作，推进支部"书记项目"11 个，综合业务科党支部"金雀尖兵"党建品牌获评关区党建示范品牌，4 个支部获评关区"四强"党支部，1 人获省直机关党建理论调研成果三等奖。推荐 1 名年轻干部参与海关总署支教志愿活动，发展入党积极分子 3 人。支持省派第一书记曹普开展驻村帮扶工作，其间书记助农建立"订单农业"模式，发展特色农业产业；筹措乡村振兴专项衔接资金及社会资金，持续提升基础设施水平，助力乡村振兴。

扎实开展"两个专项"工作，聚焦干部思想提高，组织"青年干部如何做到讲政治"论坛活动，青年代表在关区发言。认真开展"政治强业务"主题党日活动月和"学查改"专项工作"回

▲2022 年，泉城海关派驻东平县龙崮村第一书记曹普开展驻村帮扶工作，助力乡村振兴

头看"，梳理岗位职责蕴含的政治要求 30 条，明确目标及下一步措施 34 条。在各类媒体发布活动信息 90 余条，其中海关总署《金钥匙》刊发 6 篇，《中国国门时报》刊发 1 篇，关区"荷语泉声"微信公众号刊发 10 篇。

将巡察整改工作与年度重点工作相结合，与"三个专项"相结合，不断巩固巡察整改成果，开展巡察整改集中清查和"回头看"。2018 年以来，济南海关党委巡察组对济南海关开展各类巡察 3 次，提出整改问题 29 个，明确整改措施 116 条，涉及的问题均已整改落实到位。

加强党风廉政建设，开展"灯下黑"问题专项整治，

全力支持并主动接受第一派驻纪检组监督；坚持外出执法廉政反馈机制；积极运用"第一种形态"，开展提醒谈话 2 人次。开展警示教育月活动，围绕海关总署 8 个课题方向组织开展廉政建设课题研讨专题座谈会，上报研讨成果 3 篇；组织"清风国门"廉政文化作品征集活动，制作家庭助廉、原创警示教育微视频；制作的"书记组长谈责任"访谈视频《在推进全面从严治党中交出基层海关优异答卷》入围全国海关第一批集中视频展播。驰而不息反对"四风"，严格落实纠治酒驾醉驾措施，开展领导干部配偶、子女及其配偶从业情况检查和经商办企

业自查，设立廉政监督台，不断培树风清气正的海关良好形象。

【队伍建设】2022年，泉城海关成立纪律作风强化专项整治活动领导小组，开展"严钢规铁纪 树清风正气"内务规范强化月活动。业务大厅视频接入关领导桌面，实时进行视频检查，开展不打招呼"飞行检查"每月不少于1次。对3个业务场所在内务规范、办公环境、考勤纪律及窗口作风建设等4个方面15个项目，开展多波次、织网式、全覆盖检查督察，发布内务督查通报11期。深化内涵学军，年内组织准军集训、精准单训12次，姜伟获评关区准军示范标兵。加强"八小时"内外监督，坚持防范酒驾醉驾常态化提醒。积极参加济南市行风热线活动，自觉接受社会监督，全年未收到12345投诉和信访举报线索。推进党风政风行风建设，在济南市民主评议中，牵头驻济隶属海关，得分居驻济垂管单位前列。

严格干部选拔任用程序，进行人力资源测算分析14次，选拔晋升多人职务职级，完成岗位平级调整8人次，

▲2022年4月21日，泉城海关牵头驻济隶属海关上线济南市广播电台"作风监督热线"节目

试用期满任职1人次，接收新关员及军转干部2人次，退休干部3人次。2022年以来，就强化海关队伍和业务管理开展专题调研5次，深化开展队伍建设管理平台综合运用专项整治工作，提升管理效能。组织参加各级各类培训50余次。

泉城海关青年理论学习一组获评省直机关青年理论学习标兵集体，"新泉志愿服务队"志愿服务品牌获评关区"十佳"团建品牌，2人次获社区"双报到"优秀志愿者，1人次获济南市全国文明城市建设先进个人。

【法治建设】2022年，泉城海关结合学习宣传贯彻党的二

十大精神，组织党委中心组专题学法3次，党委书记讲法1次。坚持优模式聚合力、多载体聚成效，扎实开展"海关法治宣传日""全民国家安全教育日""宪法宣传周"等法治宣传活动34次，覆盖300家企业、20000余人。联合驻济隶属海关开展"精准惠 泉服务"法治宣讲活动，线上、线下共15000余人参加。通过"海关发布""12360海关热线"微信公众号对《中华人民共和国进出境动植物检疫法》《中华人民共和国进出口商品检验法》等海关重点法律法规开展解读11篇。明确各岗位执法要求，落实"双随机、一公开"

和行政执法政务公开，在规定领域严格落实行政执法"三项制度"，积极践行新时代"枫桥经验"，将矛盾化解在基层。2022年，执行行政检查1578次，办理行政处罚案件23件。发挥公职律师作用，经过5年跟踪联系，妥善处置济南章锦综合保税区内山东兴元服饰破产欠税疑难问题。参加"新时代 新海关法"主题征文活动，《浅议跨境电商网购保税进口海关监管面临的挑战及对策建议》《关于综保区临床试验（研究）用保税研发货物进出区监管规定的思考》分别获评一、二等奖。

【风险管理】2022年，泉城海关印发落实防范化解海关重大、系统性风险任务分工方案，逐项抓好102项风险措施落实。开展全业务领域运行监控，实现78个项目的日常自控。全面加强数据安全管理，建立业务数据查询审批机制，严防数据泄露。发挥现场优势，首批试点并常态化开展即决式布控，2022年人工分析布控查获率列关区前列。

【税收征管】2022年，泉城海关上报44条税收风险参数建议，报送税政调研建议25

▲2022年10月13日，泉城海关关员调研减免税设备使用情况

项，审核报关数据10万余条，处置事后验估指令单28条，及时率、有效率均为100%。办理税款担保2486份，办理数量居关区第1位。申请预裁定决定书4份，为关区数量最多。开展全国首批航材减免税商品快审模式

试点改革，实现航材减免税业务"即报即审"。紧密结合"强省会"战略，全力推动"十四五"期间各项进口税收优惠政策落地实施，为山东大学、国家超算济南中心、中国重汽等80家企事业单位减免税款3.45亿元，业务量

▲2022年6月15日，泉城海关关员对即将发往法国的10万人份新冠病毒抗原检测盒实施查验

列关区首位。

【卫生检疫】2022 年，泉城海关承接济南海关 D 级低风险特殊物品卫生检疫审批办理权限下放试点工作，开通进出口特殊物品检疫审批绿色通道，支持新冠检测试剂盒出口，全力压缩特殊物品卫生检疫审批时间，较规定时限缩短 90%。完成特殊物品审批 181 批，"泉城海关助力新冠病毒抗原检测盒出口跑出加速度"入选济南海关稳经济稳外贸专题案例。

【动植物检疫】2022 年，泉城海关开展"国门绿盾 2022"专项行动，防范外来物种入侵。送检木质包装 36 批，检出一般性有害生物小杆线虫 20 批。开展普查踏查工作 5 次，划定济南综合保税、章锦综合保税区和董家铁路场站 3 个普查区域，监测外来有害生物齿裂大戟、小蓬草、一年蓬、火炬树、土荆芥、刺槐突瓣细蛾，检疫性有害生物节节麦、苍耳（属）（非中国种）共 10 种，有效防止外来物种入侵。指导完成 1 个进境种牛指定隔离检疫场高标准建设，开放型平台不断扩展。首次运用进境动物在线检疫监管智慧平台，完

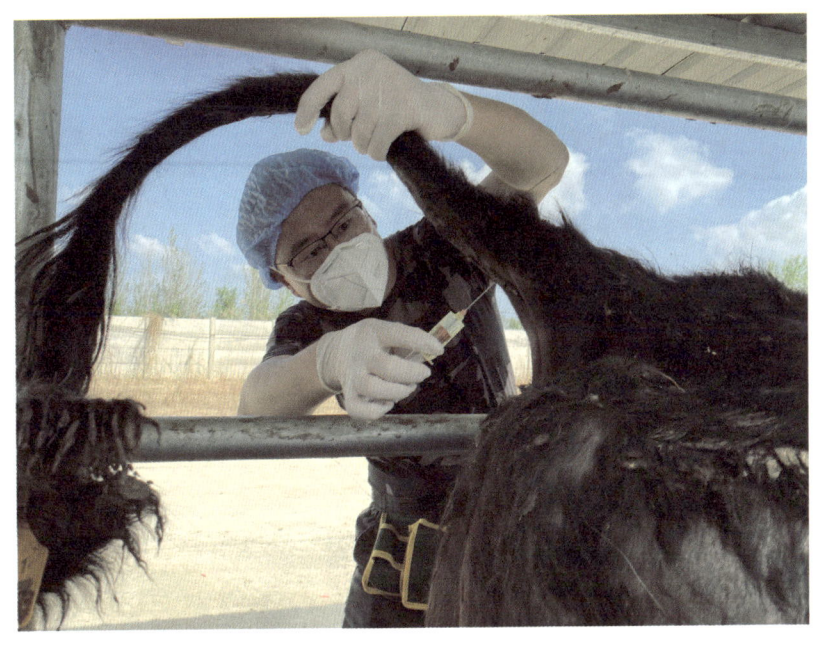

▲2022 年 9 月 9 日，泉城海关关员实施进境种牛隔离场监管，为该关区首次开展进境种牛检疫监管工作

成 11996 头乌拉圭种牛检疫监管工作，检出二类传染病 3 种，检出人畜共患病布鲁氏菌病，为关区首次。

【进出口食品安全监管】2022 年，泉城海关落实习近平总书记关于食品安全"四个最严"要求，扎实开展进口食品"国门守护"行动，助力沿黄河涉农企业打造农产品出口产业链，监管出口农产品 59.1 亿元，同比增长 1.4%。持续推进进口食品抽样检验和风险监测工作，依规退运进口食品 1 批次，查获进口食品标签不合格情事 3 起，坚决守护人民群众"舌尖上的安全"。

【商品检验】2022 年，泉城海关深入贯彻落实习近平总书记关于总体国家安全观和安全生产的重要指示批示精神，对辖区危险品包装生产企业和出口危险品企业强化检验监管。与应急管理局实现危化品监管信息互换，联合地方公安共同应对危化品安全监管和反恐工作。对辖区 30 家危化品包装生产、危化品出口企业开展拉网式安全排查，对 47 处安全隐患和 3 起不规范作业情事督促企业整改。监管查发实际货物超出包装承重上限等存在严重安全问题的危化品及危险货物 32 批。及时向综合保税

▲2022年10月17日，泉城海关关员对出口欧洲的工业级混合油进行检验监管

区管委传达海关安全生产工作要求，推动管理主体责任落实落细。

【保税监管】2022年，泉城海关备案加工贸易手册206份，核销手册289份。加工贸易实际进出口值34.26亿元，同比增长17.25%；内销货值3455.34万元，税款774.33万元，支持企业拓展国内市场效果显著。规范辖区2家保税仓库担保征收和货物出库集报，新增公用型保税仓库1个，监管8300批货物入出库核放。监管山东太古承接境外飞机维修51架次，其中客改货飞机20架次，保税仓库进出口货值3.89亿美元，同比增长4.17%。

【特殊监管区域管理】2022年，泉城海关强化综合保税区发展绩效考核导向作用，压实地方政府主体责任。落实落细国发21条及海关总署、济南海关促进外贸保稳提质各项举措，深挖综合保税区新业态发展潜力，助力综合保税区"外贸引擎"稳增长。针对疫情等原因对企业海外市场造成的影响，鼓励企业结合实际，充分运用增值税一般纳税人资格试点、委托加工、保税展示等政策工具积极拓展国内市场。打造保税维修公务服务平台，支持森锋、浪潮等企业在区内开展激光雕刻机、服务器等保税维修业务，年内保税维修进出区货值突破11亿元。探索"保税展示+跨境电商""线下展示+线上交易""网站+小程序"销售等新模式，保障"双十一"等电商购物节通关顺畅，验放跨境电商网购保税一线进境商品货值突破6000万元。支持济

▲2022年8月9日，泉城海关关员在济南综合保税区内监管跨境电商货物

南市首个综合保税区保税研发项目——壹瑞特人工肝项目顺利进行，助力企业开展全国首次基于 C3A 细胞的体外人工肝医疗设备临床研究，有效延伸区内医药企业保税研发路径。

【政策研究与统计分析】2022年，泉城海关为济南市外贸发展献计献策，撰写报送监测预警统计分析报告 25 篇次，济南市外贸进出口概况 11 篇次，多篇受省市领导批示。起草济南市外贸进出口新闻发布会稿件、专报、业务分析报告等 6 篇次，组织辖区 140 余家外贸企业配合开展统计调查，办理地方政府任务推进报表、征求意见、专项工作总结、外贸形势分析、约稿等业务 110 余项，接受海关内外部数据咨询 120 余次。

【企业管理】2022年，泉城海关积极探索企业管理窗口业务"微创新"，全面推行"不见面"业务办理模式，首创备案业务智能化服务模式，搭建"热线电话+微信小程序+短信平台"移动"互联网+"咨询应用体系，实现"自助为主，人工为辅"窗口服务，极大便利关企业务使

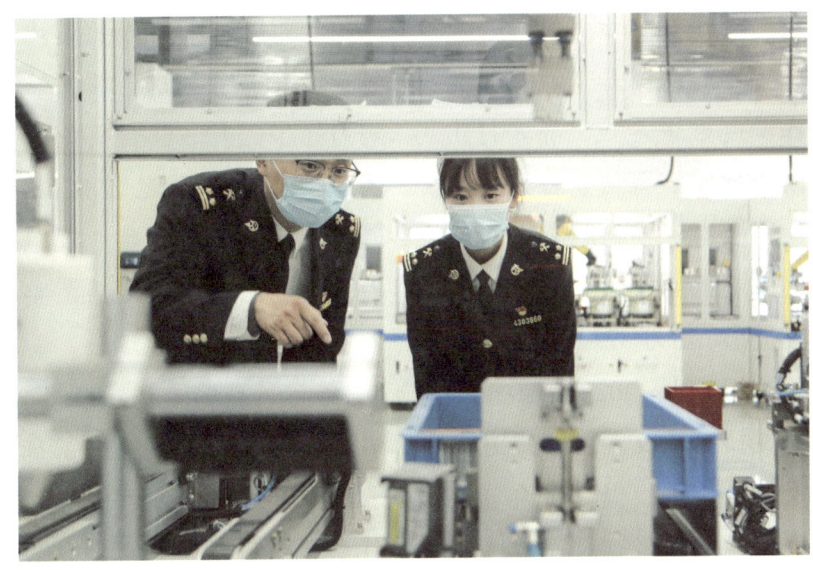

▲2022 年 4 月 8 日，泉城海关深入气动产品生产企业进行调研

用。应用上线两个月以来，733 家企业自助服务超 3800 次。2022 年，新增备案企业 4223 家，同比增长 57.3%，总数达 17269 家；加大 AEO 高级认证企业培育力度，指导山东伟基炭科技有限公司、山东翔宇航空技术服务有限责任公司等 4 家重点企业通过海关 AEO 高级认证。

【稽核查】2022年，泉城海关持续深化稽查改革，突出"以查发为导向"，实现稽查职责向重大专项和重点行业监管转变。参与关区进出口危化品逃漏检、非法倒卖进口转基因大豆、出口化肥伪瞒报等多起专项行动，查发危化品案件 3 起，查证企业非法倒卖进口大豆 1450 余吨。探索优化作业模式及实现路

径，对辖区进口机电类设备、驴皮、航材、猪产品等重点行业和敏感商品加强贸易调查和直接稽查，年度办结稽查作业 32 起，稽查有效率达到 84.3%。积极探索提能强质工作项目，牵头参与济南海关实施作战协同工程、实施查发攻坚工程、实施人才培育工程等"双高"改革项目 3 项。积极运用"网上核查"、核查领域"采信第三方出具报告制度"试点等改革措施，扎实开展"双随机"联合抽查工作，办结核查作业 56 起，查发问题 46 起，核查有效率 82.14%，同比提升 40 个百分点。

【查缉走私】2022年，泉城海关制订打击走私"国门利剑2022"行动方案，成立以关

长为组长的行动领导小组，每半年组织召开1次打私工作调度推进会议，部署打击阶段性重点任务，督促各部门落实打私责任。查办行政案件立案19起，办结17起，案值187.1万元。

【政务管理】2022年，泉城海关持续精文简会，提升办文办会质量。提高督查督办实效，全年督查反馈"零超时"。严肃请销假、值班、会议等纪律，修订值班工作办法，加强值班应急管理。加强信息宣传和舆情监测工作，在中央电视台、《大众日报》、《中国国门时报》等媒体发稿90余篇，其中被《济南日报》采编量居市直单位前列。牵头驻济隶属

海关，召开济南市外贸进出口新闻发布会4次，海关影响力稳步提升。联合济南市国安委开展保密专题教育，严防失泄密情事发生。规范档案管理，完成年度档案整理工作。

【财务与后勤保障】2022年，泉城海关严格落实"过紧日子"要求，完善预算保障和财务管理制度机制，全面实施预算绩效管理，提升资金使用效益。规范政府采购，落实上级有关规定，厉行节约，开展节约型机关创建行动，健全节约能源资源管理制度，降低机关运行成本。持续加强公务用车管理，开展办公场所消防安保专项培训、演练。提升干部职工保

障水平，办好食堂保障、便利店、洗车台、理发室等民生实事。

【督查内审】2022年，泉城海关巩固和完善内控长效机制，完成内控节点应用146个，开展自贸区创新政策复制推广专项执法评估。开展专项督察4项，查发问题6个。制发处置联系单31条，处置异常数据368条，处置异常有效数361条，完成专项成果5项，在海关总署平台发布应用成效信息3条。督察审计发现的19个问题均已整改完毕。

【重大战略部署落地见效】2022年，泉城海关聚焦黄河流域国家战略实施，制定服务黄河流域生态保护和高质量发展具体举措、支持济南新旧动能转换起步区发展举措。聚焦共建"一带一路"建设高质量发展，支持中欧班列济南集结中心建设，常态化运行"班列+冷链""班列+跨境电商"专列，为山东省会城市圈及周边地区农牧业和生鲜产品进出口打通了高效快捷国际冷链物流大通道，有效衔接民生"需求链"，实现大麦、葵花籽等

▲2022年7月26日，泉城海关牵头驻济隶属海关召开"坚定信心促发展 全力以赴稳经济"专题新闻发布会

▲2022 年 10 月 25 日，泉城海关监管济南市第 2000 列 "齐鲁号" 中欧班列在董家铁路国际货运中心场站发出

农产品首次进口，回程商品结构有效优化。2022 年，监管中欧班列开行 775 列、63536 标箱，同比分别增长 1.4%、1.6%。聚焦 "强省会" 战略推进，提报重大技术装备政策改革建议 60 余项，其中 3 条修订建议被采用，为济南市重点生产企业和重大技术项目提供强力支持。

【口岸营商环境优化】2022年，泉城海关建设更高水平的国际贸易 "单一窗口"，实现 "关港贸税金" 全链条运作，基本满足企业进出口 "一站式" 作业要求。建立 "问题清零" 机制，通过系统反映问题 63 个，通过直报点

反映问题 17 个，解决通关异常问题 30 余次。助力重汽集团因疫情滞留境外的 36 辆工程车成功退运。帮扶齐鲁制药等 7 家重点企业引进国外先进管理经验，建立完善国

外技术性贸易措施应对机制，7 家企业出口 134.7 亿元，同比增长 24.3%。为对日韩贸易企业提供 "一对一" 政策解读，助力山东省种子有限公司、济南金勋多肉植物有限公司、济南亚西亚药业有限公司等企业的南瓜种子、多肉植物、氢氧化胆碱等多项商品首次出口日本。

【推进 "两区优化"】2022年，泉城海关发挥自贸区监管政策创新高地和综合保税区功能叠加优势，坚持 "问题导向" "需求导向"，8 项济南片区改革试点任务落地。"5G 链上自贸" 监管制度创新被海关总署批复推广，作为山东省 3 项自贸区改革试

▲2022 年 10 月 31 日，在泉城海关监管下，中国重汽集团单月出口第 10000 辆重卡驶出济南章锦综合保税区

点经验之一上报国务院。山左集团、绿地国际贸易公司、家家悦集团、日本乐购仕集团4家企业"上链"开展保税展销业务，出区展销红酒、服饰、箱包等商品200余种、3000余件，吸引绿地国际商贸集团等区域总部落户济南片区，带动11家平台型贸易企业入驻济南综合保税区。

撰稿人

刘　震　姜　伟

淄博海关

【概况】淄博海关为济南海关所属正处级隶属海关，于1990年1月10日开关，是山东省设立的第一个内陆海关。下设12个行政科室和1个事业单位综合技术服务中心，与济南海关缉私局双重管理缉私科。

2022年，淄博海关践行"双高"工作思路，锚定"以精细化推进全面求强、以高质量实现走在前列"目标定位，坚持"稳"的基调、"实"的灵魂、"精"的追求和"严"的保障，各项工作稳中有进。全年监管货运量1446.57万吨，监管进出口总值84.97亿美元，审结报关单106014票，检验检疫货物33429批次，税收入库83.09亿元。拥有全国文明单位、全国青年文明号、全国海关先进基层党组织、全国海关基层党建示范品牌等荣誉，

2015—2022年连续获得淄博市经济社会发展考核"优秀"等次。

【党的建设】2022年，淄博海关坚持用习近平新时代中国特色社会主义思想武装头脑、指导实践、推动工作，通过党委领学、集中研学、结合深学等方式，结合知识竞赛、书法展示、阵地建设、主题调研等形式，深入学习宣传贯彻党的二十大精神，坚定拥护"两个确立"、坚决做到

"两个维护"。党委委员带头到各支部讲党课、谈思想，党委中心组围绕学习宣传贯彻党的二十大精神等内容开展专题学习研讨13次，各级党组织书记发表理论文章20余篇，以上率下推动党的创新理论武装走深走实。

统筹开展"学查改"专项工作和"捍卫'两个确立'、做到'两个维护'、强化政治机关建设"专项教育活动。第一时间成立由主要

▲2022年11月30日，淄博海关廉洁文化馆建成投入使用

负责同志任组长的工作领导小组，结合实际研究制定 15 项工作任务清单，根据要求修订增加工作任务 5 项，逐项明确主协办科室和完成时限，压紧压实责任，细化分解落实。注重将政治机关建设专项教育活动与"学查改"专项工作、"海关重点项目和财物管理以权谋私"专项整治、疫情防控、促进外贸保稳提质、基层党建"双提升"行动等重点工作紧密结合，建立协调、督办、考核、宣传等 5 项工作机制。坚持目标导向、问题导向、效果导向，梳理 34 条工作任务，逐条研究针对性措施，形成包含 10 个问题、29 项措施的"一本账"，全部完成整改。

推进基层党建"双提升"行动，"红帆"党建示范品牌顺利通过 2022 年海关总署复查审核，"以党性体检推动民主评议党员制度落实"课程入选海关总署党建实务类优秀课程，上报"党建案例"等成果 20 余项，"弘扬焦裕禄精神 践行'人民海关为人民'"党课入选省直机关优秀微党课。完成 12 个党支部换届，每季度开展党建基础工作质量检查，立行立改问

题 13 个。明确 20 项基层党建"双提升"工作清单，稽查科党支部"狙击手"和特殊区域监管科党支部"烽火台"支部品牌入选济南关区党建培育品牌，5 个支部获评济南关区"四强"党支部。机关团支部获评济南关区十佳团支部。

开展警示教育，党委书记在全关范围、党委委员在分管领域、各党支部书记在支部层面讲授纪律专题党课 18 次。组织干部职工赴淄博市廉政教育馆开展现场教学 4 次，组织观看警示教育片，实现全体干部职工全覆盖。开展海关"重点项目与财物管理以权谋私"专项整治，梳理重点项目 19 个，15 人完成个人剖析材料撰写，立行立改问题 2 项。完成巡察整改集中清查，问题整改全部到位。制定新时代廉洁文化建设工作任务清单，结合"齐文化""红色文化"，建成关区首家实体廉洁文化馆。

【队伍建设】2022 年，淄博海关干部队伍结构持续优化，推荐晋升提拔多人，内部岗位交流 13 人。10 人次取得进出口危险货物及其包装检验岗位资质，12 人次获得动物

检疫现场普通查验岗位资质，11 人次获得植物检疫现场普通查验岗位资质。3 名同志进入全国海关稽查岗位练兵百强。夏斌获评山东省深化"放管服"改革优化营商环境工作先进个人。刘胜入选第九批"淄博市有突出贡献的中青年专家"。

【法治建设】2022 年，淄博海关全面贯彻落实党的二十大精神，深入学习贯彻习近平法治思想。党委委员带头到各支部讲党课、谈感想，组织集中学习研讨 7 次。党委书记带头开展《中华人民共和国审计法》等法律宣讲。党委理论学习中心组集体学法 5 次。关领导牵头抓执法情况调研，形成调研报告 6 篇。通过知识竞赛、书法展示、阵地建设、主题调研等方式，营造浓厚学法氛围。组织普法宣讲会 6 场，组织开展"4·26"世界知识产权日、"8·8"海关法治宣传日等专题普法，惠及企业 800 余家。加强立法后评估工作，对海关总署 43 部规章开展立法后评估，形成 46 条评估意见，济南海关采纳 27 条，居关区前列。知识产权海关备案数量新增 49 件，备案总数

▲2022年4月26日，淄博海关关员宣传知识产权海关保护措施

达到57件，同比增长6倍。通过知识产权海关保护关际协作机制，联系黄岛海关首次查获涉嫌侵犯著作权案件，该案件涉及产品810件，货值4万余元，被评为淄博市知识产权保护十大案例。

【风险管理】2022年，淄博海关强化风险信息收集分析，被济南海关采用内外部风险信息情报居关区第2位。完善风险联合研判机制，召开6次风险联合研判会，重点围绕税收征管风险、出口化肥伪瞒报风险、特殊监管区域中的风险等方面开展研判，制订淄博海关出口化肥伪瞒报专项风险防控工作方案、危险品伪瞒报专项风险防控工作方案。参与撰写的《关

检深度融合背景下海关高标准风险防控保障高质量发展路径探究》获得第二届"海关国门安全与风险防控"主题征文活动三等奖，并被评为2022年度济南海关学会"优秀论文"。

【税收征管】2022年，淄博海关持续推进综合治税工作，提高税收征管质量和水平，税收入库83.09亿元，创历史新高，同比增长72.68%，其中关税4.67亿元，进口环节代征税78.42亿元。开展的全国海关首例阿曼原油贴水价格验估并成功补税案例，获济南海关集体嘉奖。实施归类专业认定，帮助解决辖区蘑菇菌棒出口企业蘑菇培养基归类争议问题。对接辖区

企业进口混合芳烃生产芳烃类化工品消费税退税业务，办理关区首次成品油消费税退税资格备案业务。推广关税保证保险优惠政策，办理关税保证保险1400万余元，继续保持"零出险、零赔付"。

2022年，淄博海关持续优化营商环境，树立一线窗口服务良好形象，坚持做好节假日预约加值班工作，节假日全时通关，审结报关单10.6万票，同比增长0.1%。促成生态环境部和海关总署联合发文，对辖区企业的加工贸易内销副产品四氟乙烷免予验核消耗臭氧层物质"进口许可证"。

【动植物检疫】2022年，淄博海关强化动植物风险分析研判，获得海关总署动植物疫情信息采用43条，居关区第1位。开展检疫性实蝇监测，设置监测点50个，在出境种苗花卉企业设置红火蚁监测点，采用踏查的方式调查面积约2万平方米，对8家进境粮食定点加工厂和储存库开展杂草监测，防范外来杂草疫情。在综合保税区、保税物流中心监管场站安装捕杀虫设备，持续开展外来入侵

物种普查。发现小蓬草等外来入侵物种 8 种。强化对进境皮张检疫监管，为辖区 3 家进口皮革企业办理进口动物产品定点加工进口考核 26 批，180.5 万张。检出小杆线虫 27 批、酪蝇 3 批，查获并销毁无国际木质包装检疫措施标准（IPPC）标识木制托盘 3 批。逐批审核调运记录和监控视频，监管进口粮食 13.1 万吨；落实疫情防控措施，对发现玉米矮花叶病的进口高粱制订监管方案，做好疫情处置。

【进出口食品安全监管】截至 2022 年年底，淄博海关监管辖区出口食品企业 53 家，种植场 4 家，养殖场 10 家，供港澳蔬菜基地 1 家。做好出口食品农产品查验及风险监测和监督抽检工作，完成计划 319 项次。加强进口预包装食品标签的检验监管，对 2 批进口红酒进行抽样送检，检出 1 批标签不合格，监督企业整改。助力辖区枇杷雪梨棒、甜面酱、植物基午餐肉等 22 种食品新产品实现首次出口。

【商品检验】2022 年，淄博海关提高进口商品安全把关有效性，对医疗器械、旧机电

▲2022 年 4 月 12 日，淄博海关关员查验进境玉米

等重点和敏感商品查验，检出 28 批进口商品不合格，检出率 5.86%，1 批进口轮胎缺少 3C 认证为关区首次检出，退运 1 批衬衣、1 台 X 射线设备，销毁 1 批塑化剂超标儿童玩具、1 批过期医疗器械和 8 批检疫不合格

木托，出具 7 份索赔证书，助企对外索赔 39 万元。全面落实海关总署进口棉花检验模式改革举措，对 87 批、1.53 吨、6532 万美元进口棉花免予重量鉴定和品质检验。商品质量安全信息被海关总署采用 3 篇，居关区第

▲2022 年 10 月 10 日，淄博海关关员对出口鲜苹果种植园实施监管

一。参与撰写的《关于优化属地查检业务运行推动关检深度融合的调研报告》获海关总署领导批示肯定。

【危化品检验监管】2022 年，淄博海关开展"口岸危险品综合治理"百日专项行动，实施现场检验标准化作业，强化危化品包装企业代码管理，开展基于风险分析的检验检测，构建"加强版"检验监管体系，强化与地方政府和相关部门的配合联动，突出企业主体责任落实，保障辖区出口危险品安全。检验出口危化品 12943 批、72.08 万吨、价值 12.88 亿美元，同比分别增长 26%、66% 和 53%，检验量创历史新高，居关区第一。检出 144 批不合格产品，同比提高 97%，查

检环节发现 1 起违法线索，4 篇"百日专项"行动工作简报、2 个不合格典型案例被海关总署采用，采用量分别居关区第 1 位和第 2 位。"口岸危险品综合治理"百日专项行动工作报告获济南海关领导批示肯定。

【保税监管】2022 年，淄博海关备案区外加工贸易手（账）册 287 份，备案货值 99.4 亿元；监管加工贸易（区外）进出口值 92.45 亿元，列关区第 3 位。对接企业经营需求，助力辖区首家皮革行业公用型保税仓库获批。推进企业集团加工贸易监管改革，辖区企业集团新增 2 家成员企业，集团企业加工贸易进出口总值约 6.96 亿元。帮助辖区企业解决商品归类、副

产品内销涉证等疑难问题 4 项，协助企业理顺内销流程，加工贸易企业内销货值 12.86 亿元，内销征税 1.76 亿元，同比分别增长 4.19 倍、3.61 倍。选取 5 家加工贸易企业，推广适用以企业为单元的账册管理改革，稳外贸促发展效果显现。"淄博海关扎实推动 精准落实 助力淄博开放经济高质量发展"被济南关区促进外贸保稳提质第一批典型案例采用。加强新冠疫情防控，实行业务全流程"无接触""零延时"在线申报和审核，平均审核时间压缩 50% 以上。关区保税业务在执法检查中获得充分肯定。

【特殊监管区域管理】2022 年，淄博海关坚持业务操作有指引，梳理两步申报业务流程等 6 项，统一作业规范和标准，提升工作质效。建立"周巡检+节假日轮巡"制度，融合"视频+现场"的方式日检周查，及时发现消除安全隐患，确保海关监管设施正常运行。组织政策宣讲 5 次，受众 300 余人。完善项目入区评估机制，打造特色车产业，以智能机车、全地形车、新能源车为着力点，联

▲2022 年 10 月 25 日，淄博海关关员对辖区危化品企业开展实地监管

动培育锂电池、碳纤维车身等配套产业，推进新兴业态落地发展。开通跨境电商1210业务，促进跨境电商产业发展。区内备案企业达78家，实现一线进出口值62亿元。参与《海关总署文告》综合保税区深度解读专题部分起草及国务院21条三周年政策评估，承接综合保税区管理办法首期解读。

【政策研究与统计分析】2022年，淄博海关完成数据审核10.6万条，纠正各类差错111条，涉及货值1215.1万元，移交处罚2起。开展不实贸易管控核查10余次。参与海关总署、济南海关课题申报以及海关学会等各类征文，完善调查研究工作机制，参与署级课题"RCEP关税政策对黄河流域与日韩经贸合作影响研究"，参与重点项目"以RCEP实施为契机促关区税收征管工作高质量发展"，参与关级课题"欧盟、韩国、土耳其等国家和地区REACH及同类法规实施对我省化学品出口影响分析及对策研究"；《关检深度融合背景下海关高标准风险防控保障高质量发展路径探究》《融入双循环发展大局 促农产品出口

▲2022年12月12日，淄博海关主要负责同志参加淄博综合保税区跨境电商1210业务开通仪式

提质增效》2篇论文获济南海关学会优秀论文奖，获评济南海关学会年度征文先进单位。

全年撰写服务经济类统计分析文章36篇，6篇次被海关总署相关载体采用，11篇次被山东省政府采用。牵头日本宏观经济政策研究课题并形成报告12篇，密切关注国内外热点经济问题，及时跟踪国家宏观调控政策的变化及实施效果，参与我国粮食分析、中日建交50周年等宏观经济分析研究6篇，2篇次被海关总署采用。持续跟踪地方外贸产业运行情况，着力提高辖区外贸分析研究

水平，完成淄博市与"一带一路"共建国家和地区贸易情况、淄博市外贸新业态新模式发展情况等约稿4篇，为政府决策提供参考。

【企业管理】2022年，淄博海关完成关区"双高"项目AEO企业智慧培育体验中心升级优化，成功举办关区首次AEO信用培育线上直播活动，参与人数约15万人次。打造外贸"开壶讲堂"品牌，举办宣讲会2期，惠及企业500余家。截至2022年年底，淄博辖区高级认证企业19家，新增海关注册企业780家，办理企业信息变更552家，办理企业注销288家。

▲2022 年 7 月 21 日，淄博海关承办关区首次 AEO 信用培育线上直播活动（董晓沅　摄）

【稽核查】2022 年，淄博海关开展稽查作业 28 起，办结 27 起，稽查有效率 96.3%，创历史新高，居关区第 3 位。参与全国海关稽查岗位练兵取得优异成绩，吴国瑞、唐震、孟琦进入"稽查岗位练兵全国百强"，助力济南海关成功进入技能比武团体决赛。办结核查作业 105 起，同比增长 15.4%，核查有效率 97%，居关区第 1 位。通过"互联网+海关"等非接触式核查办结作业 28 起，采信第三方出具报告办结核查作业 5 起，开展部门间联合抽查办结核查作业 7 起，减轻企业迎检负担，提升监管效能。提升后续风险管理效能，办结风险处置类稽核查 23 起，风险处置类稽核查有效率 95.65%；推动陶瓷墨水影响出口退税线索后续处置，为全国扩线查处提供了案例支撑。

【查缉走私】2022 年，淄博海关保持严打态势，深化全员打私，扎实开展"国门利剑2022"专项行动。查扣涉案烟丝 288 包（约 11.9 千克）。立案办理走私行为案件 2 起，案值 16 万元。立案办理税号申报不实影响退税案件 2 起，案值 296 万元，影响退税额 38 万元。立案办理危化品涉检案件 2 起，案值 405 万元。联合淄博市公安局、烟草专卖局等部门，通过进出口数据比对、风险分析研判、处置群众举报等方式推进"智慧缉私"，联合淄博市市场监管局对一起走私珊瑚线索进行处置；对辖区两用物项、易制毒化学品及监控化学品开展情报研判，对辖区"跨境电商"新兴业态及中欧班列、大宗商品等业务开展日

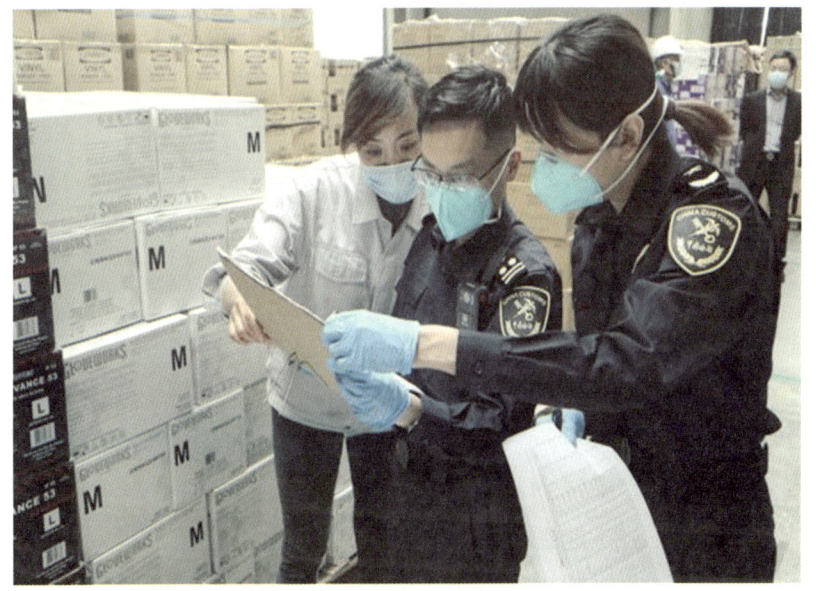

▲2022 年 2 月 28 日，淄博海关关员开展稽查作业

常监控。与公安刑侦、禁毒等多部门开展合作，联合税务、人民银行、烟草等部门对反洗钱、骗取出口退税、烟草走私等线索开展研判，加强沟通交流，共享信息资源，形成打击合力。

【政务管理】2022年，淄博海关全面践行精细化理念，建立每季度业务分析例会、每月考核指标调度、每周关长短例会、每日关领导活动通报等工作机制，强化决策公开、沟通和监督。编撰淄博海关制度汇编，及时更新维护制度37项。开展关区首个政务公开标准化试点工作，建成"政知道 齐新声"淄博海关政务公开专区。获海关总署相关刊物采用13篇，创历史新高。签发全省首票马来西亚RCEP原产地证书报道在中央电视台《朝闻天下》播出。政务信息、新闻宣传工作均居关区第3位。

【财务及后勤保障】2022年，淄博海关坚持做好民生实事，增设一楼业务大厅保温隔断和暖气片，有效改善冬季保温条件；办公楼院内增设自行车棚1处、新能源汽车充电桩3个，做好自助洗车机使用维护。充分发挥工会、

妇联、团支部等组织作用，持续开展羽毛球比赛、趣味运动会等活动，形成热爱运动的浓厚氛围。

【事业单位】2022年，淄博海关综合技术服务中心与山东省产品质量检验研究院联合承办首届黄河流域五省份纺织品检验检测机构能力验证，山东、内蒙古、河南、甘肃、宁夏五省（自治区）85家检测机构参加。

2022年，淄博海关综合技术服务中心聚焦法检业务开拓，首次接收饲料涉税化验业务，为法检业务量提升开辟新的增长点，法检业务量与去年相比同比提升30%。组织检测方法验证和认可，实现检测能力提升超过20%，满足法检、市场委托和海关

总署一级风险监测点能力提升需求。通过国家认证认可监督管理委员会组织的资质认定和实验室认可"二合一"现场评审和CNAS能力验证提供者现场评审。策划实施2022年济南海关进出口消费品质量安全风险专项监测及风险监测点运行工作。组织开展ABS塑料材质的食品接触产品和食品接触用纸制品2类产品的风险监测工作，抽取样品50批次，涉及美国、德国、日本等原产国（地区），涉及30个境外品牌，检出不合格批次10批，不合格检出率为20%。获批发布《海关实验室应用能力验证指南》海关技术规范1项；作为主要完成人，完成2项海关总署科研项目"利用裂解

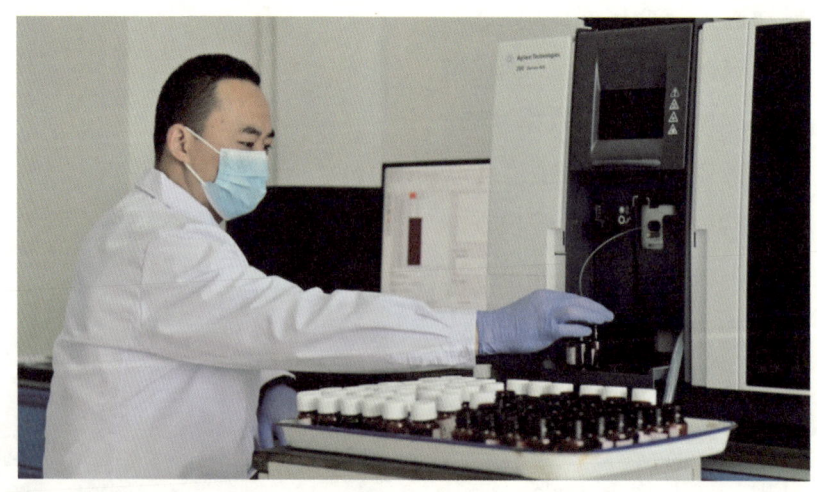

▲2022年10月20日，淄博海关综合技术服务中心工作人员开展日用陶瓷铅镉迁移量检测

规律非靶向筛查酿造酒中化学污染物的研究""进出口口罩过滤效率和呼吸最快速筛查仪的研制"，1 项关级科研项目"新型食品接触材料及制品中有毒有害物质检测技术与风险评估体系的研究"。一种原浆酒检测分装装置获发明专利授权，一种口罩过滤效率和呼吸阻力快速筛查仪、一种原浆酒检测设备获实用新型专利，发表核心期刊论文《电感耦合等离子体质谱法测定葡萄酒中的硼同位素丰度比》。

【中欧班列开行】2022 年，淄博海关实施预约通关、预约查验、农产品报关前置审核等便利措施，"零延时"开展查验等监管作业 15 次，保障首列"淄博—莫斯科"冷链集装箱班列开行，快速验放

▲2022 年 11 月 15 日，中欧班列（齐鲁号）山东高速鲁中园区首列开行暨海关监管区建成仪式

援建白俄罗斯国家足球体育场物资。保障"淄博—蒙古国"新线路开行，指导山东高速鲁中物流发展有限公司海关监管作业场所获批，中欧班列"内陆港"枢纽正式实现扩容，进入双核运行时代。2022 年，监管中欧班列（齐鲁号）开行 59 列，货值 11.3 亿元。

撰稿人

王　震　王丽虹　吕心雷　刘　阔　刘彦龙　孙志强
孙启利　李　课　张　苗　周玉韵　周龙生　夏　斌
唐　震　程　猛　程　翔

潍坊海关

【概况】潍坊海关为济南海关正处级隶属海关,于1990年10月20日开关。2018年4月,根据党和国家机构改革部署,原潍坊出入境检验检疫局管理职责和队伍划入潍坊海关,设有16个正科级内设机构、2个副处级派驻机构、2个事业单位。济南海关缉私局在潍坊设有潍坊海关缉私分局(正处级)。

2022年,潍坊海关深入学习宣传贯彻党的二十大精神,认真落实"疫情要防住、经济要稳住、发展要安全"重要要求,大力倡树"严、真、细、实、快"工作作风,围绕"提速、降本、便民、培优"出台促进外贸保稳提质22条措施,助力潍坊外贸进出口总值首次突破3000亿。打造支持农业开放发展品牌,制定支持潍坊国家农综区发展10条措施,推动潍坊市农

▲2022年1月20日,潍坊海关首次以新闻发布会形式介绍潍坊市外贸形势

产品出口连续4年破百亿,为"三个模式"创新提升做出了海关贡献。承办中国海关与哥斯达黎加海关全球首次AEO线上互认观摩。监管进出口货值、报关单量等10余项主要业务均居关区第一,有力服务潍坊外贸更好更快发展,工作成效2次获潍坊市委主要领导批示肯定,获评2022年度潍坊市"支持潍坊发展"优等等次。

【党的建设】2022年,潍坊海关完成机关党委、机关纪委及4个党支部换届选举,选优配强工作力量。牢固树立一切工作到支部的鲜明导向,实施基层党建"双提升"行动。特殊区域监管科"桥头堡"党建品牌经海关总署复核认定,保留"全国海关基层党建培育品牌"称号,7个党支部获评关区"四强"党支部,查检二科党支部"护

农'防火墙'"、口岸监管二科党支部"海上党旗红"获评关区党建示范（培育）品牌。与潍坊市峡山区岠山村开展党建共建活动，助力乡村产业振兴。

学习宣传贯彻党的二十大精神。第一时间组织部署，建立领导工作机制，制订方案，明确40项重点措施"挂图"推进。拓宽学思践悟平台，围绕"12个必"重点工作，搭建课题研讨、信息交流等载体，推动各级领导干部大学习、大调研、大宣讲，研究推动有关重大工作部署落地见效，结合持续深化"我为群众办实事"，把企业、群众反映的"问题清单"变成"履职清单"，做到学思用贯通、知信行统一。

扎实推进政治机关建设专项教育活动和"学查改"专项工作，梳理各业务领域蕴含的政治要求120项，查摆9类48项问题，梳理食品安全、危化品查检等领域重大风险隐患5项，提出整改措施30项。创建将习近平总书记重要讲话精神、重要指示批示精神和党中央重大决策部署第一时间学习传达、第一时间动员部署，列为党委

▲2022年10月27日，潍坊海关机关党委与峡山区岠山街道岠山村开展党建共建活动

会议和关务会议的首要议题，作为督办工作的第一事项的"211"工作标准，以党委中心组学习为基本载体，打造线上教育专栏、线下理论学习阵地两个课堂，建立"不打招呼"闭卷测试、"随堂考"、"班前问答"3种检查方式，形成立体化、全覆盖的"123"教育模式，确保习近平总书记重要讲话精神、重要指示批示精神和党中央重大决策部署落实在基层、见效在基层。

▲2022年10月27日，潍坊海关开展"扩大农产品出口赋能乡村振兴"专题调研

深入开展"海关重点项目和财物管理以权谋私"专项整治工作。查阅 2012 年至 2021 年以来的全部财务凭证、招标文件等档案明细，梳理重点项目清单 24 项。组织重点人员进行个人违规事项申报，开展财务管理、物业管理、内部装修等非业务领域全面自查。发现 6 个方面问题，制定细化整改措施 11 条。

坚持党团共建，"枝叶鸢关情"团建品牌获评关区十佳团建品牌，青年代表在关区"青年讲习所"活动中作典型发言 2 次，许文娟、于涛在关区"走好第一方阵 我为二十大做贡献"主题演讲比赛中取得佳绩。在元宵节、端午节等传统节日开展主题文化活动，各协会年内组织文体活动 120 余次。郭廷、李法曾分别获评"潍坊市青春担当好青年""潍坊十大杰出（优秀）青年卫士"称号。

【队伍建设】2022 年，潍坊海关推荐多人提任，调整 22 名科级领导干部和职级公务员岗位。优化整合稽查人力资源，稽查一科与稽查二科合并为稽查科，负责稽查业务、行政案件管理、贸易和市场

▲2022 年 6 月 23 日，济南海关在潍坊举行"光荣在党 50 年"纪念章颁发仪式

调查等工作。为 1 名退休干部颁发"光荣在党 50 年"纪念章，为 5 名退休干部举办荣誉退休仪式。

【法治建设】2022 年，潍坊海关制订年度普法工作计划和普法责任清单，在"4·15"国家安全日、"8·8"海关法治宣传日、"12·4"宪法宣传周等重要节点开展集中普法宣传活动 5 次，对《中华人民共和国宪法》《中华人民共和国行政处罚法》等多部法律法规进行普法宣传。落

▲2022 年 4 月 13 日，潍坊海关关员深入企业开展普法活动

实案件审理委员会制度，组织召开案审会3次。完善强化内部制度建设，新制定制度8项，修订制度3项。加强法治建设理论研究，报送2022年度济南海关"新时代、新海关法"联合主题征文2篇，分获一、二等奖。参与关区法治人才队伍建设，推荐关区普法讲师2人。做好2起劳动人事争议诉讼庭审工作，出庭应诉2次。

【风险管理】 2022年，潍坊海关风险处置类稽核查办结作业64起，其中有效作业48起，风险分析专项稽核查有效率75%。

【税收征管】 2022年，潍坊海关税收入库107.68亿元、同比增长43.58%，审结报关单32.8万票、同比增长4.45%。全面实施以企业为单元的税款担保改革，为21家企业备案担保55.2亿元，其中关税保证保险担保金额达33亿元。提报增列番茄种子税目建议被税则委采纳。审批减免税货值1.47亿美元、减免税款1.3亿元。

全年签发各类原产地证书及声明89279份，签证金额69.9亿美元，同比分别增长27%和60%，其中签发RCEP原产地证书21409份，签证金额10亿美元。助力企业国外通关减税超12亿元，原产地签证自助打印比例在85%以上；签发全省首份中国对缅甸RCEP原产地证书，签发山东省首份中柬自贸协定原产地证书。组织"产地证书直通车"政策宣讲活动3期，组织编写RCEP实施案例2篇。

【卫生检疫】 2022年，潍坊海关检疫监管入出境船舶1316艘次，入出境船员21663人次，同比增长20%，对586人实施检测，在入出境人员中检出乙肝、梅毒等传染病6例。在潍坊口岸开展蚊类监测18次，捕获成蚊157只。进行鼠类监测4次，捕获鼠类4只。在运输工具中截获蝇类345只制作鼠类标本2只、蝇类标本270只。

【动植物检疫】 2022年，潍坊海关检验检疫进出境动植物及其产品约4.6万批。检疫进境种牛2.56万头，同比增长23%，检出并扑杀二类传染病种牛43头。新备案2家进口种虾隔离场，新备案3家进境种牛隔离场（其中2家系由肉牛隔离场升级为肉种两用隔离场），累计备案动物检疫隔离场13家。2家进口种虾企业备案，填补了潍坊市种虾引进空白。

强化进境粮食初审和核销，监管审批进境大豆57.56万吨、玉米52.67万吨、高粱7.61万吨、大麦6.48万吨、小麦5.80万吨；对辖区4家储备进口大豆的中央储备库进行专项检查，完善了防疫、应急预案、杂草监测等制度。

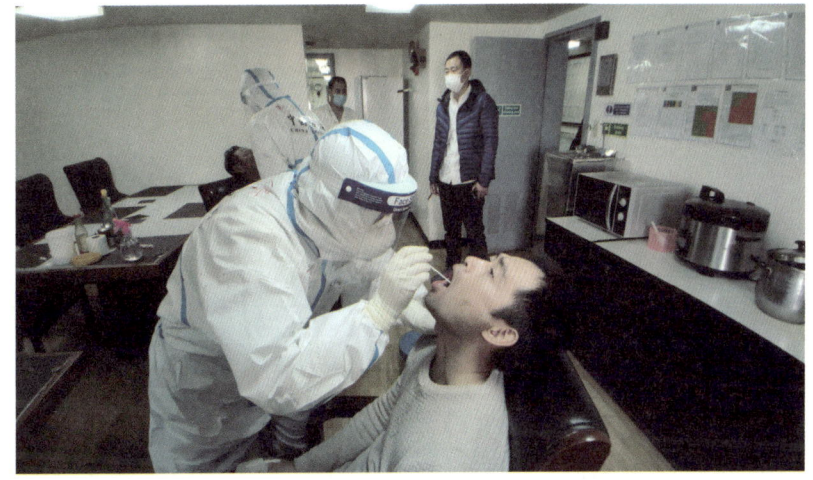

▲2022年3月15日，潍坊海关关员开展进出境人员卫生检疫

▲2022 年 8 月 6 日，潍坊海关关员监管进境种牛

依规实施行政许可、多元共治优化监管机制等建议措施。采集国外食品安全信息并被海关总署食品安全信息日报采用 124 篇，位列关区隶属海关首位。

【促进潍坊国家农综区发展】2022 年，潍坊海关出台优质种质资源引进、加快农食产品进出口通关等 10 项措施，全力支持潍坊国家农综区发展。围绕提速、降本、便民、培优，出台促进保稳提质 22 条细化措施，出台 5 项措施支持潍坊国家农综区农食产品出口，初步形成多元共治优化监管机制。助力潍坊首次引进日本花生原种，顺利培育种植，返销日本，在通关、政策支持、技术指导等方面为企业提供帮助。

组织潍坊海关技术中心、安丘农安办检测中心、韩国

【进出口食品安全监管】2022 年，潍坊海关查验出口食品 318 批，出具证书 13000 余份。在进口的 4 批蜂蜜中检出美洲幼虫腐臭病，依法实施退运，货值 107 万元。充分发挥"食安云擎"工作室专家作用，针对冷冻水果出口提出依法依规优化准入门槛、加强管理、强化服务、依法

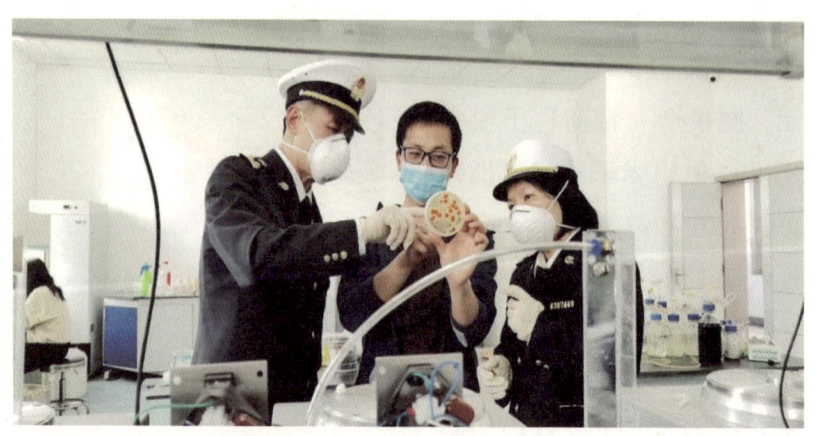

▲2022 年 4 月 13 日，潍坊海关关员在进口蜂蜜中检出美洲幼虫腐臭病

▲2022 年 10 月 21 日，潍坊海关关员在潍坊国家农综区花生种植基地指导

KTR 检测中心青岛分公司签订互认合作协议，取得中韩检测互认的实质进展。反诉韩国预警助力价值 300 万元预制菜顺利通关。推动潍坊国家农综区实现进出口食品农产品 176 亿元，同比增长 3.5%。

【商品检验】2022 年，潍坊海关检验监管进口、出口商品和危险货物包装共约 24530 批、货值约 390 亿元，同比分别增长 2.3% 和 1.4%，量值约占关区的 30%。其中，出口方面，检验危化品约 8500 批，约占关区的 22%；出具危化品包装性能和使用鉴定约 13860 批，约占关区的 35%。进口方面，查验进口机电产品 540 批，约占关区的 32%。

在确保严密监管前提下，为 25 批重要研发设备提供快速查验服务，协助口岸海关对 13 批精密仪器提供转场查验，开通"绿色通道"快速验放 94 台进口农机，精准保障农业生产。专人对接中化弘润保税油库原油出库计划，加强与黄岛海关联系配合，提前审结原油入境检验检疫证明和重量、品质证书，验放出库原油 590 万吨，有效保障下游炼化企业原料供给。发挥"船边直提"改革试点优势，为 3 批 3.2 万吨进口钾肥办理"口岸+目的地"联合查检服务，查验时间由原来的 4 天左右压缩至 1.5 天。将进口棉花品质检测和重量鉴定模式改革作为重点研究项目，指导企业建立棉花检验、销售、使用台账，依企业申请出具品质、重量索赔证书 320 余份，助力企业对外索赔 160 万余元。查获进口无证压力容器 3 个、禁止进口旧显示屏 2 个，均作销毁处置。

【技术性贸易措施】2022 年，潍坊海关深入推进潍坊食品农产品技术性贸易措施研究评议基地建设，通过海关总署首次考核，上报国外通报评议意见 32 条，提起贸易关注 7 条。其中，提报"对欧盟即将禁用草甘膦的特别关注"成功推动欧盟关于草甘

▲2022 年 2 月 10 日，潍坊海关关员对进口化肥实施监管

腾批准期限延长一年。潍坊食品农产品技术性贸易措施研究评议基地获关区唯一山东省贸易摩擦预警优秀工作站。参与撰写的《济南海关关于山东省农食产品外贸发展情况的调研报告》获得海关总署领导肯定批示，《四方面因素掣肘预制菜"出海"亟须重点关注》被海关总署相关刊物采用；在《技术性贸易措施导刊》发表论文 2 篇。工作报告《技贸措施研究为农食产品插上高质量发展翅膀》被济南海关相关刊物采用。

修订潍坊海关技术性贸易措施工作规范等 3 个文件，调整基地管理工作人员，制定评议基地参建方职责分工等内部工作文件 4 份，充分调动海关、政府和行业协会力量，推动研究、评议等工作开展。

【监管业务】2022 年，潍坊海关有 10 个监管作业场所场地，分别为：潍坊港监管场所、山东省港口集团潍坊海关监管作业场所、潍坊森达美液化品码头、潍坊申易物流有限公司集装箱场站、潍坊港通关服务有限公司海关监管作业场所、山东港储国

▲2022 年 3 月 9 日，潍坊海关查发关区首起海运进境固体废物废轮胎

际物流监管场站、青州国际陆港监管场站、潍坊综合保税区进口肉类指定监管场地、潍坊综合保税区进境粮食指定监管场地、潍坊港区散货码头进境原木指定监管场地。同时，积极推动潍坊港进境粮食指定监管场地申建工作，已基本完成软硬件设施建设。

年内，监管潍坊港外贸散装货物 713.2 万吨，同比增长 1.3%，其中液化品 74.2 万吨，同比增长 1 倍；集装箱 38226 标箱，同比增长 24.6%，实施大型集装箱检查设备应用机检作业 5177 自然箱，外贸集装箱货物机检验比例 97%，完成智能审图 5177 幅，有效识别率 98% 以

上，审图时效提升 50%。严厉打击"洋垃圾"进口，查发关区首起自海运口岸进境固体废物废轮胎 143 吨，查发和退运固体废物"干磨浆" 3395 吨。开展安全生产专项整治三年行动，安全事故实现"零发生"。

年内，潍坊海关在潍坊港口岸全面推广"直装直提"改革，进行政策宣讲，提供技术支撑，优化查验配套保障。监管进口"船边直提"和出口"运抵直装"货物 225 批次，其中，集装箱货物 65 批次、104 标箱，大宗散杂货 160 批次、73.8 万吨，提升口岸提离效率 80% 以上。

【保税监管】2022 年，潍坊海

关办理加工贸易手册1918本，同比下降5.60%；结案手册2073本，同比下降4.64%；内销货物征税6384.6万元，同比增长32.39%。辖区加工贸易监管进出口总值1138亿元，同比增长30.6%。作为全国首批参与企业集团加工贸易监管改革试点，不断扩大改革覆盖面，截至2022年年底，潍坊海关辖区10家企业参与改革，占关区的66.7%，其中2家企业实现跨关区突破。累计为企业减免保证金（保函）510万余元，节省资金占用6730万元，改革成效显著。

审核作业中心（潍坊）成立两周年成效显著，综合运用"单证作业集约化+实货监管属地化"新型监管模式，人力资源压缩55%，审核时效提高4倍；顺利完成首办验厂13次、保证金征退890笔、保税中后期核查39次，前后期配合无缝衔接；协助雷沃重工、可森木业等企业完成外关区业务协调工作。

潍坊海关辖区实有保税仓库和出口监管仓库9家，监管出入库货值870.9亿元，位居关区第1位。指导中化弘润保税油库根据市场变化

▲2022年7月19日，潍坊海关关员在保税油库实施监管

情况完成两次缩容审批和验收工作；推动潍坊市第二家原油保税仓库港联化保税油库通过验收。

年内，诸城保税物流中心一线进出口值2.4亿元，超过2017年封关运营以来进出口值总和，同比增长1.3倍，位居关区第1位。

【特殊监管区域管理】2022年，潍坊海关压紧压实地方政府主体责任，对潍坊综合保税区发展绩效开展2次自测评估；推动跨境电商、保

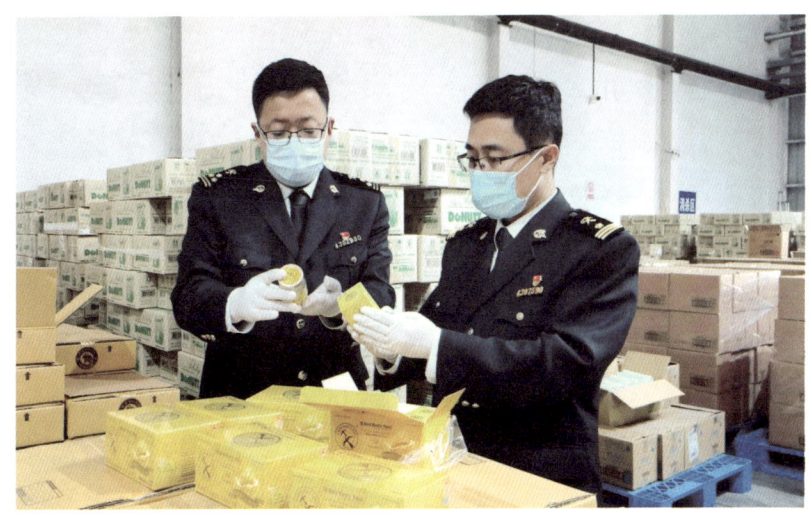

▲2022年12月2日，潍坊海关关员在潍坊综合保税区对进口食品实施查验，查获一批不合格进口燕窝饮品

税维修、保税研发等新业态发展，跨境电商实现进出口值突破 100 亿元，保税维修、保税研发进出口值突破 6.2 亿元；支持歌尔股份有限公司全球虚拟现实智能硬件生产基地建设，实现进出口 376 亿元，同比增长 92%；助力潍坊综合保税区实现一线进出境货值 713 亿元，同比增长 40%，2021 年度绩效考核位居山东省第 3 位、跻身全国第 15 位。

【政策研究与统计分析】2022 年，潍坊海关完成报关数据审核 85 万条，纠正各类差错 186 条，涉及货值 1.7 亿元，移交处罚 6 起，撰写的统计监督信息被海关总署采用 4 篇。开展不实贸易管控核查 10 余次。撰写海关统计要情 36 篇，被海关总署采用 7 篇、山东省政府采用 4 篇。完成报送 6 篇宏观政策研究成果，省级课题"海关支持山东制造业创新驱动发展研究"获评全省政府系统优秀调研成果三等奖。

发挥海关统计在地方的辅助决策作用，向地方党委政府报送外贸分析报告 3 篇，两次获潍坊市委主要领导肯定批示。获评济南海关学会"2022 年征文先进单位"，学会论文报送数量达 31 篇，创历史新高，居关区首位。其中，《关税保证保险发展问题浅析》《浅谈新形势下海关服务国家"一带一路"建设的实现路径》获评"济南海关学会优秀论文"，《防风险+优服务，"双轮驱动"促进"双循环"》论文获评"济南海关学会入选论文"。

【企业管理】2022 年，潍坊海关企业管理总体业务规模保持关区前列，进出口收发货人备案企业、高级认证企业、特定资质企业、对外推荐注册企业、原产地备案企业和产品等均居关区第 1 位。新备案报关单位 2309 家，辖区报关单位数量累计达到 17607 家；新增高级认证企业 7 家，辖区高级认证企业共 31 家，失信企业 5 家；注销企业 524 家。特定资质方面，新增出口食品原料种植场 48 家，出口食品原料养殖场 19 家，出口食品生产企业 86 家，进口食品进口商 47 家。新增境外注册企业 13 家次，获境外注册企业累计 158 家次。开展动植类企业注册登记现场评审作业 73 家次。原产地企业备案 1621 家，产品备案 1288 种次。

【中哥海关 AEO 线上互认观摩现场工作】2022 年，潍坊海关承接中国海关与哥斯达黎加海关 AEO 线上互认观摩

▲2022 年 10 月 11 日，潍坊海关深入山东省内 LNG 设备制造单项冠军企业开展行业调研

▲2022 年 4 月 7 日，潍坊海关承办中国—哥斯达黎加海关 AEO 线上互认观摩活动现场工作

现场工作。使用"云平台"和物联网技术，实现中国海关、哥斯达黎加海关以及认证企业现场的信息联通，以线上方式向哥斯达黎加海关实景展示中国海关 AEO 认证实践，解决受疫情影响哥斯达黎加海关无法实地观摩的难题，顺利完成全球首次 AEO 线上互认观摩活动。

【稽核查】2022 年，潍坊海关稽查作业 40 起，稽查作业有效率 85%，提高 20 个百分点；办结大案要案 4 起，列关区第一。稽查查获进口固体废物 77.319 吨，货值 3.56 万美元，责令企业退运出境。查发 4 家企业存在出口危险品伪瞒报情事。开展进口轻循环油贸易调查被海关总署企业管理和稽查司采用并在全国组织专项行动；开展瓷砖墨水贸易调查，代表济南海关在海关总署稽查中部协作区月度例会上作汇报。办结主动披露作业 9 起，货值 1.1 亿元。

承接海关总署改革项目采信第三方出具报告制度试点工作，对辖区 11 家出口食品备案生产企业开展核查试点。做好与市场监管部门联合抽查工作，实施联合抽查 18 起。全面推广"互联网 + 核查"作业模式，实施网上核查 29 起。

【查缉走私】2022 年，潍坊海关缉私分局立案侦办刑事案件 17 起，案值 4757.12 万元，采取强制措施 7 人次，扣押违法所得 111.16 万元。立案调查行政案件 10 起，货物价值 5723 万元。罚没入库763.59 万元，同比上涨281%。

【政务管理】2022 年，潍坊海关接收地方来文 1200 余件，协调参加地方会议 100 余场，转办各类业务咨询 1000 多次，及时回应"12345"等各类热

▲2022 年 10 月 9 日，潍坊海关关员在整理文书档案

线反馈问题，归档整理 2021 年度 6941 份文书档案。政务信息、新闻宣传采用数量居关区隶属海关首位。办理发文 216 份、收文 6700 余份，发文连续 4 年保持"零退文"。零差错完成行政值班、节假日值班等工作。处理各类涉密文件 846 份，印发潍坊海关工作秘密管理暂行办法、秘密范围、秘密事项清单等，2022 年度未发生失泄密情事。

【财务及后勤保障】2022 年，潍坊海关全力做好防疫物资保障工作，接收、采购各类防疫物资 15.7 万件、发放 15.2 万件。查扣进境走私烟丝 1 批共计 22.025 千克，委托潍坊市奎文区烟草专卖局保管，完成出库移交手续。完成"海关重点项目和财物管理以权谋私"专项整治工作所涉及重点项目的上报、质询等相关工作。

【督查内审】2022 年，潍坊海关完成各层级督察项目 13 个。配合完成海关总署、审计署审计。自主开展季度审计 2 次，发现并整改问题 24 个。完善基层内控节点体系建设，发现并整改问题 135 个。"新海廉"系统应用补税 241 次。

【事业单位发展】2022 年，潍坊海关综合技术服务中心完成检验检测 3457 批次、7.7 万项次。新增检测项目 44 项，检测能力提升 5.2%。完成非洲猪瘟检测 20 批，进境种牛检测 4 批次、20525 头，检出进境二类动物疫病 31 例。海关技术规范《禽蛋及制品中毒死蜱残留量的测定》获得立项。发表 SCI 论文 2 篇，发表核心期刊论文 7 篇。论文《QuEChERS/液相色谱—串联质谱法测定 5 种蔬菜中 17 种氨基甲酸酯类农药的基质效应研究》入选中国百篇最具影响国内学术论文榜单，为全国海关系统唯一一篇入榜论文，同时入选分析测试学报优秀论文。获得国家专利授权 8 项：一种紧凑型养殖鸡笼、动物源性食品前处理样品萃取装置、一种用于固相微萃取的新型装置、用于吸附新烟碱类杀虫剂的改性蒙脱石粉碎装置、一种有机肥料取样装置、一种食品检测用预处理装置、一种食品检测取样装置、一种肉及肉制品制样装置。

年内，潍坊海关国际旅行卫生保健中心（潍坊海关口岸门诊部）选聘 6 人到核酸检测、体检接种等一线岗位工作；新购买心电图机、生化分析仪等，提升硬件服务水平；完成节能和消防提升维修改造，服务设施得到重大提升。完成各类体检 4288 人次，检出各类传染病 9 例；预防接种 2959 人次；新冠核酸检测 54.8 万人次，检出可疑样本 605 份。

撰稿人

文武飞　刘玉鹏　季晓琳　郭文龙

泰安海关

【概况】泰安海关为济南海关正处级隶属海关，1994年5月29日正式开关。2018年4月，根据国家机构改革工作部署，原泰安出入境检验检疫局管理职责和队伍划入泰安海关。下设8个行政科室，代管济南海关技术中心泰安实验室、济南国际旅行卫生保健中心泰安门诊部2个事业单位。

2022年，泰安海关围绕属地强关建设目标和"八位一体"发展布局，队伍风貌与日俱新，各项工作亮点纷呈。党总支"泰山挑山工"党建品牌获评"2022年度全国海关党建示范品牌"。"打造'1235'党建体系，推进党建业务双提升"为济南关区唯一入选全国海关第二批基层党建创新案例。获评2022年度泰安市高质量发展综合绩效考核"优秀"等次。

"支部书记讲党课"作品"求实、扎实、朴实的海关'三农'梦"入选海关总署学习贯彻习近平新时代中国特色社会主义思想海关特色课程。关区庆祝中国共产主义青年团成立100周年活动中，团建品牌"望岳"和主题征文获评"双十佳"。徐五通获评2022年度泰安市政协优秀委员。杜一凡获评山东省委保密委员会"保密故事优秀讲述人"二等奖。李海英获评济南海关"走好第一方阵 我为二十大做贡献"主题演讲比赛三等奖。赵泓瑞获评济南海关2022年度信息工作先进个人。参与制作《山东省农产品出口创历史最高水平》获评2022年济南海关"十佳"新闻报道。《保守》和《在希望的田野上》2部微视频在海关总署"海关影像"和"央视频"发布，获评

2022年济南海关"十佳"新媒体。

【党的建设】2022年，泰安海关旗帜鲜明把政治建设摆在首位，深刻领悟"两个确立"的决定性意义，将习近平总书记重要指示批示精神作为行动号令，认真落实"第一议题"制度，对疫情防控、党的二十大精神学习等重点任务实施常态化督导调度。持续抓好巡视巡察反馈问题长效整改。深学笃用习近平新时代中国特色社会主义思想，党委开展集体学习16次，组织中心组及中心组（扩大）学习14次，开办"泰关'云党课'"，组织"追梦泰关人"主题演讲比赛。全面学习贯彻党的二十大精神，细化明确四方面16项重点任务，"打造'1235'党建体系，推进党建业务双提升"入选第二批全国海关

基层党建创新案例，"求实、扎实、朴实的海关'三农'梦"入选海关总署学习贯彻习近平新时代中国特色社会主义思想海关特色课程。

2022年，泰安海关党总支"泰山挑山工"党建品牌获评"2022年度全国海关党建示范品牌"。深学细研党的二十大精神，重铸升级10个党支部品牌。党建信息得分居关区首位。统筹推动"学查改"专项工作和政治机关建设专项教育活动，深层次查找政治要求58条，策划制作"政治强业务"等系列专题"云党课"45期。

深入开展"海关重点项目和财物管理以权谋私"专项整治，梳理形成25个重点项目清单，组织21人开展违规事项个人申报，配合第四派驻纪检组完成个人谈话、企业走访调研等工作。用好监督执纪"四种形态"尤其是"第一种形态"，开展批评教育1人次；开展全关集中性警示教育活动5次。深化准军建设，肖本忠获评关区"准军示范标兵"。

【"1235"党建体系】 2022年，泰安海关紧密围绕"没有离开政治的业务，也没有离开业务的政治"，深化拓展"强基提质工程"，聚焦发挥党总支"泰山挑山工"品牌示范引领作用，打造"1235"党建体系，推进党建引领、业务支撑"双提升"。一条主线筑基，以"政治强业务"为主线，搭建以"政治功能显性化、党建业务一体化、组织建设标准化、品牌建设特色化"为主体的"四化"党建工作框架。两大引擎驱动，搭建绩效管理体系强化目标驱动，搭建制度管理体系强化机制驱动，为强党建、促业务提供坚实制度保障。3个层级联动，党委提能，勇于树旗帜、当标杆、作表率；组织提质，持续深化"强基提质工程"；党员提神，围绕挖潜力、增动力、提能力下功夫。五项工程支撑，搭平台，建成"新时代讲习所"；铸品牌，实现支部"一品牌、一特色、一工作法"全覆盖；强共振，以支部为单位推行"两亮两比"展示；聚能量，以泰关"云党课""追梦泰关人""党员先锋岗"等专项活动激活队伍正能量；办实事，在坚守监管底线、拉升服务高线中锻炼党员、锤炼作风。

【队伍建设】 2022年，泰安海关持续加强清廉海关建设。发挥党支部教育培养作用，做好"传、帮、带"，积极引导年轻干部在学深、悟透、做实习近平新时代中国特色社会主义思想上持续用力，增强政治判断力、政治领悟

▲2022年9月5日，泰安海关组织"追梦泰关人"暨喜迎二十大主题演讲比赛

力、政治执行力。组织全员完成党的二十大精神、习近平总书记重要讲话精神、习近平新时代中国特色社会主义思想、党的十九届六中全会等专题培训。举办女性健康知识讲座、党史学习教育，组织15人次参加危险货物及其包装检验监管、加工食品签证官、海关行政执法考试、动植物检疫岗位资质考试等资质培训。擦亮"彩石夕"退休干部党建品牌，加强组织领导，落实慰问走访、健康体检、疫情保障、文体娱乐等关心关爱关怀举措，用好用活"老干部活动室"，组织"加强新时代党的建设"专题座谈会、"情暖泰关，共话重阳"等主题活动。

【法治建设】2022年，泰安海关加强执法能力建设，聚焦法律法规学习宣传，严格推进落实"三项制度"。创新普法宣传，推进"一关一品"法治品牌创建，设计"思思送惠"法治宣传品牌，3期普法宣传视频在"12360海关热线"微信公众号发布，卡通形象品牌"关叮咚"被选为济南海关法治宣传品牌。

【风险管理】2022年，泰安海关强化风险信息上报，上报风险信息10条，业务分析报告1篇，报送完成率位于关区前列。参与关区风险信息情报收集工作，收集国内外贸易措施、出口化肥、危险品、综报类等专项信息情报，采用量居关区第2位。加强通关及跨境电商领域人工分析布控。结合辖区业务特点开展风险分析，风险处置类稽核查有效率得分满分，人工分析移交立案及风险处置类稽查单独追补税位列关区第5位。

【税收征管】2022年，泰安海关切实提升税收征管质量。积极落实税收征管改革举措，汇总征税率达63.8%，居关区第2位。防范税收风险，全面提升涉税要素申报质量，属地规范申报率保持100%，严把归类、审价关，确保税款应收尽收。落实结构性减税政策，审批征免税确认通知书126份，货值1.3亿美元，居关区第3位，同比增长313.7%，增幅居关区第2位。减免税款6441.4万元，居关区第3位，同比增长355.5%，增幅居关区第2位。

【动植物检疫】2022年，泰安海关监管出口动植物产品1618批、3.85万吨、4.34亿元，主要出口韩国、日本、美国、欧盟、东南亚等国家和地区。抽检宠物食品和饲料添加剂19批、118项次，合格率100%。监管进口粮谷类产品75249吨，创历史新高。目的地查检进境苗木欧洲鹅耳枥1批。开展"国门绿盾2022"专项行动，防范外来物种入侵。在出口果园种植场和主要进境粮食加工

▲2022年6月30日，泰安海关关员就"十四五"科技创新税收优惠政策在辖区国家制造业创新中心调研

企业设置 37 个外来有害生物监测点，制订杂草和检疫性实蝇监控方案，布点 16 个检疫性实蝇监测点、20 个外来杂草监测点、1 个红火蚁监测点，首次发现检疫性杂草毒麦和长芒苋。对 20 家进境粮谷企业开展专项排查，查处 1 起进境苗木违规开启铅封情事。

【进出口食品安全监管】2022年，泰安海关落实习近平总书记关于食品安全"四个最严"要求，扎实开展进口食品"国门守护"行动，助力沿黄河涉农企业打造农产品出口产业链，泰安市农产品出口 18.75 万吨、14.84 亿元。持续推进进口食品抽样检验和风险监测工作，抽取出口植物源性食品安全风险监控样品 43 个、186 项次，出口动物源性食品安全风险监控样品 6 个、35 项次，合格率 100%。开展腌渍菜出口企业专项排查行动，提升腌渍菜出口企业质量管理水平，实现腌渍菜全年"零通报"。建立鲜活农食产品属地查检"绿色通道"，保障"鲜活易腐"农食产品进出口"即到、即验、即放"。

【商品检验】2022年，泰安海

▲2022 年 4 月 20 日，泰安海关关员对出口冷冻蔬菜进行现场查验

关检验鉴定进出口商品、危险品及包装总批次 8095 批，检出不合格 193 批，销毁 2 批。强化出口危化品和危化品包装检验监管，严格落实属地查检责任，严格执行"三审三查"标准化检验监管工作流程，严查出口危化品逃漏检、伪瞒报行为，提升检验监管工作质量。严格出口化肥检验监管。加强重点敏感进口商品检验监管，进

▲2022 年 7 月 28 日，泰安海关关员对出口危险货物及其包装实施查验

口人工分析布控查获率列济南海关第一。撰写《我省大型智能农机装备产业发展存在三方面制约需关注》被山东省相关刊物采用，《危险化学品的身份证——GHS标签》《危险货物包装的赦免金牌：有限数量与例外数量》2篇新媒体作品被海关总署"海关发布"微信公众号采用，1人参与济南海关《海关进出口商品检验创新发展研究》最终定稿工作。

【监管业务】2022年，泰安海关进出口整体通关时间、进口"提前申报"应用率、"两步申报"应用率均居关区前3位。压实安全生产责任，与地方政府、企业签订安全生产备忘录，进一步明确各方责任。开展现场实地巡查42次，开展音视频监控动态巡查300余次。抓实疫情防控，严防业务现场可能出现的交叉感染。支持泰山内陆港建设，完成辖区24家货源企业的调研，形成贸易调查报告、课题理论研究各1篇；指导完成基本项目、运营机制建设，为业务开展奠定坚实基础。妥善处置新泰陆港通跨境电商违规案件，助力跨境电商零售进口业务尽快复产复工。

【保税监管】2022年，泰安海关备案加工贸易手册154份，同比减少7.3%，监管加工贸易进出口值13.5亿元，同比增长17.2%。扎实推进企业帮扶措施，围绕服装"私人订制"关级课题开展调研，解决辖区加工贸易企业在手册设立、核定单耗、深加工结转等方面的难点、堵点问题16个，将政策红利落实到位，不断提高企业获得感。支持泰安市高新区保税仓库申建项目，解决申建疑难问题。开展加工贸易风险研判和调研工作，提出核查指令5个，对辖区7家企业进行实地调研，有效防控风险。

【政策研究与统计分析】2022年，泰安海关加强统计分析和数据管理。报送统计分析24篇，报送省政府约稿3篇，报送调研报告4篇，5篇要情被海关总署采用。检控报关单数据记录38213条，发现错误记录9条，贸易统计数据初审准确率在99.99%以上。

【企业管理】2022年，泰安海关新增备案企业367家，同比增长9.2%，累计备案企业3226家；新增备案出口原料种植基地4950亩，出口食品生产企业累计备案65家。针对重点企业，"一企一策"开展信用孵化培育与现场指导30余次，覆盖辖区80余家企业。开展"诚信兴商宣传月"，最大限度扩展信用管理扶持效果。梳理辖区368家跨境电商企业名单，完善法人

▲2022年8月18日，泰安海关关员监管辖区机电加工贸易企业

代表、地址、经营范围等信息；加强与济南海关关税处、企业管理和稽查处协调联动，对 3 家企业提出企业信息核对核查指令需求，根据核查结果适时调整信用等级；加强与地方主管部门联系配合，向市场监管局通报处置 5 家双失联企业信息。

【稽核查】2022 年，泰安海关开展专项稽查作业 11 起，办结 9 起，其中包含进口大豆专项稽查和跨境电商专项稽查两起重大稽查作业，查发追补税情事 4 起，通报缉私局情事 1 起，作业完成率、有效率均达 100%；办理主动披露作业 3 起。探索"智慧稽查"，首创运用无人机侦察等稽查新手段，引入第三方协助稽查，提升稽查效能。组建稽核查中心，统筹稽核查工作，探索前期风险预警和后期开展稽核查作业有效配合的机制，采用"核查先行，稽查跟进"的工作方法，提高后续监管的精准度。开展分类核查，对低风险被核查企业及事项，开展网上核查 16 家；对于风险类核查，深入分析企业生产经营状况并实施核查。开展核查作业 62 期，办结 62 起，按时办结率 100%，核查有效率 88%。开展联合执法，主动对接市场监管、农业等部门，推进"双随机、一公开"监管抽检工作常态化；整合执法资源，严格执行"一次抽查、全面体检"，完成联合抽检作业 8 起。

【查缉走私】2022 年，泰安海关开展打击走私"国门利剑2022"专项行动，重点查处加工贸易、涉税、涉检等领域违法违规行为，立案调查企业 10 家，涉及案值 2449.16 万元，涉检案件数量大幅增长，办案效率及案件办结率均稳步上升。加强与泰安市打私办沟通，积极参与反走私政策宣传，"济南海关法治文化基地（泰安馆）暨泰安市反走私宣传教育基地"启动建设。

【政务管理】2022 年，泰安海关强化督查督办，建立工作周报机制，确保各项重大决策部署落实到位。公文收发零失误，全年发文 111 件，办文 5731 件。严守机要保密关，严格文件收发和传阅管理，流转机要文件 230 份，保密宣传视频《保守》在"央视频"、海关总署"海关影像"刊播，并入选中央保密办展播。111 条（篇）政务信息获上级机关采用。在《中国国门时报》《大众日报》等媒体发布新闻稿件 87 篇次，制作宣传新媒体作品 39 个，2 部宣传视频被"央视频"、海关总署"海关影像"收录，2 篇新媒体作品被海关总署通报表扬，与济南海关合作发布中央电视台《新闻联播》1 篇，举办新闻发布会 1 场。做好政务公开工作，主动公开"双公示"等信息 29 条次。

【财务及后勤保障】2022 年，泰安海关严格落实"过紧日子"要求，持续调整优化支出结构，严格控制办公用品、物业费、维修（护）费等一般性支出规模，各项支出同比分别下降 40.44%、1.09%、95%，全力保障疫情防控、基本民生、正常运转及履职发展等重点支出，全年财政拨款预算执行率 99.43%。建设节约型机关，成为国管局第二批节约型机关建成单位。健全规范后勤管理与服务运行机制，建立泰安海关物品服务采购管理办法。机关工作环境满意率逐年提高。严格公务用车管理，严禁公车私用，每月网上公示用车事项，实现全年用车安全零事故。

【内部疫情防控】2022年，泰安海关紧跟海关总署、济南海关要求和属地疫情防控形势，先后出台、调整内部疫情防控举措32个、76项次，织密筑牢防控网络。创新建立科长"每日轮值"、办公室"随机抽查"、关领导"四不两直"督查的"三位一体"长效机制，提高全员安全防护意识。组织应急演练5次，新冠病毒采样送检1091人次，选派86人次支援社区全员核酸检测工作，3人次参加属地疫情防控及督导工作。"百名科长百日督查"零问题。

【督查内审】2022年，泰安关强化督审内控成效机制建设，取得署级内控节点成效93个。HLS2017内控平台警示风险移出率、警示风险审核率为100%，处置异常数据有效率100%，处置异常有效数531个，其中补证202件，补税245件，取得专项成果4篇。

【科技发展】2022年，泰安海关加强网络和数据安全管理工作，网络安全事故零发生。发挥技术优势，参与济南海关关税监控系统、RCEP享惠助手等多个系统开发工作，4项监控模板被纳入济南海关关税监控系统。

济南海关技术中心泰安实验室全年检验检测1804样次、86097项次，同比分别增长93.77%、110.07%。新增317项农药残留项目获得认可和资质认定，总计达到749项，认可能力提升73.38%，其中农药残留项目占比96.93%，进出口食品法检项目自检率达100%，农药残留项目数量位列济南关区第1位。完成进出境检验检疫行业标准《进出口肉制品中单增李斯特菌方法检测EMA结合ddPCR法》修订工作，参与山东省重大研发项目"口岸外来有害生物联合监测与预警防控研究应用"部分研究工作。参与"离子色谱关键技术研究和系列标准的制定"研究，获得海关总署科技成果评定二等奖。参与"果蔬干燥加工技术与品质"研究课题，获得中国商业联合会服务业科技创新奖二等奖。承接国门生物安全监测，现场监测到长芒苋、毒麦两种检疫性杂草，均为济南关区首次。

济南国际旅行卫生保健中心泰安门诊部全年完成体检3968人次，预防接种2457人次。检测丙肝抗体阳性7例，乙型肝炎表面抗原阳性35例，梅毒抗体阳性4例。参加国家卫生健康委临床检验中心能力验证活动8次，26个检测项目100余个盲样均取得"满意"成绩。获得山东省预防接种单位资质证书，保证疫苗接种业务正常开展。

【促外贸保稳提质】2022年，

▲2022年6月21日，泰安海关召开"保通保畅稳企强链"促进外贸保稳提质政策宣讲会

泰安海关出台 9 条支持纺织服装产业链发展举措，制定 17 条促进外贸保稳提质落实举措。围绕泰安市 13 条重点产业链，建立 1 条产业链由 1 名关领导担任导师、1 个科室牵头负责、明确 1 个调研课题的"4 个 1"推动体系，开展"一链一策"对口帮扶，形成 7 篇调研报告，举办 5 场"保通保畅稳企强链"促进外贸保稳提质政策宣讲会，开通现场直播，线上、线下近 6 万人次参加。新增 1 家海关高级认证企业。为中小企业纾难解困，免征加工贸易风险类保证金 598 万元。

撰稿人

杜一凡　李海英　肖本忠

东营海关

【概况】 东营海关为济南海关正处级隶属海关,于1997年12月28日开关。2018年4月,根据机构改革工作部署,原东营出入境检验检疫局职责和队伍划入东营海关。下设14个正科级机构和综合技术服务中心1个事业单位。济南海关缉私局在东营设有东营海关缉私分局(正处级)。

2022年,东营海关认真学习宣传贯彻党的二十大精神,践行"讲政治、保安全、树亮点、担责任"工作思路,辖区全年进出口值为2629.4亿元,同比增长32.6%。税收入库211.2亿元,列关区第一。扎实开展"口岸危险品综合治理"百日专项行动,查发2家企业、9批危险品逃漏检情事,实现关区自主查发危险品逃漏检"零"的突破。查发关区首起涉嫌走私进口固体废物犯罪情事,全年稽查有效率90%,稽查追补税列关区第一。"企业认证智慧培育系统"完成2.0版本升级建设,相关经验在全国复制推广。

【党的建设】 2022年,东营海关党委严格落实习近平总书记重要指示批示精神,坚持"第一议题"制度,建立健全学习、贯彻、落实工作闭环。班子内部营造"讲政治、讲团结、讲担当、作表率"的"三讲一作"氛围,打造"党委内部抓分工,分工之内抓全面"的班子工作格局。规范财务管理、行政执法核批,打破模块化管理方式,重大问题集体研判。

东营海关认真学习宣传贯彻党的二十大精神。开展党委委员"双进"专题宣讲、"青年理论学习提升工程"、应知应会测试等14项针对性措施。聚焦党的二十大做出的重大部署,围绕落实"12个必"重点任务,关领导带队深入两县三区、重点企业广泛调研,开展能源安全专项课题研究,全力推动党的二十大精神落地生根。

持续深化政治机关建设专项教育活动和"学查改"专项工作,梳理45个岗位、58项政治要求,围绕"六对照六看六查"查找问题11个、制定整改措施24项,党员干部政治判断力、政治领悟力、政治执行力不断增强。高质量配合完成国家审计,为关区整体迎审工作贡献了力量。

运用党建管理平台对支部"三会一课"、主题党日活动等常态化监督,制定行动工作计划表扎实开展"双提升"行动,查检二科党支部"犇牛先锋"党建品牌获评

"2022年度全国海关基层党建培育品牌"，1个党建培训课程入选全国海关党员培训党课并被海关总署"双提升"专刊采用，1个党建品牌创建工作被海关总署政治工作简报采用。

扎实开展警示教育月活动，党委书记在全关讲授廉政专题党课，深入科室与全体党员干部、协管员谈心谈话，常态化开展纪法教育和警示教育，开展关键时点廉政提醒，及时推送地方典型案例。认真开展"海关重点项目和财物管理以权谋私"专项整治，全面排查33个重点项目，对涉及的2项具体问题扎实整改。严格落实"现场监管与外勤执法权力寻租"常态化整治措施。做实巡视整改集中清查和巡视发现共性问题自查自改，整改完成率100%。

【队伍建设】2022年，东营海关坚持把扬正气放在首位，树立"有为才有位"的选用标准，坚持"一把尺、一张单、一盘棋"，选拔政治强、业务精、作风硬、活力足的青年干部充实科级领导干部队伍。统筹自主培训，组织参加学习贯彻党的十九届六中全会精神等网上专题班，加强疫情期间常态化培训，8人取得进出口危险货物及其包装检验岗位资质，4人取得动植物检疫岗位资质。扎实开展内务规范强化月和窗口作风提升行动，政务服务"好差评"评价满意率100%，李丁丁获评关区"准军示范标兵"。创建"桑榆霞光"党建品牌，提炼总结"三老三新"工作法，主题新媒体作品被海关总署离退局"鑫海桑榆"微信公众号采用，持续加强退休干部党建工作。组织退休干部座谈交流会、开展"我看中国特色社会主义新时代"专题活动，退休干部张凤和撰写的《熔炼》被山东省委老干部局组织的"喜迎二十大"主题征文采用。

【安全管理】2022年，东营海关运用"海恩法则"，开展纪律作风暨安全隐患"大排查、大起底、大整改"活动，开发"安全生产信息化管理系统"，建立"一图、一单、一哨、一环"工作模式，实现以信息化指导安全实践的初步成效；运用"强化意识—甄别风险—管控风险—防好风险"的安全管理工作机制，为打造安全文化奠定了坚实基础。

【法治建设】2022年，东营海关开展普法宣传活动，组织海关法治宣传日、国家宪法

▲2022年1月22日，东营港迎来2022年首场降雪，东营海关及时启动恶劣天气应急预案，一线关员冒雪监管入境油轮

宣传日等专题宣传活动 6 次，制作并发布法治宣传及政策解读类新媒体作品 10 余篇，其中《解读 | 新修订的<海关高级认证企业标准>四点变化!》等 5 篇作品被 "12360 海关热线" "海关发布" 微信公众号等署级载体采用；普法创新案例《东营海关加大普法力度为外贸保稳提质贡献法治力量》被推荐至海关总署；组织全员参与全民国防教育知识等网络法律知识竞赛 2 次，参加国家工作人员法律知识考试 1 次，全关法治基础素养进一步提升。依托东营市橡胶轮胎产业知识产权保护联盟，为轮胎企业参加国际展会以及妥善应对国际贸易纠纷提供法律支持；为辖区企业开展知识产权培训，为应对国际知识产权纠纷提供援助。

【风险管理】2022 年，东营海关聚焦 "一带一路" 共建国家和地区、黄河流域经济带，收集出口化肥、综报类等内外部信息情报 134 条，数量列关区首位；深化自主分析，针对危化品监管完善影子库商品 30 余项，提交专项风险态势建议 6 条，发布关区风险预警 2 条，处置风险预警

81 条；成立 "缉私、稽查、风险" 联合研判专家组，通过人工分析布控实现首批废旧货物退运；对辖区 69 家危化品进出口企业开展自主分析，查发 2 家企业 9 批危化品伪瞒报违法情事，涉案货值约 238 万元；对风险防控分局提供的旧轮胎和出口两用物项风险线索，通过风险研判移交后续稽查，实现济南关区首次稽查查发涉嫌走私固体废物刑事案件、出口两用物项货物逃漏许可证件情事。

【税收征管】2022 年，东营海关税收入库 211.2 亿元，继续保持关区首位，同比增长 58.3%，创历史新高，属地纳税率 83%；加强价格类风险建议挖掘报送力度，提升税收征管水平；开展 "春风送

惠" 专项行动，服务优质种牛、科教用品、鼓励项目设备等及时享惠进口，审批征免税证明 13 份，减免税款 581.3 万元，审批合格率 100%。

【卫生检疫】2022 年，东营海关检疫监管出入境船舶 639 艘次，人员 11070 人次，移交地方 5 人，采样送检 65 人。完善口岸检疫、病媒监测、动植物害虫及有害生物的防控体系，开展鼠类、蚊类及游离蜱类监测 28 次，捕获褐家鼠 2 只、蚊类 544 只，从鼠体上检出 II 型汉坦病毒阳性，系关区首次；截获输入性病媒生物 12 艘次、300 余只，检出蟑螂杆状体细菌、大肠埃希菌等多种致病菌；实施卫生处理现场监管和效果评

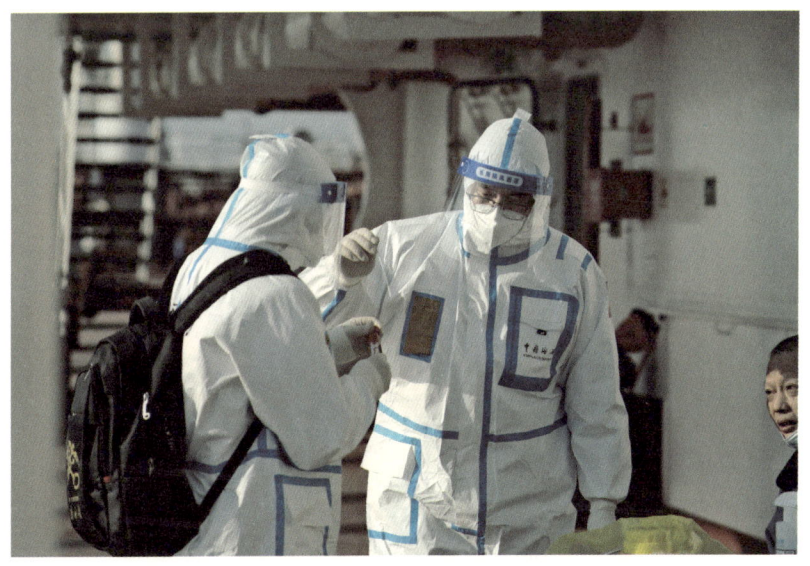

▲2022 年 4 月 15 日，东营海关关员对进境货轮船员开展新冠病毒采样

价 12 次。全面加强供退物料及携带物监管，监管供船物料 145 批次，退船污油水 4 批次，其中转内贸生活垃圾及污水处理 1 批次，均进行无害化处理。严格落实卫生监督"双随机"抽查计划，对供船饮用水及食品供应企业开展卫生监督 18 次；开展供船食品抽检 4 批次、食品快速检测 30 批次。

【动植物检疫】2022 年，东营海关开展国门生物安全监测和外来入侵物种普查，普查到外来入侵物种 15 种，其中检疫性入侵物种 3 种。提升口岸截获能力，截获外来有害生物 12 种次，其中检疫性 1 种次。发挥科技效能，自主开发"进境动物在线检疫监管平台"项目获得 3 项国家实用新型专利，助力 11261 头优质种牛资源进口，检出和扑杀二类传染病阳性的病牛 11 头，保护黄河流域生态安全。封存产自非洲猪瘟疫区猪肉及其制品 184 批次 7721 千克，查验来自非洲疫区船舶 233 艘次，对垃圾、泔水实施消毒处理 186 批次，对检出阳性、来自非洲猪瘟疫区的船舶实施检疫处理现场监管和效果评价工作 6 次。办理

▲2022 年 12 月 30 日，东营海关关员使用自主开发的"进境动物在线检疫监管平台"对进境种牛进行检疫监管

进境大豆检疫审批初审 12 万吨，调运审批 10 万吨，监管核销 10 万吨。

【进出口食品安全监管】2022 年，东营海关开展出口原料养殖场疫病监测 480 项次，完成进出口食品安全监督抽检和风险监测 559 项次，对 6 个样品不合格食品依法采取监督整改措施，对一批不合

▲2022 年 6 月 17 日，东营海关关员在出口胡萝卜种植基地开展日常监管

格的进口葵花籽油依法退运，严防不合格进口食品流入市场。设立鲜活易腐农食产品属地查检绿色通道，实施优先查检和"5+2"预约查检，惠及辖区企业50余家，实现鲜活易腐农食产品"零延时"验放。

【商品检验】2022年，东营海关检验出口危化品5110批、危化品包装5051批，同比分别增长6.24%、40.66%，检出出口危化品不合格121批、危化品包装不合格145批，同比分别增长2.57%、5.07%，居济南关区第2位；严格落实进口原油"先放后检"，实施"先放后检"54批、208万吨，为企业节省通关成本2700万元；依申请实施重量鉴定，开展口岸"天平"行动，检出原油、丙烷等严重短重35批次，帮助企业索赔638万元；优化进口丙烷检验监管模式，每批货物缩短通关放行时间约20小时；在进口设备中发现无证压力容器12件，实施销毁处理，案例被海关总署企业管理和稽查司采用，为济南关区2022年度唯一入选的属地查检典型案例；实施退运不合格旧触摸屏、旧电路板2批；销毁

▲2022年5月9日，东营海关关员实施进口原油取样

无IPPC标识木质包装2批；通过数据分析筛查，自主查发2家企业9批危险品逃漏检情事，涉案货值238万元。

【监管业务】2022年，东营海关完成口岸货物监管763批、967.79万吨、464亿元，查获不合格进口危化品37批。完善"人船货"一体化监管模式，对363批货物实施一体化监管。辖区监管作业场所摄像头平均在线率达到98.96%，开展实地巡查101次，发现并监督整改问题17个，发现监管作业场所安全隐患通报地方政府及时处置码头引桥错位等重大隐患。

【保税监管】2022年，东营海关发挥保税政策优势，支持造纸、化工、油管加工等新兴行业的业务发展，拓展加工贸易领域，延伸保税加工产业链条。引导4家轮胎企业参与企业集团保税监管和行业定额单耗参数改革，释放改革红利。全年区外加工贸易进出口总值141.1亿元，同比增长10.5%；其中出口120.4亿元，同比增长14.2%，占同期东营市出口总值的17.8%。全年核销结案加工贸易手册203册，结案及时率100%。

年内，东营海关有保税监管场所9家，数量居关区第一。支持港口间保税原油海运中转业务，加强与异地口岸海关的联系，开展一体化模式下"船到船"保税原油转运业务，优化作业流程、加快疏港速度，全年出入库货运量达到1346.8万吨，货

值 664.4 亿元，同比分别增长 72%、139%。完成比亚迪半导体芯片设备保税仓库出库通关工作，征收税款近 9000 万元。

【特殊监管区域管理】2022 年，东营综合保税区进出口总值 335.2 亿元，同比增长 23.5%，占东营市外贸进出口总值的 12.8%。东营海关助推区内企业拟维修设备进入商务部保税维修增列目录，有力解决困扰胜利油田 20 多年的海外钻采作业高端装备维修难题；为某企业超大型钻井设备定制区港联动、分送集报等物流纾困方案，助力东营大型石油装备出口。

【政策研究与统计分析】2022 年，东营海关强化不实贸易管控，从商品、企业、贸易方式 3 个维度开展贸易统计数据质量专项调研，核查贸易真实性存疑企业 67 家，查发虚假贸易高风险企业 22 家，统计监督职能得到有效发挥。牢固树立"数据＋研究""统计+研究"工作理念，充分发挥掌握数据的优势，注重深挖数据价值，撰写全省外贸形势分析以及重点商品、区域进出口监测预警分析报告 30 余篇，其中 11 篇分

▲2022 年 11 月 12 日，东营海关关员在辖区保税油库开展原油海运中转业务指导

析报告被省级及署级载体采用。《双循环新发展格局下提升口岸监管工作的思考》入选中国海关学会"服务新发展格局，更好发挥海关在国内国际双循环交汇枢纽作用"主题征文，为关区唯一一篇入选论文，另有 14 篇文章被

济南海关相关刊物采用。

【企业管理】2022 年，东营海关办理企业备案 734 家，变更 224 家，注销企业 209 家。对辖区进出口值前 120 名的企业开展"一对一"政策宣讲，解读 AEO 政策，筛选认证意向企业 12 家，开展送教上门

▲2022 年 5 月 10 日，东营海关关员开展石油装备出口"海外仓"调研指导

30 余次, 申请认证企业数量同比增长 5 倍以上; 率先完成关区首家"报关企业"兼"进出口收发货人"备案, 帮助企业尽快享受政策红利; 为"海外仓"、跨境电商等新业态备案开通绿色通道, 已备案跨境电商企业 245 家, 完成东营市首家拉美地区"海外仓"备案。

【"企业认证智慧培育系统"升级】2022 年, 东营海关完成"企业认证智慧培育系统"2.0 版升级建设工作。在 1.0 版基础上, 开发"视频+指南+测试"三位一体线上培育功能, 打造企业认证培育的网上阵地, 企业足不出户即可接受海关专业化信用培育服务, 资料审核时间由 20 小时以上压缩至 4 小时; 关企见面次数由传统 4 次以上减少至最多 1 次, 见面次数减少 75%以上; 企业认证通过率由不足 70%提高至 90%以上。系统为关区 1506 家企业提供了易用、便捷、高效的专业化培育服务。该系统在济南海关的推广下, 作为海关总署支持海南自贸港建设的重要举措和中国海关数字化转型实践案例, 被青岛、南宁、重庆、成都等直属海关复制推广。

【稽核查】2022 年, 东营海关办结稽查作业 20 起, 稽查有效率 90%, 稽查补税列关区第一。2022 年办结核查作业 69 起, 按时办结率 100%, 查发问题 55 起, 查发率 79.7%。稽查查发走私进口废旧轮胎情事, 实现关区首次稽查查发进口固体废物刑事案件。开展税收风险防控分析, 自主分析撰写的进口芳烃油类存在漏征消费税风险的贸易调查报告被海关总署采用并组织开展全国海关专项行动。

【查缉走私】2022 年, 东营海关成立"国门利剑 2022"专项行动小组统筹推进全员打私工作, 建立"3+N"联合

研判工作机制。根据海关总署开展"口岸危险品综合治理"百日专项行动要求严厉打击危险品伪瞒报行为, 从严从快办理出口危险品逃漏检案件 2 起, 涉及危险品 152.4 吨, 货值 237.3 万元。坚持问题导向, 确保办案程序、实体合法合规, 成功举行首次案件听证会, 妥善办结重大涉诉风险走私案件, 2 篇法律文书入选济南海关 2022 年度缉私行政执法优秀法律文书。办理缉私行政处罚案件 17 起, 案值 3264.6 万元。

【技术性贸易措施】2022 年, 东营海关依托全国唯一的轮胎技术性贸易措施研究评议基地和山东省应对国际贸易

▲2022 年 3 月 3 日, 东营海关关员查获禁止进口废轮胎

摩擦工作站，开展国外轮胎类通报评议 6 个，农食品等通报评议 14 个，运用以评议基地为主体，以技术性贸易措施、关税壁垒为两翼的"一体两翼"全面应对模式，进一步提升咨询服务能力，助力进出口企业更好应对国际贸易壁垒。加强信息搜集，10 余篇技术性贸易措施外宣信息被"学习强国号"、"12360 海关热线"微信公众号、《中国国门时报》等媒体采用，进一步扩大了技术性贸易工作影响力。

【政务管理】2022 年，东营海关严格督查督办，严格按照要求 100%办结济南海关督办单；深耕政务信息，通过信息完善"闭合"工作链条，多篇综合信息被署省及更高载体采用；加强新闻宣传，"海关助力石油装备出口"新闻素材被中央电视台《新闻联播》采用；从严开展保密自查，全年未发生泄密事件；做好档案管理工作。

【财务与后勤保障】2022 年，东营海关牢固树立长期"过紧日子"思想，着力压减"三公"经费，做细、做实预算管理，加强资金使用日常监控。切实强化预算执行，本年度预算执行率达到 100%。继续做好综合理财，依规合法争取各类资金支持，不断提升资金使用效益。扎实做好"海关重点项目和财物管理以权谋私"专项整治，配合做好国家审计工作。继续做好民生保障，切实提升干部职工幸福感。做好涉案财物管理工作，妥善完成涉案废旧轮胎入库，对一批涉案集装箱实施网络公开拍卖。

【科技发展】2022 年，东营海关综合技术服务中心完成检测 546 批、5331 项次，检出不合格 17 批、25 项次。开展"口岸危险品综合治理"百日专项行动，推行预约加班制度，优化检测流程，加强样品交接环节管理，加快样品检测和报告复核、审核速度，缩短检测周期 50%以上。参加石油、食品和动检领域的能力验证项目 10 个，全部获得满意结果，石油领域连续 8 年、食品和水质中元素领域连续 13 年、微生物领域连续 18 年获得满意结果。

完成"进口原油机械杂质检测方法及应用研究""植物源性食品中农药残留快速提取净化试剂盒的制备及应用方法研究"2 项济南海关科研项目，完成"基于 HSE 管理理念的海关实验室安全管理体系构建研究""立足资源再生利用和打击'洋垃圾'

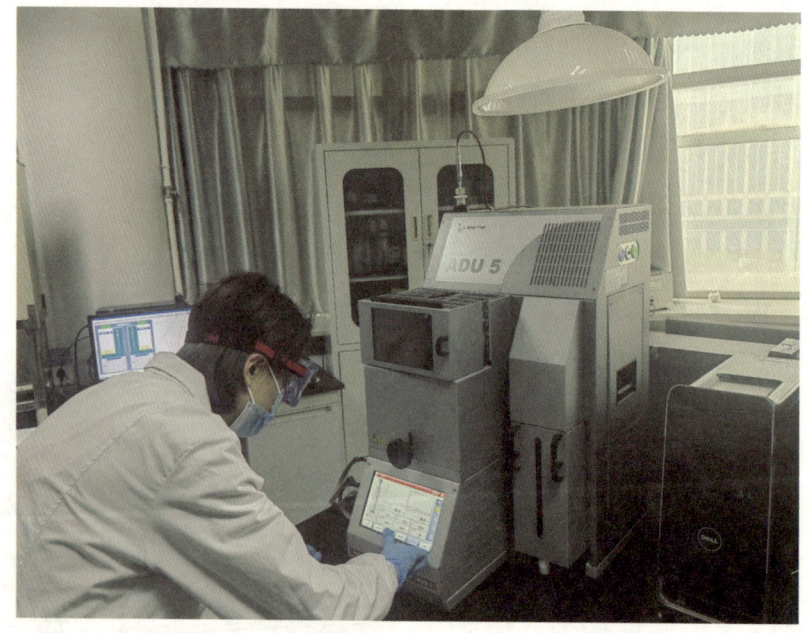

▲2022 年 4 月 9 日，东营海关技术服务中心工作人员开展燃料油的常压馏程检测

走私入境加强进口旧轮胎检验监管"2项济南海关课题。发表《ICP-MS法同时测定胶原蛋白肽中24种无机元素》《转基因玉米深加工产品中DNA提取方法的研究》《海关实验室的风险识别与控制对策研究》《详解进口液化石油气实验室检测项目》《详解进口原油检验的十个技术要求》5篇科研论文，获得授权国家实用新型专利"一种基于电化学原理的重金属检测装置"。

撰稿人

孙宇泓　周忠旺

德州海关

【概况】德州海关为济南海关正处级隶属海关，于2000年9月15日开关，2018年4月，根据机构改革工作部署，原德州出入境检验检疫局职责和队伍划入德州海关。设有8个科室，代管济南海关技术中心德州实验室。

2022年，德州海关坚持以习近平新时代中国特色社会主义思想为指导，紧紧围绕迎接学习宣传贯彻党的二十大工作主线，落实"疫情要防住、经济要稳住、发展要安全"的总体要求，按照海关总署党委"铸忠诚、担使命、守国门、促发展、齐奋斗"的工作要求和济南海关党委工作部署，坚持稳字当头、稳中求进，以德治关、从严治关，高效统筹疫情防控和促进外贸稳增长，努力推动德州海关高质量发展，各项工作稳中有进、进中提质。2022年，监管进出口货物319万吨、货值200亿元，同比分别下降17.6%和17%；审核报关单3.5万份，同比下降8.9%；签发原产地证12810份，货值9.22亿美元；征收税款13.7亿元，同比下降34%。

【党的建设】2022年，德州海关持续深入学习宣传贯彻党的二十大精神。第一时间收听收看，第一时间专题研讨，迅速掀起学习宣传贯彻热潮。邀请党的二十大代表宣讲亲历大会体会，接受省、市媒体"二十大时光"专题访谈3次，作为隶属海关代表在关区党委理论中心组学习会上作交流发言。党总支创新开展联建共建、参观体验等学习活动，各支部自主开展学习研讨20余场次，推动党的

▲2022年8月26日，德州海关党总支开展"喜迎二十大 廉洁守初心"警示教育主题党日活动

206

二十大精神入脑入心。

走好"两个维护"第一方阵，坚持先学一步、深学一层，用心学习领悟习近平新时代中国特色社会主义思想，通过党委理论中心组学习、关务会等形式开展集中学习18次。固化"第一议题"制度，召开党委会17次、疫情防控指挥部会议6次、关务会和专题办公会13次，认真贯彻落实习近平总书记重要指示批示精神，确保疫情防控、服务经济、打击走私、安全生产等重大决策部署落地见效。

扎实开展政治机关建设专项教育活动和"学查改"专项工作。形成"政治强业务"党课课件9篇、"书记攻关"项目10项。梳理列明岗位政治标准35个，对标"四个是否"和"六对照六看六查"查摆问题21个，细化整改措施56条，全部完成整改并取得阶段性成效。结合问题整改同步深化"我为群众办实事"实践活动，聚焦促进外贸保稳提质开展"问题清零"工作，帮助企业解决问题23项。

持续夯实党建基础，深入开展模范机关创建活动和"四强"党支部建设，培树"四强"党支部4个，"雄鹰战队"党建品牌被评为关区"党建培育品牌"，综合业务科党支部确定为济南海关领导基层联系点，"一二三四五"支部工作法被省直机关工委推广发布。大力实施"书记项目"，集中开展课题攻关，上报学习研讨成果10篇。

加强廉政建设，常态化开展"警示教育月"活动，组织到德州市廉政教育基地参观学习，全员观看警示教育片。扎实开展"海关重点项目和财物管理以权谋私"专项整治，排查问题风险5项，制定实施整改措施14项。紧盯敏感岗位和关键节点，定期研判风险，发放廉政家书，签订廉政承诺书58份，实现酒驾醉驾"零发生"。

【队伍建设】2022年，德州海关落实干部工作"五大体系"要求，强化干部梯队建设，健全干部激励机制，树立奖优罚劣的鲜明导向，形成能上能下的良性循环，营造风清气正的浓厚氛围。通过"德关讲堂"开展自主培训10期。自主、安全、高效做好疫情防控形势下新招录公务员初任培训工作，郑康宁被评为初任培训优秀学员。强化准军建设，扎实开展"内务规范强化月"活动，组织"一对一"队列精训，汪湘东在关区准军队列"云"考核中被评为"优秀队列指挥员"。常态化开展文明创建，连续保持"全国文明单位"称号，吴旭东家庭获得省直机关"最美家庭"称号。擦亮老干部"夕阳之家"党建品牌，广泛开展"建言二十大""学深悟透党的二十大精神 踔厉奋发新时代发挥余热"等调研研讨工作，鼓励退休干部发光发热。服务退休干部，开展"三个一"暖人心活动，相关做法被德州市文明网采用。

【法治建设】2022年，德州海关落实领导干部学法讲法制度，主要负责同志主持召开党委理论中心组学法4次，关领导讲授法治课2次。丰富"案释法理"法治品牌内涵，开展案例分享会4期，法治讲堂2期。在国门生物安全日、"8·8"海关法治宣传日、"12·4"宪法宣传周等关键节点开展特色普法宣传活动，制作普法新媒体作品10余篇，其中4篇被海关总署"12360海关热线"微信公众号采用，5篇被"济南海关发布"微信公众号采用。组织关员参加德州市2022年普法考试，参考率及通过率均达到100%。

【风险管理】2022年，德州海关完善风险防控协同机制，成立风险管理委员会，制发德州海关落实防范化解海关重大、系统性风险任务分工方案，推动相关业务领域防范化解重大风险工作；强化风险、综合、稽核查、查检等岗位间的联系配合，提升风险防控合力，开展业务风险研判11次；风险信息被采纳16条，全国风险信息工作刊物采纳1条，风险态势报告选报海关总署风险防控局1条；风险处置类稽查部门单独追补税5起，风险处置类稽核查作业22个，有效率达到86.36%。推荐威讯公司作为关区首批3家企业之一，参与"真空包装等高新技术货物布控查验模式"试点。

【税收征管】2022年，德州海关税款入库13.73亿元，同比下降34%。强化税收风险监控，建立税收风险监控台账，运行关税监控平台等系统对税款入库、保金保函核销、验估及审价补税等开展监控。充分发挥"德昌数据分析工作室"优势，为关区税政调研工作提供数据支持。2022年税政调研建议上报数及采用数均列关区第2位。提出的"调整6-氨基青霉烷酸税则号列并新增本国子目"的建议被政策主管部门采纳实施，实现了济南海关在税则号列调整方面提报建议的突破。开展"春风送惠"减免税政策宣传月活动，组织业务培训2次，解决企业问题18个。为辖区有研半导体、新食州食品、景津装备等9家单位办理"征免税确认通知书"99份，出具征免税证明份数列关区第4位，减免税审核准确率继续保持100%。鼓励企业引进先进技术设备，为进口货物减免税款2410万元，同比增长80%。指导辖区企业积极申请享受"十四五"进口税收政策，有研艾斯获批成为"十四五"期间辖区第2家享受税收优惠的集成电路企业，全省仅有的2家享受税收优惠的集成电路产业的关键原材料、零配件生产企业均在德州落地。

【动植物检疫】2022年，德州海关严格执行国门生物安全监测计划及"国门绿盾2022"专项行动。被海关总署采用的动植物疫情信息12条。修订进出境重大动物疫情应急预案，组织开展重大动物疫情应急演练1次。现场查验220批进境动植物产品，检出一般性杂草丝路蓟、野燕麦2批。木质包装中检出小杆线虫8批，1批检出白腹皮蠹，为关区首次。坚决保障国家粮食安全战略，严格进境粮食核销，办理进境粮食检疫审批初审29万吨，进境粮食调运审批31.9万吨，其中小麦13.78万吨、大豆9.24万吨、玉米6.7万吨。

【进出口食品安全监管】2022年，德州海关强化进出口食品安全监管，把好进出口食品安全关。监管辖区出口食品4956批，查获不合格进口食品3批；在进出口食品化妆品抽样检验和风险监测工作方面完成69个样品、380项次取样送检，进出口食品化妆品抽样检验和风险监测完成率为100%。加强出口食品备案企业事中事后监管，开展出口食品备案企业核查11次、日常监管37次，发现不符合项185项，全部按要求

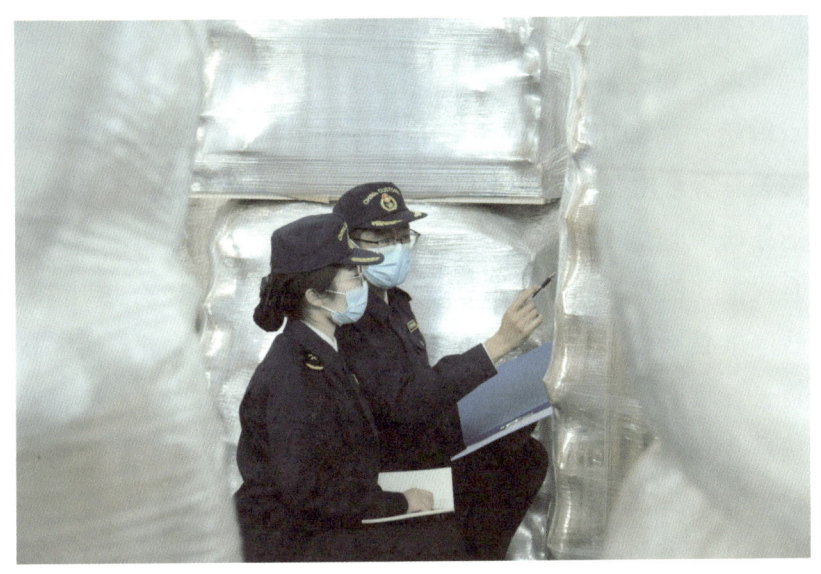
▲2022年12月8日，德州海关关员在谷神蛋白科技公司开展查检工作

整改。认真落实进口商品及包装新冠病毒检测采样、预防性消毒有关要求，定期开展应急演练，提高防护技能，消除安全隐患。

【商品检验】2022年，德州海关扎实开展"口岸危险品综合治理"百日专项行动，实施预约查验、专人专岗、即报即检等便利通关措施，平均检验时间压缩至2天以内。强化风险分析，确定伪瞒报高风险企业1家、影子商品4类，加强风险监控。严格审核申报信息，排查出口货物报关单数据2900余条。重点加强对7类高风险产品、5家高风险企业的检验监管，检验出口危化品1786批次，货值1.6亿美元，检出不合格23批次。与德州市应急管理局签署合作备忘录，建立"资源共享、信息通报"机制，推动形成危化品安全齐抓共管的局面。严格落实出口化肥法定检验和批批取样送检要求，严防伪瞒报、逃漏检违法情事。加强进口设备及旧机电产品检验，强化风险分析，涉检查获7批。

【监管业务】2022年，德州海关监管进口、出口货物共319万吨、货值200亿元，同比分别降低17.6%和17%；审核报关单3.5万份，同比降低8.9%；进、出口整体通关时间分别为5.44小时、0.41小时，均居关区第2位；进、出口"提前申报"率分别为84.97%、88.77%，分居关区第2位、首位；"两步申报"应用率76.8%，高出关区平均水平38个百分点，居关区首位。认真落实"智能审核+自助打印+邮寄签证"原产地签证模式，签证办理时限压缩80%。签发优惠原产地证书12810份，帮助企业享受海外关税减免2.5亿元。

▲2022年10月13日，济南海关副关长张艺兵带队在德州开展安全生产专项督导检查

【保税监管】2022 年，德州海关备案加工贸易手册 182 份，监管加工贸易进出口值 49.7 亿元，同比下降 6.5%，占全市总进出口值的 8%；结案手册 185 份，外发加工 113 笔。指导兴隆皮革、柏德皮革、恒芯电子等 6 家企业新开展加工贸易业务，支持山东金麒麟股份有限公司参与集团加工贸易监管改革。指导陵城明希保税仓库通过济南海关验收。保税仓库入出库货值 28.5 亿元，同比增长 26.9%，再创历史新高。参与海关总署企业管理和稽查司推动加工贸易提档升级课题、关区保税业务抽查集中工作。发挥自贸区济南片区高层次开放创新平台作用，强化协同创新，支持联动创新区建设，积极推进自贸区改革试点经验复制推广工作。支持 3 家企业成为山东省内首批药食同源商品进口通关便利化改革试点企业，发挥自贸区济南片区高层次开放创新平台作用。

【政策研究与统计分析】2022 年，德州海关加强进出口监测分析和数据质量管控，守牢数据安全底线，发挥服务领导决策和服务地方外贸发展的作用。组织调查研究国际国内宏观经济形势以及重点敏感商品和市场变化，获海关总署采用要情分析 3 篇、业务研究速编 2 篇、署内信息快报 3 篇，"12360 海关热线"微信公众号头条采用 1 篇，省政府采用研究分析类信息 2 篇。针对重点商品进口量值异动成因、光伏产业、33 家国家和省"白名单"企业等发展趋势开展调研，及时报送材料信息 17 篇。参与撰写的《海关支持黄河流域生态保护和高质量发展问题研究》《RCEP 背景下深化中日韩合作对山东重点产业影响的研究》，分获全省政府系统优秀调研成果二、三等奖。制定德州海关促进德州市外贸保稳提质 12 项举措，多措并举持续发力，报送的《德州市外贸形势分析》《德州海关强化改革创新跑出通关"加速度"》等 7 篇信息获市委、市政府主要领导批示肯定。

【技术性贸易措施】2022 年，德州海关积极对接黄河流域国家战略，3 篇调研报告被济南海关相关刊物采用；开展出口调味料质量提升专项督导计划，发现生产安全、质量管理等不符合安全卫生要求 30 项，指导 5 家企业整改、提升；帮助辖区 3 家食用菌企业完善质量控制体系，食用菌出口实现翻番；指导 3 家供港蔬菜基地合理用药，提升供港蔬菜质量；辖区新增有食农产品出口实绩企业 13 家，推动乳酪等 7 种新产品实现首次出口；对企业培训指导 12 次，推送食品安全相关信息 23 期，有力推动黄河流域农食产品优进优出；新发展山东欧加啤酒饮料有限公司等 3 家企业为技术性贸易措施示范培塑企业；针对企业开展技术性贸易措施业务培训 2 次，自主开展通报评议 5 个、贸易关注 2 个。

【企业管理】2022 年，德州海关优化企业资质管理，办理海关报关单位备案 584 家，出口食品生产企业备案、出口食品种养殖场备案等特定资质注册备案 65 项次。深化"放管服"改革，深入推进报关企业注册登记"审批改备案"改革，推行"全程网办"，大力推进"多证合一"改革举措，通过"多证合一"办理报关单位备案 246 家。营造诚信守法环境，实施"信用培育+"项目，对 100 余家企业开展集中政策宣讲会 2 次，对 10 家重点企业实施"一对一"精准辅导，对申请认证企业开展全流程专项培育，推动山东聚力焊接材料有限公司新获 AEO 高级认证。

【稽核查】2022 年，德州海关深入贯彻落实稽查改革精神，提升查发效能。办结稽查作业 15 起。稽查作业完成率、有效率分别达 100% 和 94.1%。查发辖区 1 起危化品出口逃漏检情事，实现稽查改革以来涉检稽查案件零的突破。参与芳烃油、化肥等专项稽查行动，取得明显成效。落实"10+19"促外贸保稳提质措施，激发企业守法自律动力，受理企业主动披露 4 起。以考促学，在全国稽查岗位练兵中平均得分居关区首位。

2022 年，德州海关办结核查作业 61 起，查发问题 54 起，核查查发率 88.52%，开展部门间联合抽查核查作业 7 起，网上核查 14 起，实现核查作业 100% 随机选取执法人员。参与海关总署和济南海关 7 项试点和专项工作。

【政务管理】2022 年，德州海关完成收发文 4372 件，起草审核各类文稿 520 余份。督办催办事项 961 项，保持济南海关督办事项及时反馈率 100%。办理政府信息依申请公开事项 3 项，处理投诉举报 1 项。零差错完成行政值班、节假日值班等工作，从严开展保密自查，全年未发生泄密事件。

【财务与后勤保障】2022 年，德州海关落实"过紧日子"要求，统筹预算资金使用，压减一般性支出，对必要紧急事项重点保障。加强预算执行日常监控，确保专项资金专款专用。定期召开预算管理委员会，调度重点预算项目执行进度，根据预算追加调整情况及时拆解，确保预算执行进度，全年预算资金执行 100%。优化办公环境，强化关务保障，进一步规范公车和食堂管理。组织职工体检、改造食堂卫生环境、改善食堂菜品质量，打造暖心、舒心、安心的"关员之家"。

【内部疫情防控】2022 年，德州海关因时因势优化完善新冠疫情防控措施，精准做好内部疫情防控。对"双百"督查组、济南海关专项督查组、派驻纪检组检查发现的问题立行立改，规范设置防疫物资库，建立健全防控机制 7 项，完善记录台账 9 项。实时监测干部职工健康状况，督促做好个人防护。持续抓好进口冷链食品和非冷链集装箱货物监管，组建 2 个现场监管小组，开展集中培训 12 次、应急演练 5 次。

【科技发展】2022 年，德州海关全面梳理统计信息化办公设备，清理科技设备，建立技术设备台账，及时清理报废超年限设备；开展护网行动工作、数据安全工作，消除信息安全隐患，完成全关弱口令修改，开展网络安全应急演练；设立技术服务热线，开启点对点服务模式，提高"云桌面"用户使用体验和效果，保持良好在线率。"云桌面"覆盖率达到 100%，使用率在关区隶属海关中位于前 2 名。提高实验室检测能力，德州实验室顺利通过 CNAS、CMA"二合一"复评审。

撰稿人

王媛琳　叶　炜　吴旭东

滨州海关

【概况】滨州海关前身可追溯到始建于 1946 年的渤海解放区海关机构。2003 年 11 月青岛海关驻滨办事处设立，2012 年 12 月隶属济南海关管辖。2018 年 1 月 30 日，海关总署批复更名为滨州海关。2018 年 4 月，出入境检验检疫职责与队伍划入海关。下设 12 个行政科室，代管济南海关技术中心滨州实验室，含综合实验室、棉花实验室。

2022 年，滨州海关党委深入学习宣传贯彻党的二十大精神，锚定济南关区一流强关、全国海关系统特色强关"双强关"目标，坚持以"大党建"思路引领落实"129"治关规划，推进各项事业发展实现新提升。获评"全国海关系统先进集体"、"全国青年文明号"、滨州市"五一劳动奖状"、"模范机关建设表现突出集体"，连续 4 年蝉联"富强滨州建设'金星奖'"。主要业务指标保持快速增长势头，监管货运量 5787.2 万吨，居关区第 1 位；货值 635.3 亿元，居关区第 3 位；税收入库 74.9 亿元，居关区第 4 位。

【党的建设】2022 年，滨州海关第一时间组织党的二十大精神"全覆盖"学习宣传，班子成员、支部书记带头宣讲专题党课，创新"周周学""月度指南"等学习载体，举办专题读书班、青年学习课堂和研学共建活动，学习成效 4 次获中央电视台、中央级媒体报道，多个案例入选海关总署、济南海关典型，被推荐为省直机关党员"双报到"优秀案例。严格落实"第一议题"制度，扎实开展习近平总书记重要讲话和重要批示指示精神研学活动，探索"过程党建"机制，推进"新时代党建实训基地"建设，着力发挥基层支部"两个功能"，5 个支部获评济南海关"四强"党支部。

持续加强党风廉政建设，创新"关廉 e 家"平台，打造常态化廉政教育阵地，开展家庭助廉、青年党员"政治生日"活动，多项成果获署级平台展示推广。从严整治酒驾醉驾，更新风险、问题、防范措施"三张清单"，全员签订拒绝酒驾醉驾承诺书。紧盯重点部位，深入开展"海关重点项目和财物管理以权谋私"专项整治，深化"四互"活动成效，定期开展从业情况摸排，规范运用监督执纪"第一种形态"，对 2 名同志提醒谈话，有效提升风险防范水平。

扎实做好巡察整改工作，迎接济南海关常规巡察，全面反映滨州海关近年工作成果成效，对巡察反馈的 4 个方面 11 个问题深挖根源、立行立改，细化整改措施 32 条。牢固树立"巡察整改要持续到下次巡察为止"的观念，2018 年以来海关总署巡视反馈涉及的 27 个问题、济南海关巡察反馈的 11 个问题全部整改到位。

【队伍建设】2022 年，滨州海关落实新时代好干部标准，加强干部队伍分析研判、干部日常了解研判和集中核实研判，编制"滨州海关干部选拔任用工作流程清单"，严格执行选任工作程序，选拔晋升多名干部职务职级。创新人才队伍建设"两专一提"机制，即专班制、专员制和科长提能工程。对全国文明单位创建等实行"专班制"，对职级干部等实行"专员制"，破除部门壁垒，激活高龄干部群体，形成担当攻坚、奋进"双强"合力。常态化"站立式"汇报、"上讲台"展示、"随机性"问答，培养"开口能说、提笔能写、问策能对、遇事能办"的"四能科长"，主持或参与署级、关级课题和重点工作项目 17 项次。45 人次新获各类资质，10 余人入列专家库或受聘兼

▲2022 年 7 月 22 日，滨州海关召开"科长提能工程·青年干部座谈会"

职教师、公职律师，4 人被评为关区"企管好师傅"。

编制"科长提能""年轻干部培养"计划表，"请进来""走出去"精准滴灌，举办 10 期"滨关讲坛"和 5 期"研学沙龙"。参与关区实训基地体系建设，进口棉花检验监管、口岸病媒生物 2 个业务实训基地已基本建成；组织 4 期疫情防控应知应会知识测试，推动疫情防控工作走深走实。

强化准军建设，完善内务督察计划，制定内务规范标准，牵头承办署级纪律作风体系研究课题，实体打造准军示范窗口，完成涵盖 10 项内容的规范化清单，培育 1 个示范窗口、2 个"准军样板间"，郑军获评关区"云考

核"准军示范标兵，王建凯获评关区"优秀队列小教员"，政务服务"好差评"保持及时评价率、好评率"双 100%"。

抓实退休人员组织建设，开展党的二十大精神专项培训，围绕"我看中国特色社会主义新时代""建言二十大"主题组织退休干部专题访谈。丰富老干部文化生活，升级"夕阳红·老干部活动中心"，与地方老龄办、老年大学建立互动合作机制，组织老同志参加健步行、观影观剧、摄影比赛等文化体育活动。加强服务管理，春节、中秋、重阳等重要传统节日，主要负责同志带队走访慰问退休干部。加强工作宣传，4 期新媒体作品被海关总署

"鑫海桑榆"微信公众号采用，多篇展示老干部风采的稿件在《滨州日报》等媒体刊发。

【法治建设】2022年，滨州海关擦亮"大篷车"法治宣传品牌，充分利用"8·8"海关法治宣传日等重要普法节点，提供多元化的普法产品和及时方便的法治服务，参加滨州市"机关普法时间"1次，编写6期"济南海关发布"微信公众号新媒体信息和1期关区法律普及资料，10期普法类新媒体作品被"12360海关热线"微信公众号采用；"滨州海关创新实践'法惠基层'"参与全国海关普法创新典型案例评选，《一只伊蚊的东方之旅》动漫微视频被推报参加司法部全国性评选。

【风险管理】2022年，滨州海关聚焦"7+21"项重大、系统性风险，完善防控措施82项，征集风险建议上报海关总署24条。利用贸易数据支撑风险研判，化肥、贸易管制措施等专题风险信息被济南海关采用26条，其中进口冻鸡爪低报价格走私风险情报被海关总署采用，并在全国范围内推广开展专项稽查，为关

区首例情报信息。优化内控质效，深入开展内控示范科室创设，在济南海关作经验交流发言，综合业务一科入选关区"内控示范科室"。

【税收征管】2022年，滨州海关助力企业惠享RCEP政策红利。开展RCEP靶向推介行动，对22家未充分享惠企业一对一宣讲政策；推广经核准出口商、预裁定等便利措施，新增经核准出口商4家，办理预裁定3份。签发原产地证书17385份，货值16亿美元，其中RCEP项下原产地证书2181份，货值1.4亿美元，RCEP项下原产地声明10份、货值67万美元。

承接济南海关"关税业务运行监控平台"搭建工作。与关税处共同整理118项关税业务内控节点；梳理汇总常规项目、审计重点、风险预警、验估指引及涉税相关政策法规形成监控项目清单；联系数据分中心搭建一体化智慧监控平台，参与7轮测试工作，11个一级监控菜单、82项具体监控项目已实现实时监控。

多元担保。推广关税保证保险、汇总征税等多元化担保，指导企业充分引用担保改革新模式，简化担保办理手续，提升资金使用效率。办理关税保证保险担保通关113票，担保金额10.6亿元。

▲2022年5月19日，滨州海关关员在纺织企业调研，助力企业打造全球"单项冠军"

汇总征税报关单 480 份，纳税额 1.5 亿元。加强时限监控，规范办理保金业务，担保金额 5.83 亿元，每月定期与财务对账，未发生超期情事。

现场验估。及时处置验估指令，深入挖掘税收风险点，总结风险参数建议。处置事后验估指令 9 条，涉及报关单 24 票，风险排查处置率和有效率均为 100%。加强税收风险研判并转化为风险参数建议，上报风险参数建议 49 条。

减免税。主动融入和服务地方发展大局，确保各项优惠措施落地落实，结合产业特色和重点项目建设，助力打造铝行业"转型蝶变"样板工程、纺织行业智能化改造升级工程，为 9 个项目下的 52 台（套）设备减免税款 2626 万元，同比增长 65.6%。

【卫生检疫】2022 年，滨州海关坚持多病同防，常态化开展口岸疫情防控应急演练，完善应急处置程序，检疫监管出入境船舶 26 艘次（入境 10 艘、出境 16 艘）、人员 479 人次（入境 192 人次、出境 287 人次），妥善处置 1 起入境船员紧急救助情事；严格

落实卫生检疫岗位工作人员集中封闭管理，修订完善集中封闭管理方案 9 版，开展集中封闭管理 14 轮次、80 余人次。在实战中练兵，组织开展口岸疫情防控各类相关培训、演练 15 次。

【动植物检疫】2022 年，滨州海关严密筑牢国门生物安全防线。截获入境检疫有害生物 47 种次，贸易渠道截获数量居关区首位，甘薯羽蛾系关区首次截获。完成 13243 头进境种牛监管任务，检出 2 种动物疫病。完成关区首次跨隶属关进境种牛检疫监管联合作业。开展国门生物安全监测及"国门绿盾 2022"行动，定期监测检疫性实蝇等外来有害生物 68 次。开展主要入境口岸外来入侵物种

普查，监测到外来物种 11 种，居关区第 2 位。开展进出口饲料安全风险监控 54 批、140 项，无不合格检出。

加快进境粮食审批办理，实施全流程电子化审批。2022 年，监管进境粮食 101.2 亿元，同比增长 12.9%，占比关区监管量八成以上。落实进出口鲜活易腐农食产品属地查检绿色通道措施，实施优先查检和"5+2"预约查检，加快验放速度。开展打击进境粮食违法违规专项行动，对辖区 17 家重点企业进行全面摸排，发现并整改问题 38 个。

【进出口食品安全监管】2022 年，滨州海关开展进口食品"国门守护"行动，严格按照海关总署、济南海关要求制

▲2022 年 1 月 24 日，滨州海关关员圆满完成万余头种牛监管任务

▲2022年3月14日，滨州海关关员对供港水产品实施查验

订进出口食品监督抽检及风险监测工作方案，抽取样品93批、1101项，无不合格检出。董丽、郑雯婕入选海关总署进口水产品评审专家组，完成书面评审任务42个，郑雯婕3次参与海关总署西班牙输华猪肉、泰国输华禽肉视频检查。启动进出口食品安全通报机制2次，持续压实企业主体责任和地方政府管理责任。开展进口食品"国门守护"行动、"食品安全宣传周"活动，营造食品安全社会共治氛围。

【商品检验】2022年，滨州海关扎实开展"口岸危险品综合治理"百日专项行动，加强与地方政府联系配合，开展安全生产相关宣传、培训、检查等工作，督促落实安全生产责任。检验进出口商品7430批，检出不合格375批；检验包装7158批，检出不合格217批，不合格检出率居关区第2位。获评关区机电轻

纺产品检验监管业务岗位练兵和技能比武团体第2名，梁楠楠以满分成绩获得个人第1名。

【监管业务】2022年，滨州海关持续全面抓牢口岸疫情防控。常态化开展应急演练，切实完善工作人员感染新冠病毒应急处置程序。检疫监管出入境船舶19艘次，环比增长35.7%，检疫出入境人员338人次。建立巡查人员库，按照规定频次抽取监管作业场所（场地）开展巡查工作，年内完成口岸监管作业场所巡查49次。

2022年，滨州海关强化内陆港监管，升级改造"铁海E通"系统，搭建"虚拟卡口"，完善信息化管理系

▲2022年12月9日，滨州海关关员开展无人机辅助监管作业

统，以跨网作业替代短倒运输，大幅压缩作业时间，降低运输成本。开发无人机辅助管理系统，通过无人机航拍查看货物装载状态，实现快速拍照、快速传输，一次作业时间由 2 个小时缩短为 30 分钟。全年监管博兴内陆港出口货物 2.1 万吨、3.15 亿元，同比分别增长 12.21%、下降 10.04%。

【保税监管】2022 年，滨州海关监管加工贸易进出口值 30.4 亿元，同比下降 25.0%。辖区有实际进出口加工贸易企业 29 家，设立电子手册 67 份、"以企业为单元"电子账册 7 份。细化业务审核及关键风险要点 47 项，制定加工贸易日常监控清单 30 项。探索建立加工贸易业务重点环节的全流程风险防控体系，形成新晋企业严格准入指导、常态化业务强化单证审核、重点环节征收风险保证金和隐患业务核查联动的"四环"风险防控体系，确保了加工贸易业务领域执法规范。

保税物流中心监管。发挥海关统计优势，分析研判鲁中运达保税物流中心周边行业产业结构布局，研提跨境电商优化发展建议，助力

开展跨境电商业务，首批 1210 模式进口货物顺利完成上线测试通关；引导 8 家新企业入区开展业务，占年内全部进出口企业数量的 38%，实现进出口总值 8108 万元。

保税仓库监管。支持原油保税仓库业务引流与安全运营。辖区首家公用型原油保税仓库山东京博物流公用型保税仓库正式运营，入库沥青混合物 5.46 万吨，入库货值 1.6 亿元，解决地炼企业资金压力与仓储难题。全年开展保税仓库实地巡查 3 次，视频巡查 40 余次，开展"安全生产月""危险品百日专项行动"等活动宣传，提醒企业切实履行安全生产监督主体责任。

【政策研究与统计分析】2022 年，滨州海关实行党委出题、专业破题研究模式，各业务条线围绕粮食、钢材、棉纺等重点产业，提报党委业务调研报告 7 篇；培树全关研究风气，征集理论研究文章 40 余篇，被济南海关相关刊物采用 6 篇。深度发挥统计服务决策作用，撰写外贸分析报告 10 篇，《RCEP 协议实施对滨州市外贸产业的影响》《2021 年滨州市外贸情况分析》获市政府主要领导批示。

【企业管理】2022 年，滨州海关通过政策宣讲、实地培育等方式培训企业 87 家次。新增渤海活塞、三元生物为高级认证企业。推动辖区亚光家纺入选海关总署 AEO 国际

▲2022 年 11 月 18 日，滨州海关主要负责同志为企业颁发 AEO 高级认证证书

互认观摩企业名录库，为全国首批唯一一家入选的棉纺织企业。截至 2022 年年底，辖区获 AEO 认证企业 10 家。

资质管理。通用资质方面，新增备案企业 484 家，截至 2022 年年底，备案企业 3709 家。牵头开展报关单位"多证合一"备案举措创新试点。特定资质方面，新增进出口食品、种养殖场、竹木草等各业务类型企业 100 家，过期、注销果园、竹木草等资质企业 35 家。开展特定资质政策宣讲 2 次，参训企业 52 家次。在济南海关门户网站主页建设出境果园、包装厂场景化服务专题，制作水果出口攻略手册。疫情期间，以视频形式对 1 家进境饲料加工企业实施现场评审，为关区首次。

【稽核查】2022 年，滨州海关深入推进稽查改革，充分利用涉检业务专家作用，查发危化品伪瞒报等情事 6 起、进境粮食加工企业不规范问题 38 个。开展主动披露政策宣讲 3 次，对 5 家企业依法不予处罚或减轻处罚。承接海关总署 ERP 联网辅助监管模式核查改革试点，办结核查作业 53 起，有效作业 49 起，

有效率 92.45%，居关区前列。

【查缉走私】2022 年，滨州海关坚决贯彻落实习近平总书记关于打击走私、禁止"洋垃圾"入境、严厉打击象牙等濒危物种走私等重要指示批示精神。开展"国门利剑2022"联合专项行动，查发冻品走私案件 1 起，查发出口化肥伪瞒报情事 2 起，均刑事立案。坚持"全员打私"理念。缉私行政案件立案 19 起，案值 2.39 亿元。行政案件考核居关区第 1 位。加强与滨州市直部门的协作配合，开展联合研判、执法互助等工作 18 次，与滨州出入境边防检查站签订党建共建协议及执法互助协议。

【政务管理】2022 年，滨州海关严把办文时效、文件流转

和签批管理，建立办文时效提醒清单，全年实现零退文；建立"闭环督办"落实机制，整合推进督办落实 638 项，其中完成 587 项，调整 22 项，常态化推进 29 项，杜绝漏项；开展两次全关"起底式"保密安全检查，及时弥补保密短板漏洞，保密工作获滨州市保密委通报表扬。

"大宣传"格局成效初显，以文辅政能力不断加强，21 篇分析报告获省级、署级载体采用，其中 5 篇获上级载体采用，3 篇呈报获署领导批示；互联网信息工作持续领跑，为关区开辟新载体贡献更多"滨关力量"；参加滨州市新闻发布会两次，7 篇稿件被中央电视台《晚间新闻》《经济日报》《法治日报》等中央级载体采用，在关区作

▲2022 年 10 月 23 日，滨州海关帮扶沾化冬枣出口案例在中央电视台《新闻直播间》播出

新闻宣传工作典型发言，年度信息宣传工作居关区第2位。

【后勤保障】2022年，滨州海关为困难职工、两地家庭等送温暖7次，解决子女入托难5人，开展滨州籍交流干部家属关爱行动，汇聚关心滨关发展的各方力量；建成惠及家属的"关爱"理发室，开展"实验室开放日""关校共建""走进滨关"等主题活动6次，常态化组织民生团购6次，疫情期间开展专项团购9次，惠及全体干部职工，"幸福一家人"良好氛围持续升温。

【科技发展】2022年，滨州海关积极提升"智慧化"办公水平，开发13项办公"一站式"审批模块。滨州实验室改造工程完成竣工验收，检测进出口商品634批，53697个样品，179191个检测项次，检出不合格进口棉花254批。17个检测领域、184个检测项目通过CNAS和CMA资质认定，开发新检测项目19项，涉及4个检测领域，参加德国不莱梅全球棉花研究中心组织的国际比对试验活动1次，结果优于全球68%

的实验室。承接济南海关关级科研项目"进口棉花检验检测样品全过程智能化可追溯体系建立研究"，11月通过验收，依托该项目开发进口棉花检测系统，获批软件著作权1项，发表论文5篇。

【创建全国海关先进集体】近年来，滨州海关坚守口岸一线疫情防控，深化改革，助企纾困，促进外贸保稳提质。助力滨州港通过国家一类口岸开放验收，设立内陆港，打通"滨海欧"海铁联运通道和"滨新欧"国际货运班列。围绕县域产业特色，推动保税物流中心、保税仓库、监管场地等一批设在县区的开放平台建成使用，量身定制服务举措。发挥署级、关级专家团队优势，成立技术性贸易研究室。"渤海盐田虾"首获俄罗斯官方注册，明胶首次出口"一带一路"共建国家和地区，冻皮皮虾等新品种首次进入海外市场，帮扶"沾化冬枣"出口美国，品牌价值大幅跃升。为70余套高端设备办理税款减免，保障"超高精细光刻胶""轻量化铝型材"等一批解决"卡脖子"难题的国家重点科

技项目在辖区落地投产。AEO高级认证企业数量连年增长。2022年10月31日，滨州海关被列为全国海关系统先进集体拟表彰公示对象。

【阳信进境肉类指定监管场地验收】2022年，滨州海关推动阳信进境肉类指定监管场地验收。联系场地建设方赴潍坊综合保税区进境肉类监管场地学习，联系业务专家指导场地整体规划设计，辅助研究确定海关技术用房设置布局，确保场地建设符合海关标准。辅助场地运营方联系济南海关职能处室，探索疫情下进口肉类口岸查验指令转场模式。12月，阳信进境肉类指定监管场地正式通过海关总署验收。

【"关爱企"营商环境品牌建设】2022年，滨州海关强化"关爱企"营商环境品牌建设。选取海关信用管理、出境水果果园和包装厂、跨境电商、知识产权、稽查业务、通关业务、报关单位备案、内陆港业务和皮张加工贸易9个业务类型，开展政策宣讲7期。将3家提出AEO申请意向的"专精特新"企业纳入

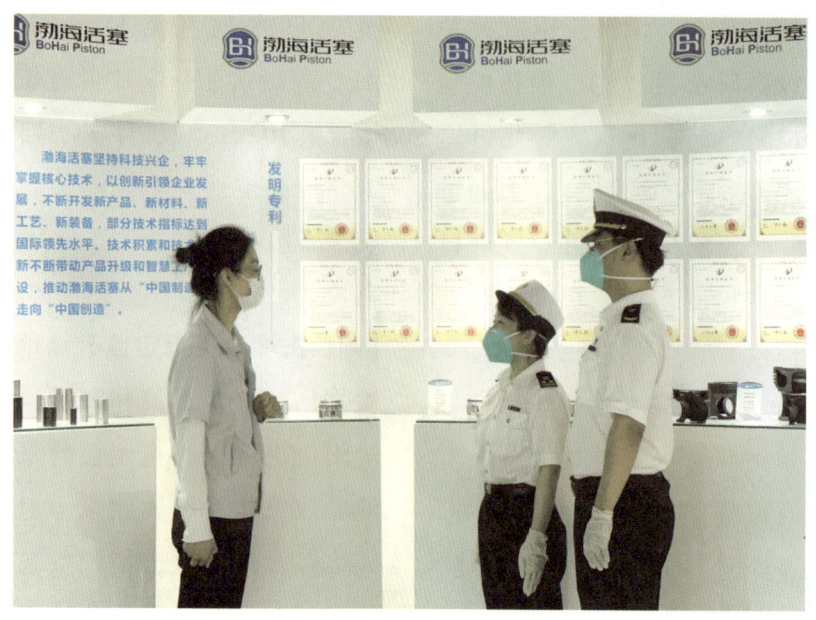

▲2022 年 6 月 7 日，滨州海关关员深入辖区"龙腾企业"强化知识产权海关保护

清单重点培育，指派认证培育专家对其"一对一"培育，其中 1 家企业完成首次现场评审；推动关区特色水果出口，新增关区特色水果种植园 1100 亩，1 家鸭梨包装厂首获对美出口资质；推动跨境电商多元化发展，为 4 家高级认证企业备案海外仓，以"9810"模式缩短供货周期，破冰"1210"保税进口模式，首批 8 票保税备货模式跨境电商零售进口化妆品顺利通关；主动对接 1 家知识产权"龙腾企业"，协助其为 2 项商标权利办理知识产权海关保护备案延期。

【开展"内部大整顿、外部大起底"活动】2022 年，滨州海关持续开展"内部大整顿、外部大起底"活动。对内业务整顿。跨科室建立"互学互审互教互助"机制，开展

业务常识"周周学"26 次、研学沙龙 14 期，业务督察 13 次，形成问题清单 43 项。主要负责人以"双高"引领"三个一"提升内控质效为题，在济南海关 2022 年第一次内控专题会议上作经验交流发言。综合业务一科被评为关区"内控示范科室"，在关区内控工作专题会议上作典型发言。对外起底业务风险。建立进境粮食、皮张以及出境水果等重点动植物产品全链条监管以及风险会商研判决策工作机制，落实"口岸危险品综合治理"百日专项行动，开展危化品、进境粮食等重点、敏感行业全面风险摸排。检出不合格出口危化品 121 批，检出不合格

▲2022 年 5 月 19 日，滨州海关在出口危化品企业实施监管

危化品包装 167 批；发现进境粮食违法违规问题 38 个，实施行政处罚 1 起，拟注销企业资质 1 家；入境货物渠道截获有害生物 47 批次，截获数量同比增加 1.35 倍，居关区首位。参与完成关区进口大豆、危化品"逃漏检"、出口化肥逃检、特许权使用费等近 7 次专项行动，查发各类走私违规情事 50 余起。

撰稿人

朱俊伟　　颜　蕾

聊城海关

【概况】聊城海关前身为青岛海关驻聊城办事处、济南海关驻聊城办事处，2018年4月，出入境检验检疫职责和队伍划入海关，2018年12月14日，聊城海关正式开关。下设8个科室，代管济南海关技术中心聊城实验室。拥有"全国海关系统先进集体"、"全国青年文明号"、聊城市服务高质量发展绩效考核优秀单位等荣誉，连续16年获评"省级文明单位"。

2022年，聊城海关弘扬"三实"文化，落实济南海关"双高"要求，树立"射月亮"目标，坚持"致广大而尽精微"，践行"新时代动车组"理念，把准方位，提高站位，找准定位，着力在高标准、高质量、精细化、抓落实上下功夫，事业发展呈现新篇章。辖区主要出口商品为机电产品、钢材、农产品等，主要进口商品为铜精矿、铝矿砂等。2022年，辖区申报进出口总值568.3亿元、同比增长14.9%，其中出口359.8亿元、同比增长7.9%，进口208.5亿元、同比增长29.3%。监管进出口货运量1396.2万吨，审结进出口报关单30589万票，税收入库20.6亿元。

【党的建设】2022年，聊城海关坚持党委会"第一议题"制度，完善全面从严治党"三张清单"。开展党建"双提升"工作，扎实进行党务培训和党建观摩活动，以问题为导向持续整改提升，实现基层党建工作规范化、标准化。3个党支部被评为济南关区"四强"党支部，综合业务科"新速度 心服务"支部品牌被评为关区党建培育品牌。

学习宣传贯彻党的二十

▲2022年10月19日，聊城海关以支部为单位深入学习宣传贯彻党的二十大精神

大精神，坚持同步学、自主学、集中学，持续开展学习研讨，组织中心组（扩大）学习 2 次，党委委员撰写理论文章 4 篇；各支部学习 20 余次，撰写学习心得 39 篇。营造浓厚氛围，组织"走好第一方阵 我为二十大做贡献"主题演讲比赛，在聊城海关内部网站开设党的二十大学习专栏，报送党建信息 63 篇，新闻宣传 11 篇，政务信息 6 篇。制定学习宣传贯彻党的二十大精神重点任务分解表，压紧责任、清单推进。

细致开展"海关重点项目和财物管理以权谋私"专项整治，全面梳理报送 8 个重点项目 11 项 64 份验证材料，修订完善制度 1 项，建立维修、采购等业务全流程管理机制，确保各环节"廉洁"运行，防范非执法领域风险。扎实推进政治机关建设专项教育活动和"学查改"专项工作，排查 11 个隐患，定期调度和跟踪问效，推动 26 条整改措施落实到位；2 篇理论研讨文章在济南海关相关刊物发表。

压实巡察整改责任，扎实做好巡察整改"后半篇文章"，认真研究海关总署党委巡视发现的 14 类 46 项共性问题，逐项对照检查，制定措施，防止类似问题发生；季度开展"回头看"，扎实做好 2018 年以来巡察整改集中清查，确保 4 次巡察发现的 36 项问题整改到位不反弹，真正做到以巡促防、以巡促治。

持续强化党风廉政建设，将观看"警钟 60 秒"纳入会议常规议题，纪法教育进餐厅，滚动播放"零容忍"等警示宣传片，召开"年轻干部谈廉政"座谈会，不定期组织"一线窗口"纪律作风督查，警示教育实现常态化、全覆盖。稳步推动廉洁文化建设，全员参与打造廉洁文化阵地，倡导以文"化"人，《对加强基层海关廉政文化建设工作的思考》等理论研究文章在济南海关相关载体刊发，4 篇廉洁书画作品被济南海关采用。

【队伍建设】2022 年，聊城海关落实新时代好干部标准，严格干部选拔任用程序，大力培养选拔优秀年轻干部，科级领导干部年龄同比下降 5.8 岁。1 人牵头完成 H2018 减免税审核确认和监控分析 2 个系统建设、运维保障等工作；1 人被聘为署级兼职教师，2 人被聘为关级兼职教师；1 人获评"济南关区 2021 年度优秀公职律师"；1 人代表关区参加海关总署稽查岗位练兵；参加海关总署集中工作 19 人次、济南海关集中工作 55 人次，参与海关总署课题研究 10 人次、济南海关课题研究 22 人次，获得海关总署司局表彰 3 人次、济南海关表彰 49 人次。

【法治建设】2022 年，聊城海关探索完善基层海关法规岗位、业务一线"双向反馈"的立法研究机制，结合执法实践对海关总署 31 项规章提出立法后评估建议 12 条，立法后评估建议数量居关区前列；注重基层海关法治理论研究，营造浓厚法治学术研究氛围，1 篇征文被海关总署相关刊物采编，1 篇法治理论研究文章被《中国国门时报》刊发，2 篇获评法制主题征文三等奖；多形式开展普法宣传活动，普法动漫微视频《小关指典》被法规和综合业务处采用报海关总署政策法规司参评，实现法治文化作品的创新突破。

▲2022 年 8 月 8 日，聊城海关关员向辖区企业人员进行普法宣传

【风险管理】2022 年，聊城海关分级分类管理，形成 66 项风险管理"自选动作"，消除风险问题 11 个，稳步提升风险化解率。制定"7+17"项重大、系统性风险任务分工，建立党委班子成员牵头的风险防控责任体系，推动风险防控机制落地见效；运用署级内控节点常态化梳理，转化成效 145 条。发现出口竹木草冒用资质系统缺陷风险，配合职能部门提出解决方案，撰写态势分析报告获海关总署采编。第一时间跟进介入辖区重点税源企业债务危机，有效化解 2.73 亿元税收风险。

【税收征管】2022 年，聊城海关税收入库 20.6 亿元，同比增长 41.3%，属地纳税率居关区第 3 位；推动"企财保"落地，与"关税保证保险""汇总征税"叠加使用。率先实施动态调整差额担保并在关区推广，防范矿砂等大宗散货税收风险。发现系统计税风险，及时查补税款。

【促外贸保稳提质】2022 年，聊城海关落实海关总署、济南海关"10+19 条"促进外贸保稳提质措施，推动聊城市人民政府与济南海关签署战略合作备忘录，深入一线开展政策宣讲。扎实推进跨境贸易便利化专项行动，出口整体通关时间压缩至 0.74 小时，两步申报率提高至 44%；进口提前申报率 86.1%，列关区第 2 位，出口提前申报率 76.8%；解决通关疑难问题 39 项；建立鲜活类农产品"绿色通道"，促进

"优进优出"；推广企业备案"4012 极简办"模式；指导辖区破产重整企业完成企业注册、公式定价合同备案等，助力 52 批 55 万吨进口铜精矿快速通关；建立专窗签发 RCEP 原产地证书 545 份；保障粮食供应链稳定，监管进境粮食 24.7 万吨，同比增长 1.2 倍；"'简、快、扩'助企纾困 济南海关促进水果扩大出口"入选全国海关促进外贸保稳提质典型案例。

【推动化解税收风险】2022 年，聊城海关第一时间跟进介入辖区重点税源企业债务危机，迅速成立以"一把手"为组长的 4 人专项工作组，每天坚持早调度、晚复盘，精密部署，抓好税收风险责任落实；与企业、地方政府、相关商业银行分别沟通 18 次，最终达成共识；先后与相关职能部门、地方检察院法律专家召开业务研讨会 5 次，确保税收保全措施合法合规；完成保证金替换"企财保"担保的业务操作，属关区首次，确保"企财保"核销结案；通过应急式处置，避免企业经营风险转化为海关税收风险，有效化解 2.73 亿元税收风险。

【动植物检疫】2022年，聊城海关启动有害生物监测布点112处，设置外来有害生物杂草监测点62个，布控实蝇监测点29个、苹果蠹蛾监测点15个，开展红火蚁监测8次。监管发现企业违规换装存在植物疫情扩散风险，实施行政处罚；查发辖区竹木草制品企业违规出口风险，有关情况列入关区业务运行报告。在进境驴皮、进境货物木质包装中发现活体有害生物3种类5种次。指导果园及包装厂开展针对性有害生物监测及农用化学品检测。

【进出口食品安全监管】2022年，聊城海关妥善解决我国唯一获马来西亚官方注册冷冻禽肉企业因检出疫情被暂停出口事宜，成功促使马来西亚解除限制措施，辖区生禽肉重返马来西亚市场。实施提前申报、优先查检、快速通关等便利措施，监管出口谷朊粉3.15万吨、4.02亿元，同比分别增长96.8%和166.5%；监管出口脱水蔬菜3.5亿元，同比增长3.3%。继续发挥禽肉技术性贸易措施工作站作用，新增3家技术性贸易培塑企业；推动辖区粉丝等9种产品首次出口

或新开拓国际市场。严格落实"四个最严"要求，落实年度安全监控计划，抽取食品类样品405个、动植类样品133个，全部检测合格。做好非洲猪瘟疫情防控，检测含猪源性成分宠物食品49批，结果均为阴性。

【促进辖区水果扩大出口】2022年，聊城海关扎实推进促进外贸保稳提质工作，深入贯彻落实助企纾困降成本措施，助力辖区保鲜水果出口量质齐升。健全"线上+线下"联动机制，开展"不见面"审批70余次，平均压减审批时长10个工作日；实施"一品一策"精准辅导服务，快速受理、解决水果出口难题90余个。叠加属地查检

"绿色通道"优惠政策，有效保障572批次、1亿余元的新鲜果蔬"零延时"快速通关，助力264家企业节省通关时间50%以上；加强国外准入体系研究，加大对外推荐力度，新增对外注册果园及包装厂16家，助力企业扩大国际市场。

【商品检验】2022年，聊城海关检验出口危化品及危险货物包装6267批，检出不合格32批；检验进口棉花22批，检出不合格21批，帮助企业挽回经济损失近120万人民币。率先在关区试点进口棉花智慧重量鉴定，鉴重过程实现智能化、自动化，进口棉花检验效率提升达30%。检出3个不合格典型案例被

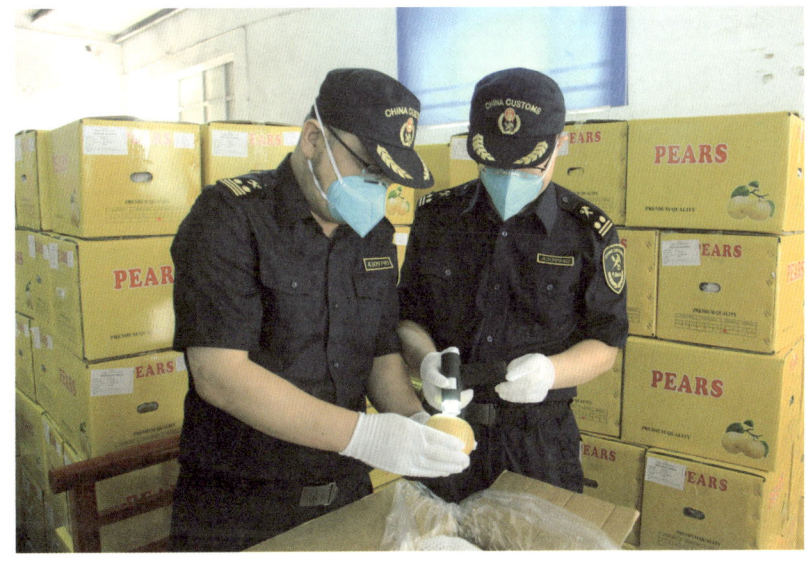

▲2022年7月29日，聊城海关关员在企业仓库对即将出口鲜梨进行现场查验

海关总署转发采用，列隶属海关第 1 名；风险信息《济南海关查发出口危化品包装液压试验压力低于规定》被海关总署相关刊物采用；参与撰写的《警惕欧盟化学品监管法规频繁修订对我国化工及下游产品的影响》被海关总署相关刊物采用。

【保税监管】2022 年，聊城海关一体推进以合同、企业为单元多层次加工贸易监管模式优化提升，监管加工贸易进出口值 66.9 亿元，监管总值列济南关区第 5 位。推进内销便利化，指导企业灵活选择"月度+季度"集中内销模式，畅通国内国际双循环，辖区加工贸易内销征税 3.17 亿元，列济南关区第 1 位。支持保税仓储业务发展，山东宝信物流园公用型保税仓库 2022 年入出库棉花 48344千克，货值 614942 元。

【政策研究与统计分析】2022 年，聊城海关撰写分析类文章 33 篇，被中共中央办公厅、国务院办公厅采用 4 篇次、海关总署相关刊物采用 3篇次、山东省政府采用 2 篇次，获聊城市主要领导批示 6篇次；被海关总署统计分析司学习快报采用 3 篇次，列

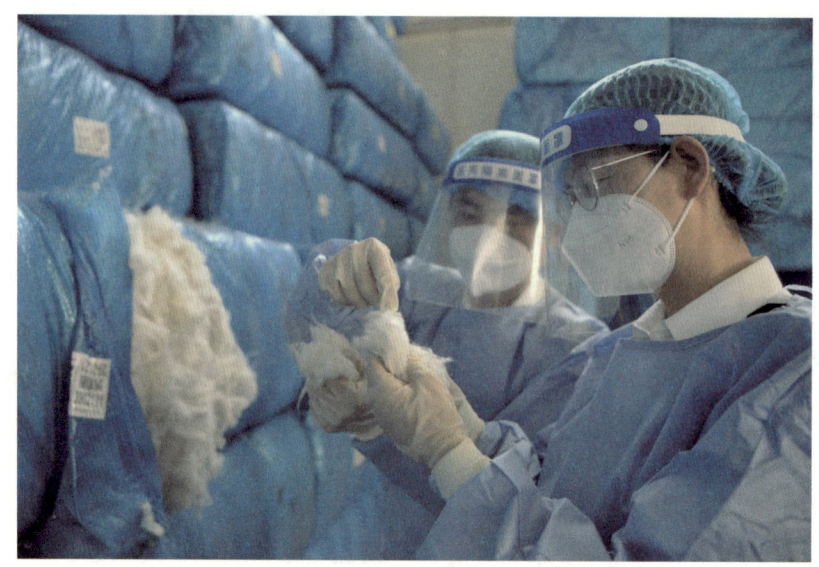

▲2022 年 5 月 6 日，聊城海关关员对进口棉花实施查验

关区之首；铜、铝及棉花调研报告被海关总署宏观经济分析采用 3 篇次；理论研讨文章被济南海关相关刊物发表 3 篇次；参与关级课题 1项，独立完成关级课题"运

用税收保全措施保证海关税收安全的实践与思考"。

【企业管理】2022 年，聊城海关规范企业资质管理，全力推行"不见面"办业务，实现企业"零跑腿""当日办"，

▲2022 年 6 月 2 日，聊城海关关员应用"4012 极简办"模式为企业快速办理资质手续

"多证合一"申报应用率提升至50%以上。辖区有备案企业4268家，占关区的6.8%，关区排名第5位。强化企业信用管理，积极培育高级认证企业，动态调整企业信用等级，1家企业通过高级认证企业重新认证，3家企业列入关区认证计划，辖区高级认证企业达7家。

推广"4012极简办"模式（即"零材料、零成本、零距离、零见面"，一个窗口受理，平均20分钟办结的极简办模式），实现进出口企业资质快速、简洁办理。申请人凭借营业执照即可完成海关资质办理；企业提交申请、打印备案证明均在线上办理；应用微信平台和小程序，更新制作各类办理指南，提供送政策培训上门服务；申请人足不出户在线办理报关单位、出口食品生产企业、跨境电商企业等备案，无须往返现场。

【稽核查】2022年，聊城海关开展稽查作业19起，办结14起，有效率85.71%，稽查绩效列关区第5位。严把国门生态安全，牵头开展驴皮进口加工使用情况贸易调查，研判虚假核销许可证等4大风险，并及时上报海关总署企业管理和稽查司开展全国范围内专项行动，取得良好效果。自主分析查发重大危化品逃漏检情事，涉检稽查取得重大突破。

【查缉走私】2022年，聊城海关行政立案13起，案值5611万元，"全员打私"经验在关区作交流发言。推动聊城市出台《聊城市非法入境固体废物移交处理工作联合配合机制》，有效解决固体废物移交难、处置难的问题。在确保数据安全的前提下开展执法信息互助，与相关单位开展5次打击冻肉走私、"扫黄打非"、反洗钱联合专项行动。

【政务管理】2022年，聊城海关全年发文零退文、值班零差错、失泄密零发生。参与的4篇次统计类要情被中共中央办公厅、国务院办公厅采用，新闻宣传实现《人民日报》刊登零的突破，新媒体发布80篇再创新高。严格落实应急值班要求，组织值班培训6次，主要负责同志现场检查37次，海关总署、济南海关人工值班检查14次均规范反馈。

【财务与后勤保障】2022年，聊城海关编报2023年预算及2022年部门决算、国有资产年度决算等年度报表；进行行政单位设备无偿划转工作，组织进行年度资产盘点；税款入库20.64亿元，同比上涨43.17%；建立能源资源消费统计台账，结合2022年全国节能宣传周和全国低碳日开展节能宣传工作。优化后勤保障，定期更新食堂菜单，为值班人员科学配备值班餐；完成1辆公务用车报废及1辆公务用车购置工作，保障公务用车正常运行；组织台球比赛、趣味运动会、"我们的节日"等活动11次，走访慰问老干部，持续做好健康体检等民生实事。

【督查内审】2022年，聊城海关配合迎接国家审计和海关总署审计，除1项共性问题外，无其他实质性问题。开展内控机制体系建设，企业管理科获评济南海关"内控示范科室"。依托HLS2017，及时查发、处置本部门异常数据，制发处置单23份，处置异常数据722条，补税228起，补证220起，报送系统应用成果信息5条，及时纠正业务差错或违规操作行为。

【科技发展】2022年，济南海关技术中心聊城实验室完成检测 1139 批次、3242 样次、8419 项次。顺利通过"1+5" CNAS、CMA 复评审，获得认可和资质认定的检测项目，新增多兽药残留检测项目 36 项，多农药残留检测项目 15 项，抗体检测 1 项，检测能力提升 13.8%。检测食品，肉及肉制品，蔬菜和水果，鲜、冻禽产品，活禽及其产品，饲料，转基因产品等 26 个类别 427 个项目，检测项目包括兽药残留、农药残留、微生物、重金属、毒素类、食品添加剂、感官、常规理化等。获得 2022 年度粤港澳大湾区"菜篮子"项目承检机构资质。

【推动鲁西国际陆港海关监管作业场所验收】2022 年 10 月 18 日，聊城海关找准服务地方外向型经济突破口，推动鲁西国际陆港海关监管作业场所项目通过审批，成为聊城市第一个对外开放海关监管平台。主要负责同志亲自带队赴现场调研 5 次，建立

▲2022 年 10 月 31 日，鲁西国际陆港海关监管作业场所启用暨首单开通仪式举行

日沟通机制，及时协助解决困难，确定采取"U"型围网，利用科技支撑对铁路轨道和海关监管作业场所实现"软隔离"，使该场所成为济南关区唯一一个最便于企业使用正面吊、无须"短倒"的场所；克服疫情影响，促成"云考核"方式验收，系济南关区第一个网上验收通过审批的海关监管作业场所。项目建设创造了响应时间最快、场所设计最优、建设工期最短、行政审批最快 4 个"关区之最"。建成后得到聊城市委、市政府高度评价，市委主要负责人专题批示 4 次。

撰稿人

王　萌　王德忠　付彦峰　朱秀焕　刘　楠　刘青青
孙振海　郭宝强　翟晓婵

莱芜海关

【概况】莱芜海关前身为济南海关驻莱芜办事处，2018 年 4 月，出入境检验检疫职责和队伍划入海关，2019 年 1 月 11 日，莱芜海关正式开关。下设 7 个科室，代管济南海关技术中心莱芜实验室。莱芜海关辖区范围为济南市莱芜区、钢城区，进口商品主要有铁矿砂、天然橡胶、部分机电设备等，出口商品主要包括农产品、机电产品、轮胎等。

2022 年，莱芜海关党委坚持以习近平新时代中国特色社会主义思想为指导，深入学习宣传贯彻党的二十大精神，落实习近平总书记重要指示批示精神和党中央重大决策部署，坚持"小关应有大作为"的理念，抓党建、促业务、强监管、优服务，推动各项工作再上新台阶。辖区申报进出口货物总值 204.4 亿元、同比增长 11.2%，其中出口 150.9 亿元、同比增长 41.2%，进口 53.5 亿元、同比下降 30.4%；监管进出口货运量 603.8 万吨，进出口报关单 1.8 万票，税收入库 5.9 亿元。被授予全国"节约型机关"称号。建成济南海关国门生物安全教育实训基地。

【党的建设】2022 年，莱芜海关学好用好《党委会的工作方法》，严格落实集体领导和民主集中制。加强党委班子能力提升，确保科学、民主、依法决策。提出并践行党委"六个带头"，带头旗帜鲜明讲政治、带头履职尽责担当作为、带头攻坚克难狠抓落实、带头落实民主集中制、带头过好党内政治生活、带头加强廉政建设。

▲2022 年 10 月 21 日，莱芜海关与牛泉庞家庄村党支部签订"双联共建"协定

开展基层党建"双提升"，"关惠赢牟"党建品牌持续擦亮。"一支一品"党建品牌提升工程成效明显，"双联共建"活动取得良好效果。3个支部被评定为"四强"党支部，莱芜海关查检党支部"国门卫士"党建品牌被评为关区党建培育品牌。

结合辖区实际制定"书记项目"7项和"我为群众办实事"举措16条，围绕落实总体国家安全观、全面推动乡村振兴、服务制造业强国建设持续发力。与牛泉镇庞家庄村签订"双联共建"协议，帮扶该村山楂实现山东省内的首次出口。

党的二十大精神学习。关党委发挥带头作用，以专题读书班形式组织现场参观学习、交流心得体会，各党支部、团支部、青年理论学习小组同步推进学习宣传贯彻，定期开展知识测试，确保全员全覆盖。细化措施深入推进，在内部网站主页开辟宣传专栏，印发细化落实措施，将党的二十大精神落实到各项工作中。

深化党风廉政建设。扎实开展"海关重点项目和财物管理以权谋私"专项整治工作，持续强化纪法教育，组织观看《国门卫士岂容违纪破法——党的十九大以来海关系统部分违纪违法典型案例剖析》系列警示教育片，引导广大关员以案为鉴。力行关务公开，重大工程开工前向全体关员公开做出廉政承诺，主动公开重大项目支出明细，推动重点支出项目公开化、阳光化，自觉接受群众监督。

【队伍建设】2022年，莱芜海关以"一对一"方式开展疫情防控常态化条件下队列训练，柴宏翔在济南海关队列"云"会操中获评优秀标兵。树立令行禁止的纪律作风，从日常入手抓好作风养成，定期开展内务督查，关领导不定期开展巡查检查，发现问题立行立改，经常性开展预防酒驾醉驾专题教育和检查，实现警钟长鸣。开展食堂改造，改善就餐条件，实施台球室、乒乓球室、篮球场改造等民生项目；营造"我的莱关我的家"的文化氛围，用心过好每个传统节日，用家园文化凝聚职工对单位的归属感和向心力；加大关心关爱职工力度，及时慰问口岸疫情防控人员及家属，帮助大病职工争取慈善救助，解决就医和生活中的难题。

【法治建设】2022年，莱芜海关强化一线执法人员"谁执法谁普法"责任制落实，结合保稳提质工作需要，组织多轮对企培训，通过邀请专家授课、选派各岗位人员主讲等方式增强培训效果。承

▲2022年1月15日，莱芜海关承办济南海关首届"模拟法庭"活动

接关区普法重点工作，牵头承办济南海关首届"模拟法庭"活动，收到良好效果。

【税收征管】2022年，莱芜海关税款入库5.9亿元，同比下降31%。从源头把好申报质量关，关税价格、原产地、减免税、归类等质量指标均达100%。推进汇总征税、关税保证保险、担保验放等税收改革措施落地。对山东重工绿色智造产业城、凯傲叉车等重点项目实行跟踪服务指导，为重点设备和生产线进口提供减免税、快速通关等政策支持；落实上级关于统筹疫情防控和稳外资稳外贸工作部署，针对辖区企业资金紧张、经营困难实际，为其申请缓缴税款，减免税款滞纳金。

2022年，莱芜海关参与济南海关RCEP关税政策对黄河流域与日韩经贸合作影响研究。《RCEP实施后我省对日主要贸易商品关税四方面特点需关注》《RCEP实施后对日贸易商品关税变化研究——基于济南海关辖区企业对日贸易数据分析》等文章被济南海关相关刊物采用。与泉城海关联合开展调研撰写《济南市2022年度RCEP实施情况分析报告》。"抢抓RCEP机遇，助力辖区特色农产品出口"成为关区唯一报山东省RCEP实施典型案例和示范企业征集评选案例。

【动植物检疫】2022年，莱芜海关严格进出境动植物及产品检验检疫监管，监管植物源产品7863批、2.16亿美元。对125批、144074件出境热处理货物木质包装实施线上监督放行，对1批167件出境木质包装实施现场检疫查验。办理进境粮食初审20万吨，监管进境粮食13.07万吨。制订国门生物安全监测方案，安排200余人次在出口水果备案果园、进境粮食定点加工企业厂区及周边开展检疫性实蝇、外来杂草监测，及时发现和清除危害生态环境的外来有害生物；参加济南市美国白蛾、松材线虫等有害生物防控，助力黄河流域生态保护和高质量发展。加强与地方教育、科技、森林公安等相关部门的合作，融入地方国家安全教育防控体系。

【守护国门生物安全】2022年，莱芜海关加强国门生物安全社会共治，与莱芜区公安分局、人民检察院、人民法院共同签订合作备忘录，建立维护国门生物安全执法协作机制。与山东农业大学联合开展外来入侵物种普查，制作标本100余件。建成济南海关国门生物安全教育实训基地，搭建集"教、学、练、

▲2022年4月12日，莱芜海关与莱芜区公安分局、人民检察院、人民法院三部门签订合作备忘录

战"于一体的教育培训平台。以国门生物安全展馆为依托，系统宣传海关国门生物安全工作成效，发挥社会科普作用，国门生物安全展馆获评"莱芜区总体国家安全观教育培训基地"，被济南市列为总体国家安全观重点推荐单位。

【进出口食品安全监管】2022年，莱芜海关出口深加工食品7391批、2.30亿美元。对45批出口食品开展属地查验，抽取样品送检实验室，未检出不合格项目。开展进出口食品化妆品安全抽样检验和风险监测工作，完成率100%。实施进口食品"国门守护"行动，承办济南海关食品安全宣传周启动仪式。扎实做好进口冷链食品检疫，制订莱芜海关进口冷链食品监管人员封闭管理工作方案，开展4次现场模拟演练。搜集国外食品安全信息编发莱芜海关技术性贸易措施快讯12期，向出口食品生产企业及时通报国外食品安全预警信息。

【商品检验】2022年，莱芜海关检验监管还原铁粉等出口货物180批次、出口危化品23批、危化品包装鉴定64批、进口货物36批。强化岗

▲2022年9月13日，莱芜海关承办济南海关食品安全宣传周启动仪式

位人员资质能力双提升，组织新报名及到期资质人员5人参加资质培训，通过率100%。参与商品检验条线沙龙活动、培训、岗位练兵，稳步提升监管能力，在关区轻纺机电岗位比武中取得第4名。

【政策研究与统计分析】2022年，莱芜海关发挥"莱智道"统计工作品牌引领作用，强化统计监测分析与数据服务，高质量开展统计分析与政策研究工作，为保障特色农产品出口，解决中欧班列订舱难，助力玉米、食用油等关键商品保价稳供等方面发出海关声音；关注地方外贸整体形势，开展重点行业数据分析，编发各类信息简报23期，成为地方政府外经贸工

作科学决策的有力抓手；参与或牵头多项署级、关级课题研究任务，相关分析研究报告和课题研究成果多次得到中央和署、省领导批示，各类分析研究文章被中共中央办公厅、国务院办公厅、省政府信息、济南海关相关载体等采用超20篇次，不断巩固统计工作优势。

【企业管理】2022年，莱芜海关更新企业通用资质业务指南4份，实现资质办理业务全流程网办，大幅提高企业办事效率，实现全年行政审批业务办理满意度100%。完成进出口货物收发货人备案147家，注销31家，出口食品生产企业备案11家，出口食品原料种植基地备案18家，行政许可事项出境竹木

草制品生产加工企业注册登记 1 家，进口食品进口商备案 4 家。

【稽核查】2022 年，莱芜海关办结稽查作业 8 起，查发率 100%，稽查部门自主查发办理行政案件 2 起。办结核查作业 39 起，核查作业按时办结率 100%，居关区第 1 位；查发问题 40 个，核查作业查发率 92.31%，居关区第 3 位。开展 1 起引入第三方中介机构协助保税核查。与市场监管部门开展部门间联合抽查，对辖区 6 家出口备案食品生产企业开展检查。参与 "双高" 关级重点项目 "坚持改革创新 推动稽查能力全面提升" 研究，参与撰写关区集约协同作战工作实施方案。承担济南关区核查条线核查操作规范培训任务。

【查缉走私】2022 年，莱芜海关联合莱芜区公安分局、人民法院、人民检察院等部门召开座谈会，共同签署 "打击走私、破坏生态环境违法犯罪 保护生物多样性合作备忘录"。在 2022 年度关区缉私行政执法优秀法律文书评选中再次获评优秀法律文书。积极参与莱芜市打私办组织的各类活动，发挥全国反走私综合治理调查研究中心特聘研究员作用，开展论文撰写、调研活动。查发并办结快速办理案件 2 起，案值 186.41 万元。

【政务管理】2022 年，莱芜海关提升政务保障能力。及时高效做好公文流转，无发文退回情形。改造值班室，提升值班舒适性，不定期开展值班培训，未出现值班脱岗情况。完成 2021 年度文书档案归档和疫情防控档案整理。强化安全生产责任落实，借助消防、电梯、燃气、电力等专业机构协助开展安全隐患排查，杜绝安全事故发生。

【内部疫情防控】2022 年，莱芜海关动态调整内部疫情防控措施 15 次，开展专题演练 11 次。接受海关总署 "双百" 实地督查，获得现场零问题、零建议的反馈。应急预案始终保持激活状态，采样检测、后勤物资等保障到位。有效应对本土多轮疫情，保证干部职工身体健康和业务正常运转。在人力资源紧张的条件下派出 17 人次支援济南机场疫情防控一线。何心鸽代表济南海关参与山东省驻上海口岸专班工作，在上海疫情最严重的时期坚守 3 个月，出色完成专班工作任务，被济南海关授予嘉奖。

【督查内审】2022 年，莱芜海关积极配合国家审计及海关总署审计，对照督察审计自查要点及风险清单自查自纠问题 17 个。紧盯重大决策部署贯彻落实情况，开展专项督察 4 项，发现问题 4 个，均完成整改。制发莱芜海关业务运行监控工作专报 19 期，查找存在问题或提出业务警示 58 项，列出建议 109 条。以 "内控示范科室" 创建为契机，压实岗位内控主体责任，查检二科入选关区 "内控示范科室"。运用 HLS2017 内控平台加强业务监控，海关总署采纳专项成果 1 篇、应用信息 2 篇。发挥辖区农产品监管优势，开展关区出口大蒜检验检疫监管情况执法评估，作为关级项目提报海关总署。

【实验室建设】2022 年，莱芜海关围绕 "服务中心、提质增效、安全生产、队伍建设" 4 条主线，统筹基层党建、安全生产、业务发展和队伍建设开展实验室工作。组织开展安全生产知识培训 10 次；制发并完善莱芜实验室试剂耗材等采购、存储、使用管理办法等制度规范 4 份；开展突发事件应急处置演练 1 次；开展安全风险隐患自查 11 次。莱芜实验室新增检测能力 105 项次。其中新增食品添加剂检测能力 11 项，新增水质分析检测能力 29 项，顺利通过 CMA、CNAS "二合一" 复评审及扩项评审。获 CNAS、CMA 认定认可能力达 6 大类 437 项次。新改建污水水质分析室 1 处，跨领域推进新增污水水质分析能力，通过国家认证认可监督管理委员会 CMA 资质认定告知承诺现场核查评审，获得污水项目检测资质，成为山东海关系统唯一具备污水水质分析能力的海关实验室。

【促进外贸保稳提质】2022 年 6 月，莱芜海关先后举办促进外贸保稳提质海关政策宣讲会 "专精特新" 和高新技术企业专场、农食产品进出口企业专场。聚焦黄河流域先进制造业中心建设，重点服务辖区高端装备制造、先进材料、生物医药、新能源等高新技术产业为代表的制造业产业集群，实现有针对、解难题。向莱芜区、钢城区 24 家从事农食产品进出口的企业，通报莱芜海关促进外

▲2022 年 6 月 17 日，莱芜海关召开海关促进外贸保稳提质措施宣讲农食产品进出口企业专场

贸保稳提质 16 条措施；组织 "技术性贸易沙龙"，协调济南海关进出口食品安全处专家讲解海关检验检疫监管政策、进口食品的检验检疫和监督管理，介绍国外技术性贸易措施等，帮助企业应对国外技术性贸易壁垒，强化进口食品安全管理。

开展重点企业、行业调研 10 余次，推进问题清零。针对新兴市场准入问题，为欧盟最大柠檬酸供应商莱芜泰禾生化有限公司解决检验检疫证单出具难题，助力企业在非欧盟市场的占有率从 5% 提升到 10%；针对供应链受阻问题，协调济南市口岸办到莱芜开展专题调研，对接中欧班列运营公司为莱芜

农产品出口企业设立中欧班列固定班次。

助力跨境电商等新兴业态发展。加强对跨境电商平台企业的帮扶和规范，加强规范申报、商品归类等专业指导；围绕 "跨境电商+海外仓" 模式，支持跨境电商 B2B 扩大出口和海外仓建设，备案辖区首家跨境电商海外仓。跨境电商出口 42 亿元，同比增长 13.8 倍，成为外贸保稳提质的主要动力。

【助力辖区农产品出口高质量发展】2022 年，莱芜海关结合辖区进出口农产品主要特点，推进 "一次申报、分步处置" "两步申报"，提升通关作业无纸化水平，指导企业适用高级别信用管理等措

施，打通企业进出口环节"堵点"，不断提升通关效率，推动农产品通关便利化。重点推广"7×24 小时预约通关""提前申报"等便利化措施，保障查检作业"零等待"，农产品出口提前申报率100%，出口整体通关时间压缩至 1.3 小时，较 2017 年压缩 90% 以上。及时公布农产品重点出口国（地区）AEO 国际互认信息，安排专人开展"一对一"信用培育，倒排认证计划，扩展信用管理政策红利。开展黄河流域特色农产品"技贸护航"行动，收集农产品主要出口国（地区）技术性贸易措施和管控信息，与龙头企业建立技术性贸易措施联合应对机制，开展统计分析研究，指导企业破壁出口。

莱芜海关按照"精准帮扶，分类推进"的原则，助力涉农企业减税降费。突出行业特点宣讲 RCEP 关税优惠、原产地规则和通关便利化等优惠政策，利用关税享惠分析系统开展享惠情况排查，指导应享未享企业及时享惠，帮助重点进出口企业充分利用 RCEP 原产地累积规则，优化国际市场采购布局。实施原产地证书自助打印，推广税款电子支付和税单自助打印。签发农产品优惠原产地证书 8500 份，货值3.9 亿美元，优惠原产地证书成为扩大农产品出口的"助推器"。开展税政调研，提报"为姜制品增加本国子目20059950"的调研建议，被税则委采纳。

撰稿人

李天宇　柴宏翔

第八篇

直属事业单位

济南海关后勤管理中心

【概况】济南海关后勤管理中心（以下简称"后勤管理中心"）为济南海关所属事业单位，承担济南海关机关安全保卫、环境卫生、消防、节能减排以及物业管理等工作；承担济南海关机关一般设备、房产等资产和办公、生活基础设施设备使用维护及管理工作；承担济南海关机关基本建设项目具体实施工作；承担济南海关机关一般设备、其他设备采购执行工作；承担济南海关机关干部职工食堂、招待所等机关内部生活服务工作；承担济南海关机关公务车辆、公有住房、涉案财物保管等管理工作。

2022年，后勤管理中心牢牢把握"六个一"发展思路，切实掌握"六个更加注重"策略方法，对标"十二个着力"重点任务，进一步统一思想、凝聚力量，持续健全后勤制度体系，修订完善"三重一大"决策等27项后勤制度。2人次被济南海关评定为"优秀"等次，6人次被济南海关授予个人嘉奖，16人次被济南海关授予集体嘉奖，因机关安全生产管理专项提升被济南海关授予集体嘉奖1次。

【党的建设】2022年，后勤管理中心深入学习贯彻党的二十大精神，组织中心全体干部职工收听收看党的二十大开幕会，采取集体研学、班组讨论、个人自学等多种方式学习交流党的二十大报告精神。开幕会当天在职工食堂制作"喜迎二十大 奋进新征程"主题蛋糕营造欢庆氛围。传达学习海关总署、济南海关学习贯彻党的二十大精神各项培训、会议精神，全面更新办公场所电子屏、展板展报等，突出强化党的二十大精神专题宣传。组织

直属事业单位党支部书记热议

后勤管理中心党支部书记 赵凌云

党的二十大报告，思想深邃、内涵丰富，气势恢宏、催人奋进，事关党和国家事业继往开来，事关中国特色社会主义前途命运，事关中华民族伟大复兴。往昔已展千重锦，明朝更进百尺竿。我们要认真学习领会党的二十大精神，坚持从大局出发，不断增强后勤工作责任感和紧迫感，坚定不移贯彻总体国家安全观，坚定不移贯彻以人民为中心的发展思想，持之以恒抓好安全生产工作，不断提升后勤管理的质量和水平，为新时代海关建设提供坚实后勤保障。

▲2022年10月29日，后勤管理中心党支部书记热议党的二十大报告在济南海关"荷语泉声"微信公众号发布

处科级领导干部参加党的二十大精神轮训 7 人次，组织干部职工学习党的二十大精神专题课程 20 节次，开展"铸忠诚、担使命、守国门、促发展、齐奋斗"大讨论、大调研、大实践活动，参加"重走习近平总书记的山东足迹"活动。组织干部职工积极利用办公网"学习宣传贯彻党的二十大精神"专题专栏，"济南海关发布""荷语泉声"微信公众号等海关新媒体平台加强自学。

严格履行全面从严治党主体责任，坚持"第一议题"制度，将贯彻落实习近平总书记重要讲话和重要指示批示精神作为"第一要事"，组织学习落实调度会 13 次，及时对标对表党中央最新决策部署，将"两个维护"贯穿中心工作全过程、全方面。认真开展事业单位党建"双提升"行动，认真梳理查摆党支部存在的短板和不足，形成党支部问题清单、责任清单和整改清单，三单对照、项目化推进、销号式整改，进一步提升党支部标准化、规范化建设水平。规范落实"三会一课"制度，加强党务知识学习，严格规范支部选举、发展

党员等工作流程，组织召开支部委员会 15 次，开展党员集体学习及主题党日活动 25 次。完成支部换届，基层组织建设更加完善。转正预备党员 2 名，确定入党积极分子 1 名，支部战斗堡垒和党员先锋模范作用发挥明显。

严肃认真开展巡察整改，压紧压实党支部主体责任。制定整改工作方案和任务推进清单，制定 45 项整改措施，召开巡察整改专题民主生活会，明确完成时限、负责同志、具体措施，抓实抓细，严格推进。

深入开展精神文明建设，认真组织学习《习近平关于社会主义精神文明建设论述摘编》，协助做好济南海关

2022 年度省级文明单位复查工作，积极参与全国文明单位创建工作。加强人才队伍教育培训和实践锻炼，实现全员学习，提升干部职工政治能力、专业素质。

【新冠疫情内部防控】2022年，后勤管理中心严格落实海关总署和属地疫情防控相关要求，持续强化"场所码"应用、核酸检测核查、规范测温等防疫要求。持续强化来访人员疫情排查核验，建立室外疫情临时隔离"方舱"。持续强化办公区域、公有住房、快递包裹消毒消杀，加强办公区域消毒和通风换气，办公区域每周消杀一次，公有住房半个月消杀一次。持续强化职工餐厅分时就餐、

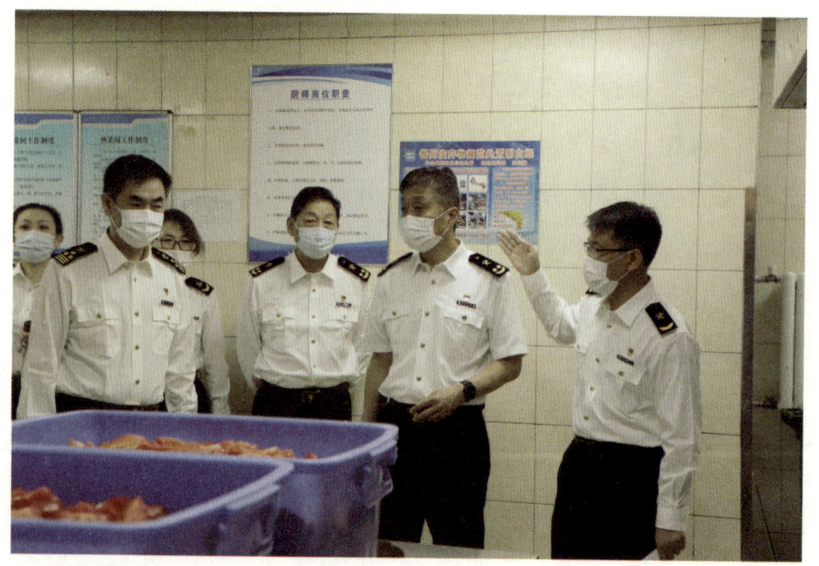

▲2022 年 5 月 10 日，济南海关副关长张艺兵带队检查职工餐厅恢复堂食准备情况

佩戴口罩、"一米线"等防疫要求，及时调整供餐模式，加装餐桌隔离板。持续强化中心工作人员及共同居住人330余人的健康监测"日报告、零报告"和疫情风险排查。积极配合海关总署"百名科长百日督查"组、疫情防控专项督导检查组2轮次督导检查，高度重视发现的个人防护、办公场所、防疫物资储备库等方面的问题，立行立改，举一反三。参与对隶属海关单位进行疫情内部防控专项检查，深挖风险隐患，保障海关职责正常运转。全力保障济南关区口岸一线疫情防控工作，采购防疫物资26.75万余件，第一时间调拨，保障一线口岸防疫物资及时发放到位。

【后勤保障】2022年，后勤管理中心积极做好海关总署、审计署济南特派办、山东省委保密局等上级单位在济南期间的办公场所、住宿、车辆、餐饮等后勤保障工作。保障济南海关直属机关第二次代表大会代表用餐，党的二十大召开、疫情防控及节假日等特殊时期保障济南海关各部门应急值班餐食，得到干部职工一致好评。完成

各类采购项目141个，其中政府采购项目12个、非政府采购项目129个，合计签订合同157个，涵盖实验室仪器设备、公务用车、服务类、货物类、工程类等多个项目。做好济南海关涉案财物仓库仓储管理。保障公务用车500余车次。职工餐厅推出轻食特色餐饮，开展职工餐厅美食周、端午节包粽子等活动。提供12万余人次就餐服务，禁止堂食期间提供盒饭2.6万余份，累计提供熟食、面点等外卖0.5万份，招待所提供1400余人的住宿服务，理发室提供1600余人的剪发服务。农产品扶贫采购67批次，完成扶贫计划的100.16%，助力乡村振兴战略。

坚决贯彻落实习近平总书记"党和政府带头'过紧

日子'"重要指示精神，资金安排上压减非刚性、非重点、非急需支出，进一步强化预算执行管理，截至2022年年底，中心预算执行率100%。主动应对审计关切，对于国家审计、海关总署经济责任审计部门提出的各类不合规等问题，坚决杜绝类似情事发生。有序开展3个办公区固定资产的盘点和梳理工作，核对固定资产3956条次，及时进行固定资产的报废清理工作。完成中心固定资产清查盘点工作，核对固定资产70条次（件）（含无形资产2条）。

【服务创新】2022年，后勤管理中心坚持为民服务的根本宗旨，更加注重需求导向和效果导向，深入推进后勤保障事项信息化建设，提升干

▲2022年6月1日，后勤管理中心组织开展"我们的节日"端午节包粽子活动

部职工获得感和幸福感。完善"智慧后勤"信息化保障系统，优化办公用品领用、剪发、洗车等模块，精准服务干部职工的需求。优化"济关微超"微信小程序，提供便利化商品团购和外卖种类，后勤服务便利化程度进一步提升；优化公务用车网上审批系统使用推广，实行三级审批，增加公务车辆使用范围"白名单"必选项，加强公务用车使用日常检查，明确公务用车类型和使用条件，公务用车使用的便利性和标准性获得极大提升；创新资产管理手段，通过可辨识、易管理的资产标签，实现资产"身份证式"管理，建立公务用车"一车一档"、公有住房"一房一档"机制，优化固定资产登记入账流程，资产采购、调拨、分配、处置实现全过程闭环管理。

【企业排查】2022年，后勤管理中心按照海关总署停止进出境检疫处理业务后续工作的要求，对所属企业停止进出境检疫处理业务后续工作进行全面排查，未发现业务、产权、人员、资产和经济往来等方面有关进出境检疫处理和与海关行政权力相关的情况。对所属3家企业进行全面排查，无涉企违规收费情况，无落实降费减负政策不到位、借疫情防控违规设立收费项目、不按要求执行国家和地方已出台惠企收费政策、不按公示的价格标准收费、随意增加收费项目或价格欺诈等行为。

按照海关事业单位所属企业脱钩工作方案要求，指导所属企业停止进出境卫生检疫处理和动植物检疫处理等业务，及时变更营业范围，妥善推动人员分流，成立清算工作组，有序做好资产处置等后续工作。严格贯彻落实国企改革三年行动方案要求，推进所属企业改制。

【安全生产】2022年，后勤管理中心主动担当作为，落实落细"发展要安全"精神，保障海关正常工作。从后勤单位职责出发，自觉服务保障济南海关13项服务黄河流域生态保护和高质量发展重点项目落地安全。认真贯彻落实习近平总书记关于安全生产重要指示精神，坚决贯彻党中央"发展要安全"的明确要求，利用后勤管理中心班子会、专题会等形式，学习安全生产相关文件要求，树立人人关注、时时关注安全生产工作的氛围。充分利用专业维保力量，加大济南海关机关消防、配电、监控、电梯等日常维保频次。组织对办公区域进行全面排查，消除安全隐患。组织公有住房、涉案财物仓库、职工食堂等安全大检查，对食堂烟道、污水管道进行清洗，对水电燃气等重点部位进行再检查再梳理。开展防汛安全检查，清理畅通排水管道，修缮屋面防水，采购沙袋、水泵等防汛物资，做好防汛应急准备工作。积极应对各类恶劣天气，及时排除济南海关大院配电室漏水险情，监控中断、配电柜故障等突发问题，未造成损失。完成二环东路办公区电气改造、地下室配电柜改造、污水管道修复、换热站及废旧油罐拆除等安全项目，完成解放路七号业务技术大楼安全改造、安全修复等项目。

撰稿人

于　悦　王　荷　朱新军　李思雨　李海虎　赵凌云
郭仁民

中国电子口岸数据中心济南分中心

【概况】中国电子口岸数据中心济南分中心（以下简称"数据分中心"）为海关总署委托济南海关管理的事业单位，下设综合业务部、技术部两个内设机构。主要承担济南关区电子口岸企业入网、技术支持、企业培训、热线值班及电子口岸系统运维工作，负责国际贸易"单一窗口"标准版推广应用，协助开展济南海关信息化系统开发及维护，参与山东电子口岸应用项目建设，承办12360海关热线值班工作。

2022年，数据分中心扎实落实"铸忠诚、担使命、守国门、促发展、齐奋斗"要求，坚持党建引领，弘扬海关"三实"文化，运用科技赋能，助力口岸营商环境优化，各项工作成效显著。在2022年度中央驻鲁事业单位绩效考核中获得"优秀"等次，支部获评济南海关"四强"党支部，"e路同行"党建品牌获评济南海关基层党建培育品牌，李德阔被中共山东省委全面深化改革委员会办公室授予"2021年山东省改革尖兵"荣誉称号。

【党的建设】2022年，数据分中心坚持以习近平新时代中国特色社会主义思想为指导，严格落实"第一议题"制度。

强化"事业单位更要讲政治"的理念，引导干部职工深入学习贯彻党的二十大精神，深刻领悟"两个确立"的决定性意义，增强"四个意识"、坚定"四个自信"，做到"两个维护"；组织开展事业单位党建"双提升"强化月活动，通过邀请专家授课、与先进党建单位开展党建共建等方式，学习先进单位党

▲2022年7月1日，数据分中心党支部组织全体党员开展"七一"主题党日活动

建经验，制定数据分中心支部标准化建设工作手册，以工作标准化推动党建规范化；丰富党建品牌"e路同行"内涵，开展"永远跟党走"红色诗歌朗诵、党员过"政治生日"、"政治强业务"专题大讨论等主题党日活动，营造浓厚党建工作氛围，9名青年同志递交入党申请书；强化政治理论研究，《济南海关数据分中心"三点着力"强化政治机关建设 营造干事创业浓厚氛围》《济南海关数据分中心对标"四强"扎实开展事业单位党建"双提升"强化月活动》2篇文章被海关总署政工办采用；加强党风廉政建设，开展"海关重点项目和财物管理以权谋私"专项整治，开展警示教育，加强干部职工"八小时以外"纪律监督，全年无违法违纪情事发生。

2022年3月，济南海关党委巡察组对数据分中心开展常规巡察。针对巡察反馈的3个方面14个问题，细化制定30项整改措施，明确责任分工、完成时限、具体举措，挂图作战，抓实抓细，巡察反馈问题已全部整改，整改完成率达100%。

【电子口岸服务】2022年，数据分中心完成电子口岸二级节点升级扩容，数据交换承载能力提升10倍，为济南关区706家企业提供个性化批量通关申报服务，实现海关回执"零延迟"；完成电子口岸互联网接入区同城传输系统切换，开展国产密码算法企业宣传，为2120家企业切换国产密码算法电子口岸卡，企业数据更加安全。

全面推行业务网上办理模式，全部电子口岸业务均可"零跑腿"办理，电子口岸网上办理率超过95%；建立客服热线节假日值班制度，坚持"接诉即办"，确保企业群众每个诉求都能"接得快、

答得准、办得实"。制卡服务方面，办理电子口岸新入网企业5207家，制发（含更新）电子口岸卡16212张，制卡业务同比增长3%；热线服务方面，接听热线20625次，热线接通率达到99.4%，畅通企业问题反馈渠道，通过QQ群、微信群解答问题2957个，企业服务保持"零投诉"。

【国际贸易"单一窗口"标准版推广应用】2022年，数据分中心建立定期企业培训制度，开展出口退税、加工贸易、特殊监管区域、RCEP原产地证书等业务培训15次，1058家企业、1342人参加，实现济南海关辖区隶属海关

▲2022年7月20日，数据分中心联合山东省口岸办公室开展国际贸易"单一窗口"出口退税（外贸版）在线培训

培训全覆盖；按照国家口岸管理办公室开展2022年度国际贸易"单一窗口"安全检查的要求，积极对接山东电子口岸公司，选派技术骨干协助开展安全检查，完成安全检查报告2份，解决各类漏洞问题17个，国际贸易"单一窗口"运行平稳，全年无安全事故发生。2022年，"国际贸易'单一窗口'建设"指标考核保持全国优秀行列。

截至2022年年底，中国国际贸易"单一窗口"标准版上线18个板块、116个应用功能，基本满足济南关区企业进出口"一站式"作业要求，"单一窗口"主要业务应用率保持100%。

【支持中国（山东）国际贸易"单一窗口"建设】2022年，数据分中心支持中国（山东）国际贸易"单一窗口"特色应用建设，自主开发"电子口岸情景式在线交互平台"，上线电子口岸、网上课堂、知识库三大功能，该平台已被纳入中国（山东）国际贸易"单一窗口"地方特色应用，实现电子口岸业务在中国（山东）国际贸易"单一窗口"平台的"一口办理"；

深化与山东电子口岸公司"0531-95198热线"深度合作，做好国际贸易"单一窗口"热线服务，实现企业问题"一点接入、首问负责"，累计接听"0531-95198热线"转入394个。2022年，中国（山东）国际贸易"单一窗口"新增注册企业6865家，累计服务企业28万余家。

【服务业务改革】2022年，数据分中心积极参与济南关区业务改革。协助企业管理和稽查处、东营海关开发升级"AEO智慧培育"系统，创新企业培育模式，为企业提供AEO企业认证培育线上平台，该系统作为中国海关信用管理先进经验在"国际海关日"推介，被海口、重庆海关移植应用；配合关税处开发RCEP享惠分析系统，助力"一企一策"享受RCEP政策红利，入选山东省RCEP优秀案例；配合监管处开发"铁海E通"系统，打通属地海关与港口海关数据通道，助力济南、滨州、淄博、聊城等地建设"内陆港"；配合关税处、滨州海关开发指标监控分析系统，为及时监控关税业务指标运行情况提供

技术手段；配合莱芜海关完成国门生物安全网上实训基地项目，开发上线手机App；配合济南国际旅行卫生保健中心开发核酸检测小程序，实现与济南疫情防控平台对接，为内部疫情防控提供科技助力。

【打造企业服务体系】2022年，数据分中心深化移动互联网技术应用，创新服务形式，在全国海关率先提出打造电子口岸企业服务体系的理念，依托"通关e助"微信公众号，上线新企业入网、企业信息变更、增办操作员卡、补卡换卡等功能，实现电子口岸业务由"网上办"到"掌上办"的全面升级。截至2022年年底，通过"通关e助"平台发布微课堂23期，推送各类业务信息1138篇，微信公众号在线回复企业问题1601人次，累计上线知识库内容1280条，办理电子口岸业务的企业达930家，手机端业务办理率超过22%。

【打造智慧旅检"无感通关"新模式】2022年，针对口岸疫情防控迫切需求，数据分中心联合卫生检疫处、监管处、科技处、机场海关开展"百日攻关"，研发具有自主

知识产权的智慧旅检智能"一体机"。3月20日，在济南国际机场正式投入应用，实现旅检现场信息采集、身份验核、测温、健康审核、采样登记、信息上报、数据统计的全流程智能化闭环管理。截至2022年年底，通过一体机验放进境旅客11198人，旅客通关效率大幅提升，旅客健康审核平均时长由90秒缩短到30秒，现场审核关员由8人减至2人，为济南国际机场入境旅客检疫监管提供了有力的抓手，成功打造疫情防控常态化模式下海关监管"无处不在、无事不扰"的无感通关良好体验，《科技日报》以"'面对面'变'屏对屏'，出入境旅检更智能"为标题进行专题报道。

▲2022年3月20日，数据分中心自主研发的智慧旅检智能"一体机"在济南国际机场正式投入应用

撰稿人

孙 硕 韩 涛

济南海关技术中心

【概况】济南海关技术中心（以下简称"技术中心"）是济南海关直属事业单位，职能定位是为海关行政执法提供技术保障，同时面向社会提供委托检测、技术咨询和培训等服务。技术中心下设综合业务部、动植物检疫实验室、食品安全检测实验室。另外，泰安、莱芜、德州、聊城、滨州5个隶属海关实验室纳入技术中心业务管理范畴。

技术中心拥有仪器设备2100台（套），实验室设备349台（套），覆盖常规理化检测、元素分析、农兽药残留检测、食品添加剂检测、生物毒素检测、动植物疫病检测、物种鉴定等业务领域，涉及24类产品700余项，获得CNAS、CMA资质认定以及农产品质量安全检测机构资质认定。

▲2022年1月20日，技术中心召开舆论引导"新闻热点讨论会"

2022年，技术中心在中央驻鲁48个事业单位中绩效考核以总分第一的成绩获评"优秀"等次，获得济南海关"科技攻关执法保障工作"集体嘉奖，12人次获济南海关集体嘉奖，1人次获济南海关个人嘉奖。

【党的建设】2022年，技术中心持续深入学习贯彻党的二十大精神。通过班子领学、支部研学、科室讲学三级学习联动方式，持续掀起学习党的二十大精神热潮。坚持原原本本学、全员覆盖学、结合实际学，领导班子专题学习5次，支部书记讲党课4次，党支部、科室学习研讨40余次，撰写"党的二十大"主题征文1篇，派员参加主题演讲比赛 1 场，组织党的二十大知识闭卷测试 1 次。

严格落实"第一议题"制度。始终把政治建设摆在首位，以《习近平谈治国理政》第四卷、《习近平经济思想学习纲要》为重点，深入系统学习习近平新时代中国特色社会主义思想，及时跟进学习贯彻习近平总书记重要讲话和重要指示批示精神，以理论上的清醒确保政治上的坚定。深入开展"学查改"专项工作和政治机关建设专项教育活动，查摆出的 6 个问题全部整改到位。

完成党支部换届选举工作，新增 2 名支委委员，进一步压实管党治党主体责任。规范组织生活，开展"三会一课"、主题党日活动等 40 余次，支部书记、普通党员讲党课 5 次。开展基层党建双提升行动，党组织政治功能、党务干部能力不断提升。严格落实全面从严治党，扎实开展纪法教育和"警示教育月"活动，以案为鉴，强化党风廉政建设。

【检验检测鉴定】2022 年，技术中心完成检验检测鉴定业务 5575 批次，同比增长

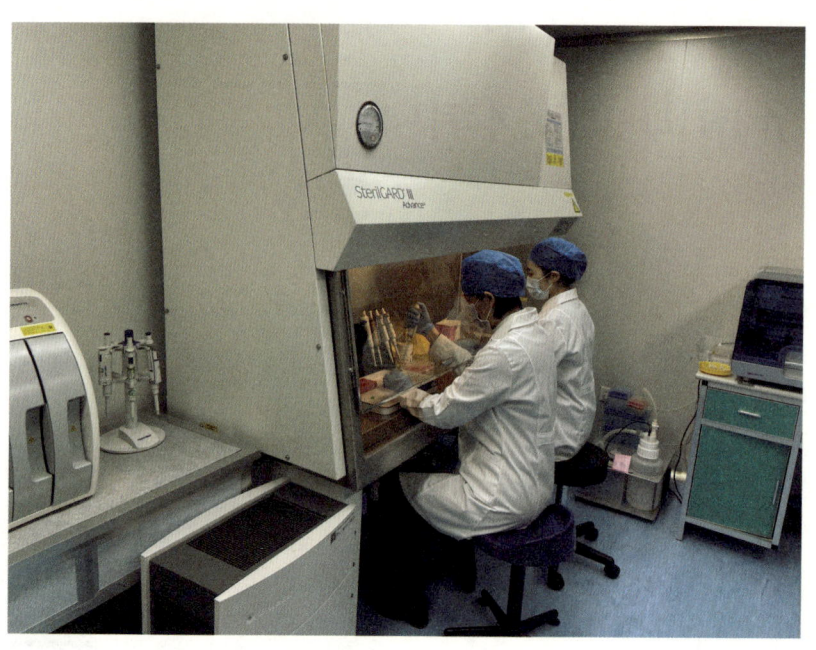

▲2022 年 10 月 21 日，技术中心工作人员开展微生物检测工作

119.06%。依据各职能处室和隶属海关的执法需求，聚焦生物安全、外送集中的检测项目，新增检测能力 143 项，拓展涉税化验鉴定业务，首次开展巧克力标签检验业务，应对欧盟通报紧急开发硝呋索尔代谢物的检测，新增动植物检疫领域检测能力 100 余项，实现关区动植物检疫领域法检项目全覆盖。

【守护国门生物安全】2022 年，技术中心在关区内首次检出人畜共患病——布鲁氏菌病，首次鉴定"异宠"动物濒危物种珍珠龟。检出牛病毒性腹泻、牛副结核病等二类动物疫病 10 批次、64 个样品；检出美国白蛾、美洲

斑潜蝇、毒麦、长芒苋等检疫性有害生物 14 批次、14 项次；检出小蓬草、加拿大一枝黄花、鬼针草、圆叶牵牛等其他外来物种 19 批次、52 项次，一般性有害生物 190 批次、747 项次。开展"防范外来物种入侵，守卫国门生物安全"行动，在济南国际邮件互换局周边主要入境口岸区域内开展外来入侵物种普查。

【科研工作】2022 年，技术中心科研和技术规范立项 9 项（见表 8-1），在研 12 项（见表 8-2），顺利推进山东省重点科研项目"口岸外来有害生物联合监测与预警防控研究应用"的研发；顺利通过

验收署级课题 1 项、关级课题 3 项；获省部级课题立项 1 项；通过审定的海关技术规范 1 项，送审征求意见的标准 4 项，申请获立项的海关技术规范 5 项。科技创新成果丰硕（见表 8-3），获发明和实用新型专利授权 8 项；发表 SCI 论文 1 篇、核心期刊论文 2 篇；获 2022 年度山东省认证认可协会科学技术一等奖 1 项。

表 8-1　2022 年技术中心科研和技术规范立项情况表

序号	项目名称	项目类别	立项机构	主持人
1	"跨境动物性食品中新发化学危害因子快速识别技术与装备"子课题	科研课题	科技部	凌宗帅
2	禽衣原体病检疫技术规范	技术规范制（修）订	海关总署	曹丙蕾
3	出口食品中 2-（4-甲氧基苯氧基）-丙酸钠的测定	技术规范制（修）订	海关总署	王乐
4	出口食品中微生物学检验通则	技术规范制（修）订	海关总署	凌宗帅
5	罐头食品商业无菌快速检测方法	技术规范制（修）订	海关总署	曹丙蕾
6	禽蛋及制品中毒死蜱残留量的测定	技术规范制（修）订	海关总署	凌宗帅
7	禽蛋及制品中噁喹酸、磺胺喹噁啉残留量的测定 液相色谱—质谱/质谱法	技术规范制（修）订	海关总署	凌宗帅
8	化妆品中 2-甲基咪唑的测定 高效液相色谱—质谱法	技术规范制（修）订	海关总署	王乐
9	食品接触材料及制品纸、纸板和纸制品中荧光增白剂的测定液相色谱法	技术规范制（修）订	海关总署	刘敏

表 8-2　2022 年技术中心在研科研项目和技术规范情况表

序号	项目名称	项目类别	立项机构	主持人
1	口岸外来有害生物联合监测与预警防控研究应用	科研课题	山东省	凌宗帅
2	食品中化学添加物基体标准物质的研制及在能力验证中的应用研究	科研课题	海关总署	李晓明
3	食品接触材料 油墨中光引发剂的测定 液相色谱串联质谱法	标准制（修）订	海关总署	王 乐
4	涂料中 2-甲基咪唑的测定 气相色谱串联质谱法	标准制（修）订	海关总署	陈晞
5	进出口猪肉及制品中戊型肝炎病毒新型快速检测技术与检测装备的研究	科研课题	济南海关	凌宗帅
6	蜂蜜中吡咯里西啶类生物碱的表面增强拉曼光谱快速检测方法研究	科研课题	济南海关	朱秀焕

续表

序号	项目名称	项目类别	立项机构	主持人
7	不同类型乳制品中沙门氏菌生长预测模型的建立和应用研究	科研课题	济南海关	刘 敏
8	全自动固相萃取—液质联用法同时测定禽蛋及其制品中多种药物残留的检测技术研究	科研课题	济南海关	常晨阳
9	EMA 结合 ddPCR 检测进出口肉制品中单增李斯特菌方法的建立	科研课题	济南海关	王 超
10	活鸡屠宰品质检验规程	标准制（修）订	海关总署	凌宗帅
11	出口食品中索马甜的测定 液相色谱法	标准制（修）订	海关总署	王 乐
12	进出口肉制品中单增李斯特菌检测方法 EMA 结合 ddPCR 法	标准制（修）订	海关总署	王超

表 8-3　2022 年技术中心发表论文及获得专利等情况表

序号	成果名称	成果类型	期刊名称/授权机构	作者
1	重组酶聚合酶扩增技术在动物源性食品检测中的应用	论文	食品科技	曹丙蕾
2	微波消解—电感耦合等离子体发射光谱法测定食品膨松剂中的滑石粉	论文	中国食品添加剂	陈晞
3	Enhanced Oxygen Vacancies in Ce-Doped SnO_2 Nanofibers forHighly EfficientSoot Catalytic Combustion	论文	Catalysts	郑新华
4	反刍动物疫病防御的血液采取器	专利	国家知识产权局	张群
5	一种大型动物疫病检测用固定装置	专利	国家知识产权局	曹丙蕾
6	基于玻璃纤维过滤器和 spe 净化的多重净化设备	专利	国家知识产权局	王乐
7	动物疫病采样样本离心器	专利	国家知识产权局	刘敏
8	一种食品接触用油墨中添加物筛查的取样设备	专利	国家知识产权局	王乐
9	一种基于高分辨质谱筛查的检测设备	专利	国家知识产权局	王乐
10	检测水产品中喹诺酮类药物残留量的酶联免疫试剂装置	专利	国家知识产权局	李晓明
11	一种高蛋白食品样品的玻璃纤维过滤装置	专利	国家知识产权局	王乐
12	进出口动物及其产品中重要动物病原检测技术的研究及应用（一等奖）	奖项	山东省认证认可协会	曹丙蕾

【实验室质量控制】2022 年，技术中心规范运行实验室管理体系，按计划完成年度内部审核、管理评审，加强日常监督，强化内、外部质量控制，确保检测质量和实验

室管理体系持续符合认证认可相关规定要求。组织内部比对实验16项次，参加外部能力验证（测量审核）12项次，结果均为满意。顺利通过CMA、CNAS"二合一"复评审。

【人才建设】截至2022年年底，技术中心获得正高级职称资格4人、副高职称资格13人；有博士4人、硕士11人。贯彻新时代党的组织路线和"二十字"好干部标准，先后提拔多名同志担任科级管理职务。严格按照规定的管理岗和专业技术岗职数设置岗位，聘任科研能力强、成绩突出的23名同志到各类技术岗位任职。突出实干实绩导向，将科研能力强、成绩突出的2名同志聘任为研究员，1名同志聘任为副高专技岗。

【促进外贸保发展】2022年，技术中心建立"1+5+N"实验室检测联盟，与青岛海关技术中心、食品伙伴网签署合作备忘录，延伸服务链条，为企业提供一站式服务。压缩检测周期，提升进出口通关效率，助力外贸进出口；优化业务运作机制，简化作业流程；针对进境种牛、鲜活易腐食品农产品检测业务，样品即到即测、结果即时反馈；组建突击队集中攻坚，实施无假日作业模式。严格落实减税降费政策，坚决杜绝增设进出口环节涉企检测收费项目和提高收费标准，切实减轻企业负担。成立技术性贸易措施工作站，研究应对贸易摩擦预警，促进关区农食产品优进优出。

【安全管理】2022年，技术中心深入学习贯彻习近平总书记关于安全生产的重要指示批示精神，树牢"两个至上"理念，落实"三个必须"要求，制定技术中心安全生产重点工作任务进展情况表，以"时时放心不下"的责任感，压紧压实实验室安全生产责任。集体观看《生命重于泰山——习近平总书记关于安全生产重要论述》电视专题片，不定期开展安全生产教育，规范危化品和微生物菌种管理，定期开展实验室安全督导检查，及时堵塞漏洞，防患于未然。

严格落实属地和海关疫情防控政策，压实"四方责任"，规定动作百分百做到位，制修订济南海关技术中心疫情内部防控指南等5项制度，开展3次应急演练；配备医学观察室、购置样品专用消毒仓；严格遵守疫情内部防控纪律，严格出行审批，确保内部防控到位，顺利通过海关总署"百名科长百日督查"、海关总署派驻实地督查组检查。

撰稿人

孙计赞　燕华农

济南国际旅行卫生保健中心
（济南海关口岸门诊部）

【概况】济南国际旅行卫生保健中心（济南海关口岸门诊部）（以下简称"保健中心"）是济南海关直属事业单位，承担关区卫生检疫及国际旅行卫生与检验的技术保障工作，国际旅行医学检验、检查、健康咨询和预防接种等工作。保健中心下设体检部、检验部、泰安门诊部。

保健中心实验室面积520平方米，拥有仪器设备50台（套）。开展新冠病毒核酸检测，新冠病毒抗体检测，基因测序，艾滋病筛查，梅毒、乙肝、丙肝等传染病检测以及常规血生化、血常规等体检项目，3个大类53个检测项目获得ISO17025认可。

2022年，保健中心彭健获"全国消除疟疾工作先进个人"荣誉称号；赵辉在参与移动方舱实验室支援北京冬（残）奥会保障任务中表现突出，被济南海关授予嘉奖；张玉磊所参与的集体在济南海关疫情防控任务中表现突出，被济南海关授予嘉奖。

【党的建设】2022年，在济南海关党委坚强领导下，保健中心深入学习贯彻习近平新时代中国特色社会主义思想，深入贯彻落实党的二十大精神，形成政治坚定、团结奋进、作风扎实、工作规范、成效显著的政治生态。完善落实党委理论学习中心组等各层级学习制度，加强和改进思想政治工作。不折不扣落实习近平总书记重要指示批示精神，严格落实"第一议题"制度，在思想上、政治上、行动上同以习近平同志为核心的党中央保持高度一致。组织全体党员干部集中学习7次，开展专题研讨4次，专题党课2次，3人次参加专题培训班。

深入学习宣传贯彻党的二十大精神，按照济南海关"快、全、深、实、真"指导原则，把学习宣传贯彻工作全面铺开、层层压实、不断纵深推进。强化组织领导，发挥领导班子带头学习作用，通过"三会一课"和主题党日、支部书记讲党课等形式，组织全体党员集中学习讨论党的二十大精神，推动入脑入心。组织集体学习4次，支部委员会学习3次，各党小组集体学习8次。完善党员佩戴徽章、重温入党誓词等政治仪式，过好"政治生日"，强化党的意识和组织纪律观念。

严格落实关于加强对

"一把手"和领导班子监督的实施意见，主动接受监督。通过观看廉政警示片、廉政讲座、节假日廉政提醒以及日常谈话等方式加强党员干部的廉政教育，扎实开展纪律教育活动，提醒党员干部时刻守住廉政红线，提高政治觉悟，加强作风建设，打造风清气正的政治生态。深挖细查"四风"问题隐形变异的种种表现，督促领导干部带头转作风、摆表现、找差距。开展警示教育 2 次，组织重要岗位人员谈话 19 人次。

【人才建设】截至 2022 年年底，保健中心有高级职称 6 人，中级职称 12 人，初级职称 23 人。制定培训常态化机制，派出人员进修学习，1 名人员完成外出进修，7 名人员进行专项学习，在出入境人员传染病监测、预防接种、新冠病毒检测、基因测序等方面取得进步。

【新冠疫情防控】2022 年，保健中心作为济南海关口岸疫情防控技术支撑部门，承担关区口岸疫情防控技术保障及"多病同防"检测工作。检测入境人员新冠核酸样本 17111 人次，封闭管理职工新冠核酸样本 29148 人次，新冠抗体检测 196 人次，货检和环境样本 7062 份。入境人员猴痘项目检测 131 人次。移动方舱实验室支援石家庄海关，全力保障北京冬（残）奥会张家口赛区口岸疫情防控工作，受到海关总署表扬。

根据济南市疫情防控指挥部统一安排，设立"愿检尽检"核酸采样点，为社会提供免费核酸检测服务，承接历下区 6 个街道核酸采样点和 4 家医院以及部分管控区域的核酸检测工作，完成各类人群核酸检测 270 万人次，为地方疫情防控工作贡献了海关力量。

【出入境传染病监测】2022 年，保健中心完成各类体检 23581 人次；法定体检 2438 人次，检出艾滋病 3 例。接种各类疫苗 24684 人次，黄热病疫苗接种 1923 人次。开展"疟疾宣传日"主题宣传活动 1 次，"艾滋病防治"主题宣传活动 1 次，发放疟疾宣传材料 500 余份、艾滋病宣传材料 900 余份。

【安全管理】2022 年，保健中心领导班子认真贯彻习近平总书记关于安全生产重要论述要求，严格落实海关总署、济南海关两级安全生产工作部署，开展安全生产专题宣传教育培训，组织《中华人民共和国安全生产法》集中学习和测试，营造安全生产警钟长鸣、常抓不懈的氛围；定期开展安全自查，定期对实验室和办公区域进行安全检查，各部门严格落实整改，及时消除安全隐患；严守实验室生物安全底线，从个人防护、样本管理、医疗废弃物处置、清洁消毒等环节进行规范，确保实验室生物安全，建立职业暴露和意外情况处置预案，定期演练；严格落实预防接种工作安全要求，从疫苗验收、接种规范、应急处置等各方面加强人员培训和监督。

【实验室质量管理】2022 年，保健中心修订质量管理体系 1 次，新发布体系文件 2 份，组织内审 1 次，管理评审 1 次，接受 CNAS 在线评审并顺利通过。参加国家卫生健康委临床检验中心室间比对 15 次、山东省临检中心室间比对 11 次，均取得满意结果。参加山东省临床检验中心和济南市临床检验中心组织新冠病毒核酸检测室间比对 4 次，均获得满意结果。艾滋病筛查实验室在济南市疾控中心组织的年度考核中，被评为"优秀"等次。

【口岸技术支撑】2022年，保健中心开展口岸病媒生物监测、本底调查和常见鼠类、蚊类、蜚蠊、蜱类等病媒生物鉴定以及汉坦病毒、钩端螺旋体、黄热病、寨卡、基孔肯亚热、新波尼亚等多种病媒传播病原体检测，检测本底鼠类13只、蜚蠊22只、蜱类113只，开展汉坦病毒、新波尼亚、霍乱病原体检测314次。从东营港口岸鼠类样本中首次检出志贺氏菌和Ⅱ型汉坦病毒阳性。

撰稿人

韩冉冉

第九篇

主要统计数据

2022 年山东省主要贸易数据

表 9-1　2022 年省会、胶东、鲁南三大经济圈外贸进出口统计表

统计指标		省会经济圈			胶东经济圈			鲁南经济圈		
		总值（亿元）	同比（%）	占全省比重（%）	总值（亿元）	同比（%）	占全省比重（%）	总值（亿元）	同比（%）	占全省比重（%）
12月	进出口	993.45	31.7	29.2	1925.00	13.2	56.6	481.88	36.7	14.2
	出口	607.98	47.9	27.4	1200.63	7.3	54.0	413.88	36.2	18.6
	进口	385.47	12.3	32.7	724.37	24.5	61.5	68.00	39.6	5.8
全年累计	进出口	8938.61	18.4	26.8	20577.79	11.7	61.8	3808.51	15.2	11.4
	出口	4594.24	20.6	22.6	12701.98	14.7	62.4	3059.57	16.5	15.0
	进口	4344.37	16.0	33.5	7875.81	7.3	60.7	748.94	10.2	5.8

注：此类表中数据为原数据四舍五入，下同。

表 9-2 2022 年山东省 16 市进出口商品总值表

地市名称	进出口		出口		进口	
	总值（亿元）	同比（%）	总值（亿元）	同比（%）	总值（亿元）	同比（%）
全省	33324.9	13.8	20355.8	16.2	12969.1	10.3
青岛市	9117.2	7.4	5361.1	9.0	3756.1	5.1
烟台市	4547.4	10.5	2750.9	12.4	1796.5	7.8
潍坊市	3419.9	30.6	2477.2	36.4	942.7	17.5
东营市	2626.5	27.9	674.8	21.6	1951.7	30.3
济南市	2208.9	13.9	1431.8	22.0	777.1	1.5
威海市	2095.6	3.1	1567.4	4.9	528.2	-1.9
临沂市	1875.1	6.7	1711.3	8.3	163.8	-7.1
日照市	1397.7	20.4	545.3	35.4	852.4	12.5
淄博市	1234.1	3.0	731.6	1.0	502.5	6.2
滨州市	1227.1	19.3	506.3	9.5	720.8	27.3
济宁市	848.2	25.0	637.9	31.4	210.3	8.9
菏泽市	654.3	15.1	313.0	11.0	341.3	19.2
德州市	622.1	21.4	489.1	46.6	133.0	-25.7
聊城市	614.0	15.7	408.3	11.4	205.7	25.2
枣庄市	431.0	42.8	397.5	42.9	33.5	42.3
泰安市	405.9	39.5	352.4	82.4	53.5	-45.3

表 9-3　2022 年山东省进出口商品主要国别（地区）总值表

进口原产国（地） 出口最终目的国（地）	进出口		出口		进口	
	总值（亿元）	同比（％）	总值（亿元）	同比（％）	总值（亿元）	同比（％）
"一带一路"共建国家（地区）*	12941.92	38.0	6944.97	28.9	5996.95	50.4
东南亚国家联盟	6590.64	53.1	3450.32	43.8	3140.32	64.9
美国	3640.59	9.4	2954.29	9.0	686.30	11.3
欧洲联盟（不含英国）	2953.27	2.5	2403.28	8.8	549.99	−18.4
韩国	2783.26	3.6	1856.11	6.6	927.15	−2.0
俄罗斯	2046.76	59.2	587.06	23.4	1459.69	80.3
日本	1922.74	5.8	1540.17	10.5	382.57	−9.6
巴西	1443.20	−10.2	344.80	32.5	1098.40	−18.5
澳大利亚	1291.89	−2.5	550.61	40.3	741.27	−20.5
阿联酋	824.36	54.0	344.43	36.3	479.93	69.8
印度	685.48	13.0	598.09	30.4	87.39	−40.9
中国台湾	651.81	−5.5	174.71	−12.9	477.10	−2.5
加拿大	623.85	27.7	454.20	32.5	169.65	16.5
墨西哥	522.44	26.2	490.33	30.2	32.11	−14.0
英国	520.90	−6.1	453.41	−3.0	67.49	−22.8
中国香港	478.36	−22.8	473.04	−22.9	5.31	−15.6
沙特阿拉伯	380.72	44.5	295.97	40.3	84.75	61.5
智利	329.27	−23.5	120.68	−13.6	208.59	−28.3
阿曼	287.14	−22.9	33.52	22.9	253.62	−26.5
挪威	254.60	−26.6	81.75	179.4	172.85	−45.5

注："一带一路"共建国家（地区）*包括部分表中已列名的国家（地区）。

表 9-4　2022 年山东省进出口商品贸易方式总值表

贸易方式	进出口		出口		进口	
	总值（亿元）	同比（%）	总值（亿元）	同比（%）	总值（亿元）	同比（%）
一般贸易	21844.91	12.2	14902.43	18.4	6942.48	0.9
进料加工贸易	4307.51	10.1	3287.72	19.5	1019.79	-12.2
保税监管场所进出境货物	3908.61	39.2	267.20	25.1	3641.41	40.4
海关特殊监管区域物流货物	1448.72	16.0	414.92	-5.0	1033.79	27.2
其他	985.92	-12.9	963.84	-12.1	22.08	-37.0
来料加工装配贸易	747.68	21.9	448.27	25.5	299.41	17.0
对外承包工程出口货物	58.31	-10.6	58.31	-10.6	—	—
租赁贸易	10.97	72.0	10.96	—	0.01	-99.8
海关特殊监管区域设备	6.71	-40.0	—	—	6.71	-40.0
国家间、国际组织无偿援助和赠送的物资	1.98	31.8	1.98	34.4	—	—
加工贸易进口设备	1.70	14.2	—	—	1.70	14.2
外商投资企业作为投资进口的设备、物品	1.53	-60.9	—	—	1.53	-60.9
出料加工贸易	0.24	-41.2	0.07	-52.5	0.17	-35.2
易货贸易	0.04	221.5	0.04	221.2	—	—
免税品	0.04	53.5	—	—	0.04	53.5
其他捐赠物资	0.04	—	0.04	—	—	—
边境小额贸易	0.01	115.2	0.01	115.2	—	—

表 9-5　2022 年山东省进出口企业性质总值表

企业类型	进出口		出口		进口	
	总值（亿元）	同比（%）	总值（亿元）	同比（%）	总值（亿元）	同比（%）
民营企业	24555.22	17.7	15338.43	19.7	9216.79	14.7
其中：集体企业	1096.40	4.6	575.32	18.4	521.08	-7.3
私营企业	23452.21	18.4	14756.71	19.7	8695.50	16.3
个体工商户	6.62	-6.3	6.40	-6.7	0.22	8.9
外商投资企业	5966.59	1.7	3913.66	4.1	2052.93	-2.6
其中：中外合作	38.84	-12.8	31.72	-2.1	7.12	-41.3
中外合资	2428.89	5.8	1541.67	8.6	887.22	1.2
外商独资	3498.86	-0.8	2340.27	1.4	1158.59	-4.9
国有企业	2795.00	10.8	1098.55	18.4	1696.45	6.4
其他企业	7.84	-73.6	5.03	-35.8	2.81	-87.1

表 9-6　2022 年山东省主要出口商品量值表

商品类别	出口量		出口值	
	数量（万吨）	同比（%）	总值（亿元）	同比（%）
机电产品 *	—	—	8840.33	17.0
文化产品 *	—	—	1574.55	23.6
农产品 *	—	—	1394.04	12.6
高新技术产品 *	—	—	1382.94	5.9
服装及衣着附件	—	—	1320.42	8.4
食品 *	—	—	1155.65	9.8
基本有机化学品	—	—	873.04	45.0
纺织纱线、织物及其制品	—	—	854.97	3.0
钢材	860.16	−13.8	838.83	2.1
橡胶轮胎	479.91	2.1	766.46	12.8
塑料制品	207.82	5.9	654.50	19.9
家具及其零件	—	—	394.07	5.6
玩具	—	—	375.16	17.0
玻璃及其制品	—	—	277.90	13.4
未锻轧铝及铝材	108.07	19.0	273.99	42.0
纸浆、纸及其制品	216.54	61.4	262.31	52.1
箱包及类似容器	17.88	9.0	254.71	46.2
木及其制品	328.78	−15.2	243.18	−5.0
陶瓷产品	149.30	−3.9	240.24	−2.9
鞋靴	22.40	9.7	227.05	21.3

注：1. 机电产品 *、高新技术产品 *、农产品 *、食品 *、文化产品 * 包括表中部分已列名的商品。

2. 表内商品顺序按照"出口值"由高至低排序。

表 9-7　2022 年山东省主要进口商品量值表

商品类别	进口量		进口值	
	数量（万吨）	同比（%）	总值（亿元）	同比（%）
原油	8893.77	−4.9	4087.89	33.3
机电产品 *	—	—	2306.75	−1.6
金属矿及矿砂	20573.50	−4.2	1687.85	−16.8
高新技术产品 *	—	—	1607.42	4.7
农产品 *	—	—	1574.68	11.2
食品 *	—	—	1404.38	10.5
纸浆、纸及其制品	666.37	8.1	332.04	22.5
天然及合成橡胶（包括胶乳）	284.58	10.6	319.13	12.3
初级形状的塑料	272.90	−2.1	232.66	1.5
未锻轧铜及铜材	30.88	−24.8	185.23	−26.4
成品油	430.77	11.6	177.86	34.5
基本有机化学品	—	—	144.50	15.3
煤及褐煤	902.83	−5.9	113.85	47.4
纺织原料	59.41	−14.4	109.73	18.9
木及其制品	462.19	−5.8	96.47	7.0
美容化妆品及洗护用品	4.96	−4.1	95.14	10.8
钢材	78.70	−0.9	69.01	7.6
纺织纱线、织物及其制品	—	—	51.61	−21.1
塑料制品	7.83	−13.4	46.83	−5.2
肥料	47.80	6.8	18.66	107.3

注：1. 机电产品 *、高新技术产品 *、农产品 *、食品 * 包括表中部分已列名的商品。

　　2. 表内商品顺序按照"进口值"由高至低排序。

表 9-8　2022 年山东省海关特殊监管区域总值表

区域名称	进出口		出口		进口	
	总值（亿元）	同比（%）	总值（亿元）	同比（%）	总值（亿元）	同比（%）
烟台综合保税区	1309.23	10.2	707.42	5.7	601.82	16.0
青岛前湾综合保税区	1103.33	−8.0	253.28	19.1	850.05	−13.8
潍坊综合保税区	696.56	41.4	501.55	79.0	195.00	−8.3
临沂综合保税区	575.67	90.9	520.18	119.1	55.49	−13.5
青岛胶州湾综合保税区	451.97	46.9	429.58	48.6	22.40	19.8
威海综合保税区	339.61	1.9	198.44	−12.3	141.17	31.9
东营综合保税区	335.15	23.5	120.14	22.6	215.01	23.9
青岛西海岸综合保税区	333.23	67.5	31.14	−7.0	302.09	82.5
济南综合保税区	324.67	4.2	144.08	4.4	180.59	4.1
日照综合保税区	242.41	100.0	149.61	377.4	92.80	3.2
济南章锦综合保税区	121.33	43.4	90.35	19.8	30.98	236.5
淄博综合保税区	62.64	104.9	44.14	139.3	18.50	52.5
青岛即墨综合保税区	41.08	62.2	39.46	69.1	1.62	−18.5

济南关区 8 市主要贸易数据

表 9-9　2022 年济南关区 8 市进出口商品主要国别（地区）总值表

进口原产国（地）出口最终目的国（地）	进出口		出口		进口	
	总值（亿元）	同比（%）	总值（亿元）	同比（%）	总值（亿元）	同比（%）
"一带一路"共建国家（地区）＊	5809.38	53.8	2770.82	36.6	3038.56	73.8
东南亚国家联盟	2853.01	79.1	1340.17	50.7	1512.84	115.0
美国	1241.94	26.5	1062.96	30.1	178.97	8.4
俄罗斯	1198.33	74.0	218.49	37.8	979.84	84.9
欧洲联盟（不含英国）	923.53	10.9	777.28	18.2	146.26	−16.3
巴西	575.14	−7.1	166.18	45.3	408.96	−19.0
韩国	476.76	−0.4	326.34	9.3	150.42	−16.4
澳大利亚	433.03	−0.7	209.11	48.9	223.92	−24.3
日本	431.30	4.4	334.50	14.4	96.80	−19.9
阿联酋	418.56	48.6	159.08	51.1	259.47	47.1
印度	303.42	30.8	272.84	42.2	30.58	−23.7
中国台湾	216.87	−7.5	62.37	−13.1	154.50	−5.0
巴布亚新几内亚	184.39	64.9	16.41	38.2	167.98	68.1
加拿大	181.13	18.8	142.80	30.3	38.34	−10.6
英国	169.39	−11.0	151.71	9.7	17.68	−66.0
中国香港	157.55	−25.8	157.11	−25.8	0.44	−43.9
挪威	156.28	−44.5	26.88	136.6	129.40	−52.1
墨西哥	153.77	57.7	145.81	55.7	7.96	105.8
智利	133.61	−7.4	45.84	−1.1	87.77	−10.4
沙特阿拉伯	109.43	22.5	96.62	24.2	12.81	11.0

注："一带一路"共建国家（地区）＊包括部分表中已列名的国家（地区）。

表 9-10　2022 年济南关区 8 市进出口商品贸易方式总值表

贸易方式	进出口		出口		进口	
	总值（亿元）	同比（%）	总值（亿元）	同比（%）	总值（亿元）	同比（%）
一般贸易	8836.54	18.5	5775.76	25.8	3060.78	6.7
保税监管场所进出境货物	1829.36	62.5	66.07	51.8	1763.29	62.9
进料加工贸易	1185.62	15.4	965.82	32.6	219.80	−26.5
海关特殊监管区域物流货物	339.38	−17.0	149.44	−15.6	189.93	−18.1
来料加工装配贸易	136.43	19.1	88.47	36.7	47.96	−3.8
对外承包工程出口货物	20.63	25.0	20.63	25.0	—	—
其他	6.99	3.4	4.02	0.6	2.97	7.4
海关特殊监管区域设备	1.36	−72.8	—	—	1.36	−72.8
外商投资企业作为投资进口的设备、物品	0.87	38.6	—	—	0.87	38.6
租赁贸易	0.80	−87.5	0.80	120.5	—	—
国家间、国际组织无偿援助和赠送的物资	0.38	−17.5	0.38	−17.5	—	—
出料加工贸易	0.13	−52.9	0.03	−65.3	0.10	−48.0
其他捐赠物资	0.03	—	0.03	—	—	—
加工贸易进口设备	0.01	−79.8	—	—	0.01	−79.8

表 9-11　2022 年济南关区 8 市进出口企业性质总值表

企业类型	进出口		出口		进口	
	总值（亿元）	同比（%）	总值（亿元）	同比（%）	总值（亿元）	同比（%）
民营企业	9896.91	22.0	5736.94	27.3	4159.97	15.3
其中：集体企业	571.89	10.5	254.58	22.7	317.31	2.3
私营企业	9321.44	22.7	5478.94	27.5	3842.50	16.6
个体工商户	3.58	15.4	3.42	15.8	0.16	7.9
外商投资企业	1499.03	16.8	1049.61	19.0	449.43	11.8
其中：中外合作	2.22	27.1	2.21	27.4	0.01	−15.6
中外合资	698.03	19.2	536.52	19.5	161.51	18.0
外商独资	798.78	14.7	510.87	18.5	287.91	8.7
国有企业	960.65	24.9	283.32	22.0	677.33	26.1
其他企业	1.80	−39.0	1.45	−38.7	0.35	−40.3

表 9-12　2022 年济南关区 8 市主要出口商品量值表

商品类别	出口量		出口值	
	数量（万吨）	同比（%）	总值（亿元）	同比（%）
机电产品*	—	—	3069.81	34.5
高新技术产品*	—	—	634.98	15.9
基本有机化学品	—	—	515.52	42.6
文化产品*	—	—	427.92	67.3
纺织纱线、织物及其制品	—	—	417.78	3.9
钢材	381.49	−17.2	351.82	−2.9
橡胶轮胎	227.30	0.2	342.87	10.6
农产品*	—	—	336.59	16.3
服装及衣着附件	—	—	324.73	−2.3
食品*	—	—	234.13	11.6
塑料制品	78.89	14.3	221.14	40.4
纸浆、纸及其制品	122.48	67.7	124.43	69.3
玻璃及其制品	—	—	116.31	10.7
医药材及药品	13.11	−6.5	111.95	11.1
家具及其零件	—	—	110.75	12.8
未锻轧铝及铝材	37.37	37.6	88.92	64.2
陶瓷产品	82.04	4.2	88.27	16.2
玩具	—	—	81.43	21.5
鞋靴	5.93	9.7	60.49	28.1
箱包及类似容器	3.50	37.1	59.56	51.6

备注：1. 机电产品*、高新技术产品*、文化产品*、农产品*、食品*包括表中部分已列名的商品。

2. 表内商品顺序按照"出口值"由高至低排序。

表9-13　2022年济南关区8市主要进口商品量值表

商品类别	进口量		进口值	
	数量（万吨）	同比（%）	总值（亿元）	同比（%）
原油	5984.87	-3.8	2695.73	30.3
机电产品*	—	—	778.13	-3.6
金属矿及矿砂	9368.94	1.2	621.75	-1.3
高新技术产品*	—	—	588.43	-6.6
农产品*	—	—	418.58	12.1
食品*	—	—	354.39	12.6
纸浆、纸及其制品	256.88	4.6	131.61	21.3
天然及合成橡胶（包括胶乳）	104.78	12.9	112.28	10.7
初级形状的塑料	75.70	-7.2	67.75	-0.5
纺织原料	20.94	-9.5	38.69	22.8
基本有机化学品	—	—	33.89	-15.1
未锻轧铜及铜材	5.12	-38.1	30.75	-40.0
成品油	76.54	9.4	27.01	16.5
纺织纱线、织物及其制品	—	—	20.30	-28.4
煤及褐煤	197.95	44.2	20.04	91.4
木及其制品	41.26	-36.8	10.76	-14.9
美容化妆品及洗护用品	0.37	375.9	9.06	589.0
塑料制品	0.68	-9.7	6.71	-10.3
医药材及药品	0.25	130.2	3.11	14.4
珍珠、宝石及半宝石	—	—	2.80	-54.8

注：1. 机电产品*、高新技术产品*、农产品*、食品*包括表中部分已列名的商品。

　　2. 表内商品顺序按照"进口值"由高至低排序。

表 9-14　2022 年全国进出口总值前 10 位省、直辖市

省市	进出口		出口		进口	
	总值（亿元）	同比（%）	总值（亿元）	同比（%）	总值（亿元）	同比（%）
全国总计	420678.2	7.7	239654.0	10.5	181024.2	4.3
广东省	83102.9	0.5	53323.4	5.5	29779.5	−7.4
江苏省	54454.9	4.8	34815.7	7.5	19639.2	0.4
浙江省	46836.6	13.1	34325.4	14.0	12511.2	10.7
上海市	41902.7	3.2	17134.2	9.0	24768.5	−0.5
北京市	36445.5	19.7	5890.0	−3.8	30555.5	25.7
山东省	33324.9	13.8	20355.8	16.2	12969.1	10.3
福建省	19828.5	7.6	12140.5	12.3	7688.0	0.9
四川省	10076.7	6.1	6215.1	9.2	3861.6	1.3
河南省	8524.1	4.4	5247.0	5.2	3277.1	3.2
天津市	8448.5	−1.4	3803.6	−1.9	4644.9	−1.0

表 9-15　2012—2022 年山东省进出口总值表

年　份	进出口		出口		进口	
	总值（亿元）	同比（%）	总值（亿元）	同比（%）	总值（亿元）	同比（%）
2012 年	15502.7	1.3	8126.6	− 0.4	7376.1	3.2
2013 年	16537.4	6.7	8326.7	2.5	8210.7	11.3
2014 年	17010.5	2.9	8888.8	6.8	8121.7	− 1.1
2015 年	14948.0	−12.1	8944.7	0.6	6003.3	−26.1
2016 年	15476.6	3.5	9047.9	1.2	6428.6	7.1
2017 年	17921.9	15.8	9959.6	10.1	7962.3	23.9
2018 年	19302.9	7.7	10568.0	6.1	8735.0	9.7
2019 年	20471.0	6.1	11130.4	5.3	9340.6	6.9
2020 年	22130.3	8.1	13047.1	17.2	9083.2	−2.8
2021 年	29274.3	32.3	17512.5	34.2	11761.8	29.5
2022 年	33324.9	13.8	20355.8	16.2	12969.1	10.3

"中国海关史料丛书"
编委会

主 任 委 员　胡　伟　许大纯

副 主 任 委 员　黄冠胜　赵增连　杨振庆

编 委 会 委 员　翟小元　张　红　吴瑞祥　刘书臣　龙夫春　李海勇
　　　　　　　　田　壮　詹庆华　陈福升　孙霞云

执 行 主 编　谢　放　詹庆华　郭志华

编　　　　辑　房　季　王　虎　解　飞　范嘉蕾　李　多　刘金玲
　　　　　　　贺　红　邓玉栋